KB000695

한국의
프로파일링

한국의
프로파일링

현직 프로파일러들이 말하는
범죄 수사와 심리 분석

최대호 · 이주현 · 이상경 지음

궁리
KungRee

들어가며

'프로파일링은 과학인가, 예술인가?' 십여 년 전 프로파일러를 꿈꾸면서 관련 책들을 읽고 공부할 때 자주 보았던 질문이다. 프로파일러는 범인의 행동을 과학적으로 분석하는 사람일까, 아니면 범인의 마음속으로 걸어 들어가는 사람일까?

막상 프로파일링 실무를 하면서 프로파일링은 과학인 동시에 예술(기술, 기법)임을 알게 되었다. 지리적 프로파일링처럼 통계적 검증을 이용해 사회과학에서 요구되는 수준의 과학적 방법론을 따르기도 하고, 피의자 신문 기법처럼 심리학 이론을 토대로 경험적 노하우를 발전시켜나가는 프로파일링도 있다. 프로파일링은 초기의 임상 경험적 모델에서 과학적 방법론 모델로 발전하고 있다.

범죄는 사회의 어두운 단면에 드리운 그림자처럼 항상 존재했고 주목받았다. 더욱이 연쇄 살인, 묻지마 범죄, 분노 범죄 등 개인의 정신 건강과 사회적 병리 현상에 기인한 범죄가 늘면서 프로파일링에 대한 관심도 높아졌다. 최근에는 소설, 드라마, 영화 등에서 프로파일러의 사건 분석을 흥미롭게 다루고 있다.

프로파일러와 프로파일링을 이야기하는 사람은 많지만 정확한 이해를 바탕으로 현실을 말하는 사람은 많지 않다. 대중매체와 드라마나 뉴스를 통해 드라마틱하게 과장된 모습을 접하기 때문이다.

프로파일링에 대한 논의도 거의 초창기 용의자 프로파일링에 국한되어 있다. 사람들이 여전히 1970년대 미국 FBI의 프로파일링을 이야기하고 있다면 그 이상의 정보가 없기 때문이다. 실제로 당시의 프로파일러들이 낸 책 말고는 구체적이고 실무적인 내용이 공개된 적이 별로 없다. 프로파일링 기법이 범죄자에게 알려질 수 있다는 우려 때문에 그랬을 것이다. 하지만 프로파일링이 과학적 방법론을 받아들이고 비판적 검증을 통해 발전하기 위해서는, 나아가 미래의 새로운 범죄를 유연하게 분석하고 대응하기 위해서라도 현직 프로파일러들의 목소리는 필요할 것이다.

대중과 프로파일러 사이를 막고 있던 불투명한 유리벽을 깨고 프로파일링의 실체를 보여주고자 이 책의 집필을 시작했다. 프로파일링이 무엇이고, 프로파일러는 어떤 일을 하며, 실제 사건에서 어떤 기법을 적용해 수사를 지원하는지, 그에 대해 말하고자 한다. 따라서 이 책은 순수하게 프로파일링 실무자의 입장에서 쓴 최초의 책이며, 프로파일러가 다루는 실무가 주된 내용을 이룬다. 이해를 돕기 위해 다양한 실제 사례를 실었다. 지금까지 프로파일링 관련 책들이 사건의 나열에 그쳤다는 점에서 가장 큰 차이라 할 수 있다.

10여 년 전 프로파일러가 되기 위해 시험을 준비할 때만 해도 참고할 서적이 많지 않았다. 범죄 사례는 흥미롭지만 읽고 나면 그걸로 끝이었다. 좀 더 실제적이고 구체적인 가이드가 필요했다. 그런 면에서 이 책은 범죄심

리와 프로파일링에 관심을 가지고 관련 분야에 지원하고자 하는 독자에게
도움이 될 것이다. 또한 담당 사건에 프로파일링이 어떤 도움이 될지 몰라
선뜻 의뢰하지 못했던 수사관과 형사들에게 도움이 될 것이다. 당연히 범
죄심리에 관심 있는 독자에게도 지적 만족감을 줄 것이다.

베일에 싸여 있던 프로파일링을 세상에 공개함으로써 프로파일링이 발
전하기를 바라는 마음이 크다. 제대로 알면 제대로 비판할 수 있다. 그런 비
판이 우리의 프로파일링을 성장시킬 것으로 본다. 그래서 프로파일링 실무
를 최대한 그대로 드러내고자 했다. 이 책을 시작으로 학계와 실무 모두에
서 논의가 활발해지기를 바란다.

이 책은 저자들만의 결과물이 아니다. 수많은 범죄자를 면담하고 분석하
며 고생한 전국 각 지방경찰청 프로파일러들의 노력이 담겼다. 사건이 발
생할 때마다 사례를 공유하고 분석을 도와준 타 지방청의 프로파일러들에
게 감사를 전한다. 냉철한 비평가이자 지지자인 그들에게 '프로파일러도
읽을 만한 프로파일링 책'이 될 수 있기를 간절히 희망한다.

공동 저자인 최대호, 이주현, 이상경 우리 세 사람은 함께 근무하면서 치
열하게 고민했다. 혼자였다면 감히 시도하지 못했을 일들을 이루었고, 서
로에게 많은 것을 배울 수 있었다. 많은 범죄 현장에서 의지하고 인간적 신
뢰를 쌓은 것에 감사한다.

2018년 11월
최대호, 이주현, 이상경

차례

1장
·
한국의 프로파일링

프로파일링의 정의 ·

프로파일링은 사회과학적 방법으로 사건 해결을 지원하는 수사 기법의 한 종류이다. 프로파일러는 국내외 일부 드라마에서 그려지는 것처럼 범죄자를 직접 추적하여 검거하지 않으며, 사건 담당 수사팀에 다양한 형태의 수사 단서와 범죄 정보를 제공하는 역할을 한다. 범죄자 유형을 분석하는 일은 물론이고 그들의 행동과 진술 분석, 심리 면담, 사건 관련자들의 진술 신빙성 평가, 수사 방향 제시 등을 수행해 수사에 실질적인 도움을 준다. 즉 실무자 입장에서 프로파일링은 과학적 방법을 통해 범죄 분석 보고서와 전문가의 조언을 제공하는 강력 사건 수사 컨설팅이라고 정의할 수 있다.

프로파일링의 시초 ·

프로파일링의 시초는 19세기 롬브로조(C. Lombroso)의 생래적 범죄인설과 크레치머(Ernst Kretschmer)의 체형론이라 할 수 있다. "범죄자들은 태어날 때부터 일반인과 다른 신체적 특징을 가지고 있으며 이는 격세유전에 의해 나타난다"는 내용이 두 이론의 핵심이다. 이는 범죄자를 일반인과 구분한 최초의 프로파일링 시도였으며 이후 범죄학이라는 학문의 태동에 결정적 역할을 했다.

개별 사건에 프로파일링이 처음 적용된 것은 1888년 영국 런던 이스트엔드에서 5명의 매춘부를 살해한 '잭 더 리퍼' 사건이다. 법 병리학자인 필립 박사는 피해자 창상을 분석하여 살인범이 인체해부학에 대해 매우 전문적인 지식을 가지고 있다고 추정했고 당시 용의선상에 6명이 올랐다. 그러나 이 사건은 아직 공식적으로 해결되지 않은 미제 사건으로 남았다.

제임스 브뤼셀, 최초의 프로파일링 ·

이후 1940년 미국 뉴욕에서 연쇄 폭탄테러가 발생한다. 1940년에서 1956년까지 무려 16년 동안 뉴욕 시민을 공포에 떨게 한 사건이다. 범인은 에디슨 전력회사, 그랜드 센트럴 스테이션, 뉴욕시립 도서관 등에 폭탄테러를 가하고 신문사와 언론사에 폭파 협박 편지를 보내기도 했다. 당시에 정신과 의사 제임스 브뤼셀(James Brussel)이 정신의학적 지식과 임상 경험을 바탕으로 용의자의 프로파일을 작성했다.

"폭탄테러범은 세심한 성격의 중년 독신 남성이고, 고졸학력에 동유럽계 가톨릭 신자일 가능성이 높습니다. 전력회사나 그 비슷한 회사를 다녔을 것이고, 두 줄의 단추가 달린(double-breasted) 양복 상의를 입고, 단추는 모두 채웠을 것입니다. (중략) 오이디푸스 콤플렉스로 고통 받고 있을 것이며 어머니와의 관계가 매우 좋고, 여자 형제나 여성 사촌과 살고 있을 것입니다."

다행히 미치광이 폭파범으로 불렸던 범인은 검거되었다. 그는 코네티컷 주 워터베리에 거주하는 53세의 남성이었다. 미혼 누나 두 명과 살고 있었으며 에디슨 컴퍼니에서 근무하다 해고를 당했다. 에디슨 컴퍼니로 인해 불구가 되었다고 주장하면서 회사에 복수하려고 폭탄을 제조했다고 진술했다. 피해망상과 편집증으로 정신병원에 수용되기도 했으나 치료 효과가 없었으며 스스로 주치의가 음모를 꾸미고 있다고 믿을 정도로 상태가 좋지 않았다.

제임스 브뤼셀이 분석한 용의자 프로파일은 실제 범인의 프로파일과 거의 일치했으며, 심지어 범인은 체포 당시 두 줄의 단추가 달린 양복 상의를 입고 있었다. 단추를 모두 채운 채였다.

미치광이 폭파범, 조지 메테스키(앞줄 안경 쓴 사람). 체포 당시 그는 집으로 들이닥친 수사관들에게 잠시 기다려줄 것을 요청하고 옷을 갈아입고 나왔다. 그렇게 갈아입고 나온 옷이 사진에서 보이는 두 줄의 단추가 달린 양복이다.

FBI 행동과학부 창설 ·

이 사건은 용의자 프로파일과 실제 범인 프로파일이 일치한 첫 사건이었다. 최초의 성공 후 미국 FBI는 프로파일링 기법에 주목했고, 하워드 테튼이라는 수사관이 범죄 수사에 심리학을 접목시킬 구상을 하게 된다.

1978년 연쇄살인범의 범죄 전략을 파악하기 위해 심리학을 전공한 경력 수사요원을 모아 팀을 설치하면서 프로파일링에 대한 실질적인 연구가 시작되었다. 로버트 K. 레슬러, 존 더글러스 등의 BSU(Behavioral Science Unit, 행동과학부) 요원들이 기초를 닦았고, 프로파일링의 체계화와 보급을 위해 많은 노력을 기울였다.

특히 범죄자와 사건 현장에 대한 상세한 자료를 수집하고 수감된 연쇄살인범들의 인터뷰 자료를 토대로 살인 범죄의 행동과 동기를 분류한 『FBI 범죄 분류 매뉴얼』을 발간하였고, 존 더글러스는 살인 범죄를 체계적 범죄자와 비체계적 범죄자로 구분하여 실무에 활용했다.

이렇게 1980년대 BSU(행동과학부)로 활동하던 부서는 1995년에 각 행정부처에 산재해 있던 유사 기관들과 통폐합하여 현재의 CIRG(Critical Incident Response Group)로 발전했다. 이후 분석을 위한 전산시스템으로 ViCAP(Violent Criminal Apprehension Program)를 사용하고 있다.

영국의 프로파일링 ·

영국에서는 데이비드 칸터 교수를 중심으로 프로파일링 기법이 발전했다. 주로 사건 현장에서의 행동 변인을 중심으로 범죄자를 유형화하여 범죄 속성을 이해하고 예측하려 했다. FBI식 프로파일링이 개별 사건을 하나의 유형과 동기로 분류하고, 범죄자의 특정 행동에 어떤 동기가 내포되었는지에 대해 정신역동적 추론을 시도하였다면, 칸터식 프로파일링은 범죄자의 내적 동기를 해석하기보다는 사건 현장에서 나타난 범죄 행동을 변인으로 설정하고 유형을 분류하였다. 보다 통계적으로 접근했다고 볼 수 있다. 연쇄 강간 범죄자를 범죄 행동 특징에 따라 폭력형, 도구형, 애착형으로 분류한 것이 대표적이다.

영국의 프로파일링 시스템을 살펴보면 우리나라의 경찰대학과 같은 역할을 하는 NCPE(National Centre for Policing Excellence) 산하에 SCAS(Serious Crime Analysis Section)와 OSS(Operational Support Section) 부서가 있다. SCAS는 영국 전역의 강력 사건 데이터베이스를 구축하고 관리하며, OSS는 사건 수사팀에게 용의자 추정, 신문 전략, 행동 분석 등 수사 정보를 제공하거나 일선에 진출하여 수사를 지원한다.

미국과 영국의 시스템에서 보듯이 프로파일링 기법은 수사를 지원하기 위해 다양한 범죄 현장 및 범죄자 정보를 수집하고 분석하여 이후 발생 사건 수사 시 범죄의 유형과 동기, 면식 여부, 용의자군 추출 등 수사를 지원하는 역할로 자리 잡아왔다. 하지만 직접 검거가 아닌 검거 지원을 맡기 때문에 프로파일링은 범인을 찾는 과정에서 그 역할을 한다고 볼 수 있다.

우리는 용의자를 추려낼 뿐, 범인은 형사들이 고생하여 잡는다. – 존 더글러스
살인범을 추적하기 위한 범위를 상당히 좁히는 데 기여했을 뿐이다. – 로버트 K. 레슬러

한국의 프로파일링 ·

사회 변화에 따라 다양해지는 강력 범죄에 대응하기 위해 세계 각국에서
프로파일링 기법을 적용하고 있으며 시스템 마련을 위해 노력하고 있다.
우리나라도 예외는 아니다. 한국에서는 유영철 사건 같은 이상동기에 의한
범죄 확산이 우려되면서 시작되었다. 급변하는 범죄 양상과 향후 발생 가
능한 범죄에 대비하기 위한 목적이었다. 도입 초기인 2000년도에는 현장
수사와 감식 경험이 풍부한 경찰관이 범죄 분석 관련 업무를 시작했고, 범
죄 수사에 대한 새로운 시각과 프로세스의 필요성이 제기되면서 2006년부
터 외부 전문가를 채용했다.

　과거부터 지금까지 원한, 치정, 금품, 성욕 등은 어느 누가 보아도 추측
가능한 범죄 동기이다. 이러한 동기로 인한 범죄들은 피해자나 범죄 현장
을 중심으로 수사하는 기존 형사 활동만으로도 검거에 큰 문제가 없었다.
하지만 유영철, 정남규처럼 사회 불만이나 개인적 스트레스 해소 또는 쾌
락을 위한 범죄가 증가하면서 이상동기 범죄자를 검거하고 다룰 준비가 필
요했다. 이에 따라, 경찰청에서는 이상동기 범죄자들을 임상적으로 설명하
고 분석해줄 외부전문가들을 프로파일러로 채용하게 되었다.

심리학, 사회학 전공자를 대상으로 2006년부터 3년간 총 40명의 프로파일러가 특채되었고 경찰청과 각 지방경찰청 과학수사계에 배치되어 프로파일링 업무를 시작했다. 이후 각 지방경찰청별로 2명 이상의 프로파일러가 팀을 이루어 업무를 수행할 수 있도록 2014년부터 4년간 20명의 프로파일러가 추가로 특채되었고, 2018년 현재 60명의 프로파일러가 경찰에서 활동하고 있다.

한국의 프로파일러들이 사용하는 강력범죄자 데이터베이스 구축 시스템은 과학적 범죄 분석 시스템인 SCAS(Scientific Crime Analysis System)이다. 재소자 면담, 피의자 면담, 현장실사, 사건 분석 등을 실시한 후 시스템에 입력하도록 의무화되어 있다. 2006년 이후 현재까지 약 3,000여 건의 관련 자료가 축적되어 있다. 추후에는 자료를 코드화시켜 더 실제적이고 효율적인 통계 분석이 가능하도록 업데이트가 계획 중이다. 이 밖에 지리적 프로파일링을 위한 지오프로스(GeoPros: Geographic Profiling System)와 고도의 사건자료 통계 분석을 위한 홈즈(HOLMES: High-logical analyzer On large crime data Management Enquiry System)를 활용하고 있다.

프로파일러 vs 범죄심리학자

프로파일러는 경찰 내 과학수사계에 소속되어 범죄 분석 업무를 담당하는 경찰 실무자다. 한편 사건이나 범죄와 관련하여 전문적 조언을 하거나 대학에서 범죄심리학을 가르치는 교수직 혹은 연구직은 범죄심리학자라 볼 수 있다. 프로파일러와 범죄심리학자의 차이를 궁금해하는 사람도 많은데, 그 차이는 '현장'이다. 프로파일러는 교수 및 연구직종과 달리 날것 그대로의 현장을 접하고 수사 과정에서 모든 정보를 수집하고 분석한다.

프로파일링이란? ·

- ▶ 대상자의 가장 현저한 특징들을 간단하게 개괄하는 짧고 분명히 인식할 수 있는 전기(사전적 의미).
- ▶ 개인의 특출한 심리학적 · 행동적 성격 특질의 묘사(Rider).
- ▶ 매우 유사한 범죄를 저지른 사람들이 거의 비슷한 성격 특질을 가진 사람들일 것이라는 가정에 초점을 둔 것(Geberth).
- ▶ 범죄 현장, 피해자 그리고 다른 수집 가능한 증거물에 대한 아주 상세한 평가를 토대로 알려지지 않은 범죄자의 묘사를 추정하여 경찰 수사를 지원하는 것(Copson).
- ▶ 범인상의 추정. 연령, 인종, 성명, 사회경제적 지위, 거주 형태, 범행 현장과 거주지와의 연관성, 이동 수단, 교육 수준, 혼인 상태, 직업 경력, 범죄 경력, 정신질환, 사회적 · 성적 발달, 군대 경력, 신체적 특징, 습관, 범행 조직성 여부, 범행 전 행동, 범행 후 행동, 공범 가능성 등 광범위하게 용의자와 관련된 정보를 제공하는 기법(FBI).

기존의 프로파일링에 대한 정의를 보면, 범죄심리학자들이 다소 개념적이고 학문적인 접근을 한 반면, 프로파일링 기법을 가장 먼저 도입하고 오랜 기간 동안 수사 실무에 적용하고 연구해온 FBI는 수사에 직접 적용될 수 있는 실질적 접근을 하는 것으로 보인다.

다민족 국가인 미국의 특성상 이러한 용의자 개인에 관한 정보를 다루는 프로파일링은 일선 수사관들의 요구에 부합하는 형태였을 것이다. 그러나 범죄 현장의 제한된 정보만으로 나이, 직업, 거주지 등 용의자 정보를 정확히 추론한다는 것은 상식적으로도 한계가 있어 보인다. 그래서 미국 FBI 프로파일링 또한 다양한 범죄자에 대한 다양한 변수를 포함하는 범죄자 데이터베이스를 구축하고 이를 기반으로 용의자 프로파일링을 시도했다. 또한 범죄자 데이터베이스가 정교해지고 자료가 풍부해지면서 연쇄 범죄 프로파일링, 신문 전략, 행동 분석, 강력 사건 전문가 조언, 범죄자 연구 등 그 활용 분야도 세분화되었다. 따라서 단지 범죄 현장을 분석하고 범죄자를 유형화하여 범인상을 추론하는 프로파일링은 초창기 혹은 태동기의 정의라고 할 수 있다.

프로파일링은 강력 사건 수사 컨설팅이다 ·

한국의 프로파일링 역시 프로파일러가 특채되고 10년이 넘은 오늘에 앞서 언급한 정의만으로는 부족하다. 현재 우리는 수사 방향 제시, 용의자 신문 전략 수립, 사건 관련자들의 진술 신빙성 평가, 용의자 거주 지역 범위 설정 및 동일수법 전과자 추출, 피의자 심리 면담 등 수사 실무 전반에 걸쳐 다양한 기법으로 수사를 지원한다. 이러한 우리의 업무와 역할을 종합적으로 고려해봤을 때 프로파일링은 실무자 입장에서 '과학적 방법을 통해 범죄 분석 보고서와 전문가 조언을 제공하는 강력 사건 수사 컨설팅'이라고 정의할 수 있다.

수사 컨설팅의 역할은 다음과 같다. 첫째, 정확한 데이터 수집과 과학적 분석으로 문제를 파악하여 해결책을 제시한다. 둘째, 이러한 분석 결과가 해당 사건 수사에 적용될 수 있도록 수사 지휘관과 수사관을 설득한다. 아무리 훌륭한 분석 결과도 수사에서 활용되지 않는다면 형식적인 보고서에 지나지 않는다. 이러한 면에서 볼 때 범죄 정보 분석 활동과 수사관과의 소통능력은 프로파일링의 매우 중요한 요소라 할 수 있다.

프로파일링에 대한 오해 ·

영화나 드라마 속의 프로파일러는 모두가 포기한 미해결 범죄 사건 속에서, 범죄 현장에 나타난 범인의 성격과 행동 특성을 수집하고 보이지 않는 범인을 추적하여 검거하는 고도의 지적 능력과 통찰력을 발휘하는 멋진 인물로 묘사된다. 현장에서 일하는 프로파일러로서 당연히 이렇게 멋있고 잘난 이미지는 감사하다. 하지만 프로파일러의 실제 현실과는 달리 흥미 위주의 캐릭터로 소비되고 있다는 부작용도 있다. 게다가 대중매체에 흔히 등장하는 프로파일러는 과거 탐정소설의 주인공이었던 셜록 홈즈, 에르큘 포와로와 매우 닮아 있다. 이런 이야기에 전형적으로 등장하는 것이 무능한 수사관, 미스터리한 사건, 뛰어난 직관력을 발휘하는 프로파일러 혹은 탐정이다. 프로파일러에 대한 이런 식의 묘사는 몇 가지 오해를 불러온다.

첫째, 마치 프로파일링이 직관력이나 개인의 선천적 능력에서 기인한다는 인상을 줄 수 있다. 실제로 프로파일링 도입 초기에는 형사들로부터 '누가 범인인지 빨리 맞춰보라'는 식의 질문도 많이 받았다. 당시에는 프로파일링이 직감이나 심령술과 연관된 것으로 인식되기도 했다. 그러나 이는 오해이다.

실제 프로파일링은 논리, 증거, 추론에 근거를 두고 있다. 즉 범죄 현장에서 나타나는 물리적 증거 및 범죄 행동 그리고 객관적 수사 사항을 바탕으로 프로파일링 결과를 추론하고 검증한다. 또한 프로파일링은 수많은 현장 경험과 교육, 훈련을 통해 능력이 갖추어질 뿐 셜록 홈즈 같은 능력은 소설에나 존재한다. 현재 프로파일링이 팀 단위로 업무를 수행하는 것도 서로가 교차 검증을 통해 추론과 검증의 오류를 최소화하고 프로파일링 결과의 정확성을 높이기 위해서다.

둘째, 프로파일링이 범죄자 유형 분류, 즉 용의자상 추정만을 의미하는 것처럼 보일 수 있다. 프로파일링을 용의자상 추정으로만 한정하는 것은 앞서 살펴본 것처럼 최근의 프로파일링 추세와도 맞지 않다. 최초의 프로파일링이 용의자 프로파일링에서 시작된 것은 분명하지만 최근까지도 많은 세부 업무로 확장되었고, 지금도 수사를 지원하기 위한 다양한 방법을 개발 중이다.

CSI(과학수사)를 생각할 때 지문이나 유전자가 가장 먼저 떠오른다고 해서 CSI를 단순히 지문이나 유전자를 감식하는 업무로 볼 수 없는 것과 같다. CSI에도 지문이나 유전자 외에 족적, 장갑흔, 법보행, 미세증거, 혈흔분석, 검시, 총기잔사와 발사흔 분석 같은 수많은 분야가 존재하며 계속 새로운 분야와 기법들이 개발되고 있다. 프로파일링 역시 확장 중이다.

셋째, 형사와 프로파일러가 사건 해결을 놓고 경쟁 관계에 있는 것처럼 느껴질 수 있다.[1] 영화나 드라마에서 이처럼 묘사되는 경우가 많다. 현실에서는 형사와 프로파일러가 그 역할과 서로의 관계가 다르다. 형사가 범인을 추적하고 검거하는 역할이라면, 프로파일러는 형사가 범인을 보다 효율적으로 추적할 수 있도록 단서를 제공하고 지원한다.

사건 특성에 따라 CCTV 수사, 통신수사, 금융수사, 과학수사 등을 활용하듯이 프로파일링도 여러 수사 기법 중 하나이다. 따라서 범인 검거를 위한 지원 업무로서 형사들의 요구에 따라 프로파일링 업무 영역이 확장되고 개발되기도 하였다.

넷째, 프로파일링이 모든 사건에 적용 가능한 만능처럼 보일 수 있다. 하지만 그렇지 않다. 프로파일링을 적용했을 때 가장 효율적인 유형은 연쇄성을 보이는 사건이다. 특히 용의자 프로파일링의 경우가 더욱 그렇다. 통계적 관점에서도 하나의 사건보다는 여러 사건에 걸쳐 나타나는 행동 특성을 분석하는 것이 타당하다. 연쇄 살인, 연쇄 강간, 연쇄 방화, 연쇄 절도(절도품이 심리적 특성을 나타내는 특이한 것일 때) 등에 나타나는 범죄자의 행동 패턴을 유추하고 분석하기 위해서는 각 사건의 범죄 데이터를 변인화하고 유사점과 차이점을 통계적으로 구분해야 한다. 물론 연쇄 사건이 아닌 단일 사건에서도 프로파일링을 활용한다. 이 경우는 특이 행동(허벅지 살이나 유두만 도려 가져가는 사례)을 보인 사건에 국한된다.[2] 길이를 잴 때는 자를 사용하고, 몸무게를 잴 때는 체중계를 사용해야 하는 것처럼, 사건 특색에 따라 적용되는 기법이 달라야 한다.

---

1   사실, 세 번째 오해는 형사팀과의 원활한 협력 관계에 지장을 주기 때문에 업무상 가장 큰 불편을 초래한다. 그동안 여러 프로파일러들이 매체 인터뷰를 꺼려왔는데, 이러한 반감을 사지 않고자 한 이유도 있다.
2   이 외 진술 분석이나 신문 전략 등에 대해서는 단일 사건도 가능하다.

프로파일링에 대한 효용성 논쟁 ·

행동과학으로서의 프로파일링은 수사 과정에서 인간의 인지[3], 정서, 성격, 동기에 대한 이해가 필요할 때 활용할 수 있는 수사에 대한 심리학적 서비스라고 할 수 있다. 프로파일링에 대한 실무적 활용도는 제쳐두고서라도, 그동안 학계에서는 프로파일링에 대해 비판적이거나 회의적 입장을 보인 경우가 많았다.

뮬러(Muller, 2000)와 같은 비판론적 입장의 학자들은 프로파일링은 과학적 타당성이 결여되어 있고, 경험적으로도 검증하기 어렵다고 주장했다. 반면 옹호론자인 던(Dern, 2009) 등은 프로파일링의 활용 범위가 용의자 유형 추론에만 한정되는 것이 아니라, 사건에 대한 심도 있는 견해를 수사관에게 제시함으로써 수사 역량을 강화하는 용도로 활용될 수 있고, 여러 집단 비교 연구를 통해 프로파일링의 효용성이 경험적으로 입증되었다고 주장한다.

그러나 프로파일링의 효용성을 경험적으로 어떻게 검증할 것인지에 대한 합의가 없었고, 객관식 문항에서 정답을 고르게 하는 것으로는 그 효용성을 밝힌 정확한 연구로 보기 어렵다.[4]

---

3 인지란 인간의 사고, 기억, 추론, 상상, 판단, 기대, 의도, 문제해결 등을 의미한다.
4 피니조토(Pinizzotto)와 핀켈(Finkel)은 프로파일러 집단, 수사관 집단, 심리학자 집단, 대학생 집단을 대상으로 살인 사건과 강간 사건의 수사 자료들을 제시한 후 각 사건에 대한 프로파일을 작성하고 용의자의 특성을 묻는 객관식 문항들에 답변하도록 했다(1990).

한국의 프로파일링

외국에서는 경찰관들을 대상으로 조사 연구[5]를 수행했다. 그들은 프로파일링의 효용성은 긍정적으로 평가하면서도 적용 한계와 오류 가능성을 지적했다. 한국 경찰관들을 대상으로 한 조사 연구[6]에서도 프로파일링을 긍정적으로 평가했지만 범죄자 특정의 한계와 오류 가능성을 지적했다. 이런 긍정적 평가에 대해 연구자는 형사들이 범죄자 프로파일링을 학문보다는 여러 수사 기법 중 하나로 인식하며, 피의자 유형 추정 외에 다양한 활용 영역이 있다고 평가하기 때문이라고 덧붙였다.

프로파일링이 효용성이 있는지 없는지에 대한 여러분의 생각은 어떠한가? 현재 존재하는 여러 수사 기법 중 유독 프로파일링에 대한 효용성만 논쟁거리가 되고 있는 것으로 보이지 않는가? 프로파일링은 앞서 설명한 과학수사처럼 그 안에 수사 면담, 진술 분석, 신문 전략 수립, 용의자 프로파일링, 지리적 프로파일링, 연관성 프로파일링 등 세부 기법들이 포괄된 개념이다.

따라서 프로파일링에 대한 효용성 검토란 과학수사의 효용성을 검토하겠다는 말과 비슷하다. 이는 추상적이고 겉핥기식의 검토이다. 제대로 효용성을 검토하고 이를 토대로 앞으로의 발전 방향을 고민하고자 한다면, 프로파일링 자체가 아니라 그 안에 포함된 세부 기법별 효용성 및 타당도 연구 설계가 필요하다.

---

5 콥슨(Copson, 1995)의 설문조사: 영국, 트래거와 브루스터(Trager & Brewster, 2001)의 설문조사: 미국, 스눅(Snook, 2007) 등의 설문조사: 캐나다.
6 정세종, "범죄자 프로파일링의 효용성 평가", 한국콘텐츠학회논문지, 제14권, 제11호, 686~694쪽, 2014.

실제 범죄 현장에서 지문이나 족적, DNA 등이 발견되지 않았다고 해서, 또는 쪽지문 등의 발견으로 신원 확인이 어렵다고 해서 과학수사 자체의 효용성이 없다고 말하지 않는다. CCTV 수사를 했으나 용의자가 찍힌 영상이 없다고 해서 CCTV 수사 자체가 효용성이 없다고 말하는 이도 없다. 단지 사건의 특성상 효용성이 없거나 적합하지 않은 수사 기법일 뿐이다. 프로파일링도 사건에 따라 세부 기법을 활용하지만 개별 사건에서 결정적 역할을 못하기도 한다. 그렇다고 프로파일링 자체에 효용성이 없다고 주장할 수는 없다.

실질적으로 살인 사건이 발생했지만 결정적인 현장 증거가 발견되지 않고, 피해자 주변 인물 수사에서도 성과를 보지 못하였을 경우에 사건은 혼란에 빠진다. 이렇게 범인이 오리무중인 사건을 해결하기 위해 베테랑 형사는 무엇을 할까?

수많은 살인 사건 현장에 나가고 수많은 수사팀과 형사들을 만나오면서 우리가 발견한 베테랑 형사들만의 차별점이 있다면, 사건의 단서를 찾고 찾고 또 찾는다는 것이다. 결국 다양한 시각으로 사건을 해석하고 이해하려고 하며 이에 따라 다양한 수사 기법을 계속 적용하여 끝내는 조그만 단서라도 찾아낸다는 것이다. 이를 통해 형사는 실타래를 쥐고 끈질긴 추적을 통해 범죄의 실체를 발견하게 된다.

여기에 프로파일링은 그간 축적된 수많은 살인 사건 데이터를 통해 사건의 유형과 용의자에 대한 추론, 그리고 용의자에 대한 신문기법까지 제공한다. 이는 살인 사건을 수사하는 형사에게 반드시 필요한 정보이며 형사가 수사 단서를 발굴하는 데 결정적인 도움을 준다. 심지어는 용의자가 검거되기 전에 이미 용의자의 성향이나 예견 가능한 태도를 추론해내기도 한다.

프로파일링은 반드시 필요한 수사 기법이다 ·

베테랑 형사는 결정적 단서를 찾기까지 다양한 수사 기법을 시도하고 각 기법에 대해 어떠한 편견이나 선입관도 가지지 않는다. 그동안 수많은 사건을 경험하고 해결하면서 도움이 되었던 기법들이 다양하다는 것을 체득했다. 하나의 기법만 고집하거나 선입관에 빠져 자신이 정해놓은 답만 찾다가 실패한 경험도 있을 것이다.

범죄 수사에 있어 중요한 것은 몇 퍼센트의 효용성을 가지느냐가 아니다. 범인을 검거할 수 있느냐 혹은 범인 검거에 기여하느냐의 문제이다. 프로파일링은 범죄 수사에서 범죄와 범죄자에 대한 빅데이터를 활용하는 것과 같다. 데이터를 활용해 각 수사에 어떠한 기법이 유용한지, 과거에 유사한 사건이 어떠한 수사 방법과 절차를 통해 해결되었는지, 그러한 사건의 용의자는 어떤 사람인지 등의 정보를 제공한다. 프로파일링은 실무에서 반드시 필요하며, 한 번이라도 제대로 프로파일링 수사 지원을 받아본 형사라면 추후 난해한 사건이 발생했을 때 다시 프로파일링 지원을 요청할 것이 틀림없다.

수사 단계별 프로파일링 활용 사례 ·

초창기 프로파일링 활동에서는 사건이 발생하고 범죄 행동을 분석하는 사건 분석과 검거된 피의자를 상대로 심층 면담을 진행하여 범죄와 범죄자 심리에 대한 자료를 수집하는 것이 주요 업무였다. 그러나 점차 수사 과정에서 생기는 다양한 의문들, 예를 들면 '연쇄적으로 범죄를 저지르고 다니는데 범인이 어디에 있는지 알아낼 수 없을까?' '물적 증거가 하나도 없고 진술밖에 없는 상황인데 이것이라도 활용할 수 있는 방법은 없을까?' '입을 꾹 다물고 있는 범인이 말을 하게 하려면 어떻게 해야 할까' 같은 문제를 해결하기 위해 지리적 프로파일링, 진술 분석, 행동 분석, 신문 전략 등의 기법을 개발하여 활용하게 되었다. 각 수사 단계별 실무에서 어떤 기법을 활용하고 있는지 사례를 통해 알아보자.

가장 먼저 조사 단계에서는 심리적으로 불안정한 상태에 있는 참고인, 목격자, 용의자를 면담하거나 모니터링하여 그들의 행동과 심리를 분석할 수 있다. 이때는 주로 일반적인 조사가 불가능한 사람들이 의뢰 대상이다.

2014년에 간병인과 치매 노인 둘만 있던 집 안에서 간병인이 두부손상으로 사망한 사건이 있었다. 그러나 용의자인 치매 노인의 인지능력 손상 정도가 심해 정상적인 대화가 불가능한 상황이었고, 치매 노인의 상태를 좀 더 객관적으로 분석해달라는 면담 요청을 받고 지원했다. 또 다른 사건에서는 범인이 이동 수단으로 사용한 자전거를 제3자가 절취했다가 분실했는데, 이때 자전거를 절취한 참고인이 분실 일시와 장소를 기억하지 못해 인지 면담을 진행해 기억의 회복을 도왔다.

또한 명백한 증거 없이 진술만 존재하는 사건이나 피의자와 피해자의 진술이 배치되는 사건에서는 SCAN, RM 등의 진술 분석 기법을 활용한다. 카지노에서 딜러가 중국인 관광객과 공모하여 10억 원 이상의 고액을 따게 해준 혐의로 수사가 진행된 사건에서는 딜러의 자필진술서 분석을 진행했다. 분석 결과, 중국인 관광객의 협박으로 인해 사기도박에 가담했다는 딜러의 진술은 상당 부분 생략되거나 구체적이지 않아 범행 공모에 대한 추가 조사가 필요하다는 의견을 전달했고, 추후 거액을 잃게 된 카지노 측의 강요로 딜러가 범행을 공모했다는 허위 진술을 한 사실이 밝혀졌다.

사건이 해결의 실마리가 보이지 않고 장기화되면 사건 분석을 진행하게 된다. 사건 분석은 영화나 드라마에 많이 나와 잘 알려져 있는 용의자 프로파일링(criminal profiling) 외에도 지리적 프로파일링(geographic profiling), 연관성 분석(linkage profiling) 등 여러 기법을 활용한다.

다양한 프로파일링 기법을 통해 범행 계획성, 범인과 피해자의 관계, 범행 도구, 범인의 거주지, 이동 경로 등을 추론하여 수사팀에 단서와 착안 사항 등을 제공한다. 사건 분석을 할 때는 가설에 대한 논리적 검증이 이루어지는데 이를 위해서는 팀 작업이 필수적이다. 프로파일러가 한두 명 있는 지방청은 타 지방청과 연계하여 광역 분석을 실시하거나, 장기 미제 살인 사건 같은 좀 더 큰 규모의 분석이 필요한 경우에는 10명 내외의 프로파일러를 소집하여 분석을 실시하기도 한다.

최근에는 외국에서 한국인이 피해를 당한 사건에 대해 국내 혹은 국외에서 프로파일링 활동을 실시하기도 한다. 특히 필리핀의 경우 한국인 대상 강력 사건이 증가함에 따라 2012년부터 한국 경찰(코리안데스크)을 현지에 파견하여 필리핀 경찰과 공조 수사를 해오고 있다. 또한 2015년부터는 필리핀 내 한인 관련 피살 사건이 발생할 경우 사건을 조속히 해결하고 우리 국민의 생명과 재산을 보호하고자 수사전문가로 구성된 합동수사팀을 현지에 파견하여 필리핀 경찰의 수사 활동을 지원하고 있다. 인원은 통상 4~5명이고 사건에 따라 필요 분야가 다르므로 그에 맞게 팀을 구성한다. 프로파일링 분야는 필수적으로 포함된다. 2015년 바탕가스에서 발생한 한국인 피살 사건을 시작으로 2018년까지 총 9회에 걸쳐 합동수사팀이 필리핀에 파견되었다. 앞으로도 국외 프로파일링 활동은 증가할 것으로 보인다.

한편 최근에는 지능적 범죄자가 증가하고 있어 수사도 어려워지고 있다. 이제는 일반인도 범죄 관련 지식이나 수사 과정에 대한 정보를 인터넷이나 미디어를 통해 쉽게 접할 수 있고, 경찰 조사를 피해나가는 방법을 연구하기도 한다. 따라서 증거를 제시하기 전에는 자백을 잘 하지 않고, 범행을 계속 부인하거나 기억 실패로 가장하기도 한다. 그러나 이러한 거짓 진술이나 행동은 진실된 진술과 행동에 비해 인지적 노력이 필요하다. 그래서 다양한 행동 탐지 기법을 통해 주의를 기울여 관찰하면 포착이 가능하다. 프로파일러들은 용의자의 진술과 행동을 모니터링하여 진술 신빙성을 분석하고 용의자에 대한 추가 조사 사항 목록을 제공하거나, 더 강한 압박이 필요한 부분을 발견하여 조사에 활용하도록 한다.

범인이 계속 자백하지 않거나 아예 진술을 거부하는 경우에는 자백을 위한 신문 전략을 수립해 수사팀에 제공하거나 프로파일러가 직접 수사 면담을 진행한다. 범인들은 각자의 성향에 따라, 또 나름의 동기와 판단에 따라 자백을 하지 않거나 진술을 거부하기 때문에 대상자의 성향과 동기를 분석하는 것이 핵심이다. 신문 전략 수립 시에는 위기 협상에서 사용하는 협상 기법을 참고하는 경우가 많다. 결국은 대상자를 대화에 참여하게 만들고 설득하여 바람직한 해결점(협상의 경우에는 평화로운 해결, 신문 전략의 경우에는 자백)에 이르게 한다는 점에서 유사하다.

강력 사건[7]의 피의자가 검거된 경우에는 심리 검사와 면담을 진행하여 피의자의 성향, 행동 동기, 범행 계획성, 재범 위험성 등을 분석한다. 피의자의 어린 시절, 가족역동, 대인(이성)관계, 범죄 전·중·후 행동에 대해 깊이 있는 대화를 진행하고 심리 검사를 실시하는데 보통 3~4시간 정도 소요된다. 면담 후에는 면담 보고서를 작성하고 SCAS에 관련 변인들을 입력한다. 이렇게 입력한 피의자 면담 자료를 추후 사건 분석의 기본 자료로 활용한다.

드물지만 심리적 부검 관련 의뢰가 들어오기도 한다. 2013년 서울역 고가에서 있었던 분신자살 사건에 대해 이러한 분석을 실시한 바 있고, 2017년에는 일가족 자살미수 사건에서 살아남은 피의자를 면담하여 자살 동기를 분석하기도 했다.

최근에는 사건 분석 과정에서 필요할 경우 '심리 부검'을 함께 진행한다. 2018년 전남 강진에서 발생한 여고생 유인·살인 사건에서는 용의자가 자살한 것에 대해서, 충남의 약혼자 자살방조 사건에서는 피해자가 자살할 이유가 있었는지에 대해 심리 부검을 실시한 바 있다. 심리 부검은 자살 당사자를 둘러싼 가족, 친구, 동료 등을 인터뷰하며 자살자의 동기를 파악하

---

7 프로파일링 대상 사건은 살인, 강도, 강간, 약취유인, 이상범죄 등이 포함된다.

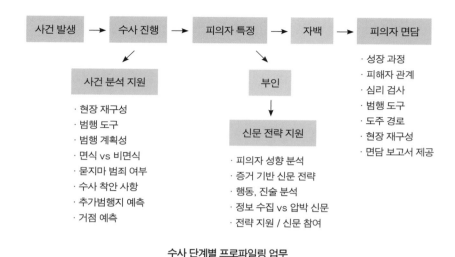

수사 단계별 프로파일링 업무

는 것으로, 자살에 이를 만한 이유가 있었는지 여부를 분석한다.

프로파일링 발전을 위한 걸음 ·

프로파일링이 경찰 수사에 도입되어 지금에 이르기까지의 과정을 보면, 현재는 프로파일링 업무의 외연이 확장되는 시기라 할 수 있다. 초창기에 '심리학적 지식을 수사에 활용하기 위해' 프로파일러를 채용했다고 하지만 사실 어떤 부분을 어떻게 활용할 것인지에 대해서는 경찰 내부뿐 아니라 프로파일러조차 정확히 알지 못했다.

지금까지 수사관들의 의문점에 어떻게든 도움을 주기 위해 시행착오를 거듭하며, 문제를 해결하기 위해 고군분투하며 오다 보니 여기에 이르렀다는 생각이 든다. 최근에는 프로파일링 대상 강력 사건이 아닌 경제 사건에서 수사 진행과는 별도로 피의자의 특이한 이상행동(은둔형 외톨이처럼 집에 쓰레기를 쌓아두고 씻지도 않는 등)을 이해하기 위해 심리 분석을 의뢰하기도 했다.

도시의 난개발을 막기 위해 도시 계획이 필요한 것처럼 프로파일링의 난개발을 막기 위해서는 다양한 논의와 연구가 필요하다. 그동안 프로파일링에 대한 심도 깊은 논의가 부족했던 이유는 여러 가지가 있겠지만, 그중에서도 구체적 기법이나 업무에 대해 학계와 공유하기를 꺼려온 프로파일러의 신비주의 탓이 아니었는지 자기반성을 해본다. 더 나아가 프로파일링에 대한 건전한 비판과 개선점에 대한 활발한 논의가 이루어지기를 바라는 마음으로 현재 한국의 프로파일링 실무를 공개하고자 한다. 그리고 기존의 사례 중심 이야기와는 달리 현재 실무자들이 사용하고 있는 프로파일링 세부 기법별 이론적 토대와 실무 적용, 활용 사례를 중심으로 이야기를 엮어보고자 한다.

2장

·

용의자 프로파일링

용의자 프로파일링이란? ·

용의자 프로파일링은 명칭 자체가 의미하듯 용의자의 프로필(profile) 혹은 '신상' 정도로 해석할 수 있다. 그렇다면 정말 프로파일링을 하면 용의자의 신상을 알 수 있는 것일까? 답은 '아니다'이다. 점쟁이가 아닌 이상, 아니 점쟁이도 범인의 신상을 정확히 맞추고 알아낸다는 것은 불가능하다. '용의자는 서울시 강남구 소재 P아파트 A동 101호에 거주하는 27세 남성, 이름은 김○○이다'라는 식의 결과는 결코 나올 수 없다는 뜻이다.

용의자 프로파일링으로는 지문이나 DNA 같은 개인의 고유 식별 정보를 알 수 없고, 범인을 콕 집어 말할 수 없다. 예를 들어 집 안에 고이 모셔둔 결혼반지, 목걸이 등 예물이 통째로 사라지고 침입 흔적이 있다면 절도 범죄가 발생했다고 판단할 수 있다. 이럴 때는 침입구, 침입로 혹은 귀중품이 담겨 있던 보관 상자에서 범인의 지문을 발견하는 일이 급선무이다. 가족이나 관계자 외의 지문이 발견되었다면 그 지문을 통해 밝혀진 인물이 가장 유력한 용의자임에 틀림없다.

**그렇다면 용의자 프로파일링이란 무엇이고,
용의자 프로파일링을 통해 수사에서 얻고자 하는 것은 무엇인가**

미국 캘리포니아 주에서 20대 여성이 밤길을 걷다 괴한에게 살해된 사건이 있었다고 가정하자. 사건이 발생하면 담당 형사는 현장에서 증거를 찾고, 피해자 주변 인물과 피해자의 피해 당일 동선과 마지막 행적을 수사한다. 그리고 피해자가 사망하기 직전 조우한 사람들을 용의선상에 올리고 실마리를 풀어가며, 수사의 정석을 차근차근 이행할 것이다. 모든 수사가 담당 형사의 추리와 생각대로 된다면, 그래서 모든 범죄가 해결되고 모든 범죄자가 검거되어 자신의 죗값을 치른다면 더할 나위 없이 바람직하겠지만, 세상에는 해결되지 않은 사건들도 무수히 많다.

보통 살인 사건 발생 시 형사들은 범인에 대한 범인상을 그려나간다. 범인이 누구일까? 왜 이런 범죄를 저질렀을까? 피해자와 어떤 관계였을까? 이러한 의문을 먼저 떠올리고 해답을 찾고자 고군분투한다. 위의 절도 사건처럼 살인 사건 현장에서도 지문이 발견되고 유력한 용의자가 떠오른다면 수사는 활기를 띨 것이다. 범인이 결정적 증거 앞에서 범행을 자백하면서 수사는 의외로 쉽게 마무리될 수 있다. 하지만 범인이 주도면밀하게 지문을 모두 지우고 도주한다거나 현장을 깨끗이 청소하고 정돈까지 했다면 좀처럼 실마리를 찾기 어려워진다.

사건 현장에서 지문이나 DNA 같은 유형의 증거물은 수사를 진행하는데 있어 매우 결정적인 역할을 하고, 용의자의 신원까지 추적할 수 있는 강력한 증거물이다. 따라서 수사관은 그러한 결정적 증거를 최대한 찾으려 할 것이고, 최신의 과학수사 장비와 기법을 동원한 정밀 감식을 의뢰할 것이다. 한편 범인은 범죄 현장에서 자신의 흔적을 없애기 위해 노력한다. 최대한 증거를 인멸하고 나아가 현장을 훼손하고 조작하는 등 수사에 혼선을 주기 위해 기상천외한 방법을 동원한다. 실제로 우리는 수많은 범죄 현장에서 범죄자들이 수사를 방해하고, 검거를 피하기 위해 어떻게 현장을 조작하고 훼손하는지 많이 보아왔다.

범인이 자신의 범행을 숨기고, 수사관의 추적을 따돌려 궁극적으로 검거되지 않기 위해 범죄 현장에서 하는 행동은 무수히 많다. 절도 현장에서 장갑을 착용하는 행위는 지문을 통해 검거된 적이 있는 범인이 다음 범행에서는 지문을 남기지 않기 위한 가장 손쉬운 방법이었을 것이다. 사실 요즘처럼 언론을 통해 범죄 수법이나 도구가 거의 노출되는 환경에서, 범죄자들은 완전범죄를 성공시키기 위해 더 치밀하게 준비하고 계획한다.

장갑을 착용하는 범인보다 더 치밀한 범인이 있다. 범행 시마다 신발을 바꿔 신는 수법으로 수사관에게 혼선을 주는 자들이다. 경찰 내에는 지문 데이터베이스처럼 신발 문양 데이터베이스도 구축되어 있다. 범인이 남긴 신발 자국만으로도 신발 브랜드, 사이즈, 나아가 판매처까지 추적할 수 있다. 하지만 연쇄적으로 범행을 하는 가운데 신발을 바꿔 신는다면 수사관에게 일차적 혼동을 줄 수는 있다. 물론 이 방법에 수사관이 속는 경우는 드물다. 현장에는 족적 외에도 범인을 추적할 수 있는 방법이 많다.

어찌되었건 범인의 입장에서는 수사관을 속이기 위해 여러 수단과 방법을 동원해 범죄 현장을 변형하고 조작하려 할 것이 분명하다. 용의자 프로파일링은 범인이 현장을 변형하고 조작하려 한다는 사실에 주목한다. 이는 곧 용의자 프로파일링이 범죄 현장에서 범인의 성격을 찾는 것임을 의미한다. 유전적 혹은 성장 과정을 통해 형성된 비교적 지속적이고 쉽게 변하지 않는 개인의 특성을 심리학에서는 성격이라 본다.

용의자 프로파일링을 위한 사건 현장 분석 ·

증거 인멸과 조작에는 범인의 성격이 반영된다. 프로파일러는 우선 범죄 현장이 조작되고 변형되었는지 판단할 수 있어야 하고, 그러한 현장을 보고 범인의 성격까지 파악할 수 있어야 한다. 만약 여러분이 범죄 현장에 첫발을 내딛었을 때, 현장이 조작되고 변형되었다는 사실을 알아차렸다면, 그 사실을 근거로 어떠한 생각을 할 수 있을까? 프로파일러는 범죄 현장이 조작되었다는 사실 하나만으로 범인이 일정 시간 머물렀다는 것과 신분을 노출시키지 않기 위해 필사적으로 노력했음을 추론할 수 있다. 그리고 이러한 것들이 무엇을 의미하는지도 고민한다.

살인 사건 현장에서 범인이 머물러 있는 시간이 의미하는 것은 무엇일까? 계획적이든 우발적이든 살인이라는 엄청난 범죄를 저지르고 난 후에 밀려오는 인간의 감정은 무엇일까? 그리고 살인이라는 범죄 후의 행동에 대해서는 현장에서 직접 그 분위기를 느껴보지 못한 사람은 절대 이해할 수 없고, 단순히 이성과 논리만으로 정확히 해석할 수 없음을 미리 밝혀둔다. 프로파일러 역시 수많은 사건 현장을 경험하고, 여러 논리적 오류와 범죄자 심리에 대한 시행착오를 겪고 나서야 제대로 된 추론이 가능하게 된다. 인기 미국 드라마 〈CSI〉나 〈크리미널마인드〉에서는 주인공이 범죄 현장을 보고 몇 초 혹은 몇 분 만에 결정적인 증거를 발견하고, 순식간에 용의자에 대한 추론을 해나간다. 이런 일은 실제 사건 현장에서는 실현되지 않는다.

범죄 현장을 조작하는 범죄자의 심리 ·

증거를 인멸하고 은폐하기 위해 현장을 청소한다거나, 혈흔 등의 흔적을 없애는 것이 대표적인 범죄 현장 조작이다. 살인 사건의 경우, 가장 중요한 증거인 피해자의 시신을 훼손하거나 아예 현장에서 멀리 떨어진 곳에 유기 또는 매장하여 숨기는 것도 조작의 한 형태라 할 수 있다.

현장에서 보이지 않게 시신을 옮기거나 없애는 것 자체가 완전범죄를 했다는 위안과 착각을 줄 수 있다. 그만큼 범인은 필사적으로 범죄를 은폐해 수사망으로부터 최대한 멀리 도망가고 싶어 한다. 예시로 실제 사건을 바탕으로 재구성한 두 사건을 소개하겠다.

카페 여주인 살해 사건 ·

범인은 여주인 혼자 운영하는 카페를 낮에 방문해 커피를 주문하고 기회를 엿보았다. 그러다 여주인과 자기만 있는 기회가 오자 강도로 돌변해 흉기로 찌르고, 돈을 모두 훔쳐 달아났다. 처음부터 돈과 금품을 목적으로 범행을 결심한 것으로 보인다. 강도 실행을 위해 많은 생각을 했을 것이 틀림없다. 강도를 '할까', '말까'부터 고민했을 것이고, 한다면 '누구를 대상으로 해야 성공할까'를 생각했을 것이다.

그렇다면 범인은 왜 커피숍을 범행 장소로 결정했을까? 그리고 여주인을 공격 대상으로 삼은 이유는? 하필 낮 시간대를 정하고 움직인 이유는 무엇일까?

이러한 물음에 답하기 위해 프로파일러는 범인이 어떠한 사고 과정을 거쳐 그러한 범행을 계획하게 되었는지 역으로 추적할 수 있어야 한다. 그리고 이러한 범행 계획은 단지 범인의 머릿속 상상으로만 만들어지지 않는다. 대부분 범인의 경험을 바탕으로 계획된다. 누구나 그렇겠지만 처음 방문하는 장소는 매우 낯설고 다소 위축감을 주며 긴장감을 느끼게 한다. 하지만 두 번, 세 번 같은 장소를 다니다 보면 익숙해지고 편안해진다. 전에 보지 못했던 것들도 보이고 장소에 대해 더 면밀히 알게 된다. 위기 상황에서 탈출해야 한다면 처음 방문한 곳보다는 여러 번 가본 곳에서 더 자연스럽고 효율적으로 탈출할 가능성이 높다.

범인은 커피숍이라는 장소가 본인에게 매우 익숙한 장소일 것이다. 그리고 스타벅스, 커피빈 같은 대형 브랜드 카페가 아닌, 여주인 혼자 운영하는 카페를 노린 것도 철저한 계산에 의해서일 것이다. 특히 낮 시간에 손님이 많지 않다는 것을 미리 알고 준비한 점도 경험에서 얻은 정보를 최대한 활용한 것이라 볼 수 있다.

범인은 자신이 보고 듣거나 알고 있고 경험한 범위 안에서 계획하고 판단하고 행동한다. 실제로 이 사건의 범인은 범행 당시 카페에서 2킬로미터 이내에 거주했다. 자신이 사는 동네를 약간 벗어난 지역에서, 즉 낯설지 않고 익숙한 지역에서 여주인 혼자 운영하는 카페를 물색했다. 손님으로 가장해 커피를 마시다가 기회가 왔을 때 흉기로 공격하는 방법으로 강도 범행을 계획하고 실행한 것이다.

범인은 범행 후 어떠한 행동을 했을까? 증거 인멸을 위해 피해자의 시신을 옮기고 매장할 필요가 있었을까? 당연히 프로파일러의 대답은 '아니다'이다. 범인은 피해자와 일면식도 없는 전혀 모르는 남이다. 피해자와 평소 알고 지냈거나 친분이 있는 관계 혹은 가족 등 면식 관계가 아니라면 범죄 현장에서 피해자로 인해 내 신원이 밝혀질 염려는 없다. 범인은 면식 관계가 아닌 피해자를 옮기고 유기 혹은 매장하는 수고를 굳이 하려고 하지 않을 것이다. 대신에 현장에 남아 있을지 모르는 자신의 지문 혹은 DNA 증거를 없애려고 할 것이다.

낮 시간에 영업 중인 카페라면 범인에게 시간적 여유가 많지 않다. 손님이 언제 올지 알 수 없는 상황에서 구석구석 청소하거나 차분하게 증거를 인멸할 시간이 없다. 최대한 자신의 흔적과 증거를 빠른 시간 내에 없애고 도주하는 것이 합리적인 판단이다.

여자친구 살해 후 유기 사건 ·

범인은 직장 동료인 여자친구를 살해하고 시신을 야산에 유기 후 불을 질러 훼손했다. 본 사건이 앞의 카페 여주인 살해 사건과 가장 다른 점은 무엇일까? 사건 해결을 위한 용의자 프로파일링에서 가장 중요한 것은 피해자와의 관계이다. 피해자와 관계가 있는 사람, 즉 면식범이냐 아니냐를 구분하고 판단하는 것은 초기 사건 수사 단계에서 매우 중요하다. 면식범과 비면식범이 구분되면 수사 대상과 방향이 완전히 달라진다. 면식범은 피해자의 신원을 알아내는 것만으로도 용의자의 신원을 밝혀낼 수 있다. 피해자와 관계있는 범인이 피해자를 살해했다면 범인은 살인 행위에 대한 충분한 범행 동기를 가지고 있다고 판단할 수 있다.

수사는 용의자 신원뿐 아니라 그러한 살인 동기를 밝히는 데 최우선되어야 한다. 동기와 분명한 증거 없이는 범인을 확정지을 수 없기 때문이다. 당연히 법정에서도 합리적이고 객관적인 증거와 분명한 범행 동기를 제시해야 범인이 유죄 판결을 받을 가능성이 높아진다.

범인이 피해자를 살해하고 현장에 시신을 그대로 방치했다면 이유를 합리적으로 추론해보아야 한다. 피해자의 시신에는 범죄 현장에서 어떤 일이 벌어졌는지에 대한 핵심 정보가 무수히 많다. 어떻게 살해되었는지, 어떠한 흉기를 사용했는지, 범인과 피해자 간에 물리적 충돌이나 저항이 있었는지, 범죄가 발생하고 피해자가 발견되기까지 어느 정도의 시간이 흘렀는지, 피해자의 사망 시간은 언제로 추정되는지 등 수사에 필요한 정보가 가득하다.

수사망으로부터 자신을 보호하고 최대한 멀리 도망치고자 하는 범인이 이렇게 피해자를 방치하고 도주했다면 분명히 이유가 있다. 앞에서 살펴본 카페 여주인 살해 사건의 범인은 '피해자와 나는 서로 모르는 사람' 혹은 '피해자 신원이 밝혀지더라도 나와의 연결고리는 없다'부터 생각했을 것이다. 이러한 경우에 범인은 피해자 시신을 옮기거나 훼손하기보다 현장에 남아 있을 자신의 흔적을 지우거나 없애는 데 더 많은 시간을 할애한다.

　하지만 범인이 피해자와 밀접한 관계에 있다면 상황은 달라진다. 이 사건처럼 피해자와 연인 사이라면 피해자 신원이 밝혀지고 범인 신원이 밝혀지는 것은 시간문제이다. 실제로 살인 사건의 범인이 남자친구, 내연남, 애인인 경우가 상당하다. 우리는 이처럼 남녀관계 혹은 이성문제로 인한 갈등으로 일어난 살인 사건을 치정 살인이라고 한다. 여성이 살해된 경우에는 치정으로 인한 살해인지 반드시 확인하고, 주변 인물 수사를 통해 그러한 관계에 있는 사람들을 면밀히 수사해야 한다. 그래서 치정 살인의 범인은 수단과 방법을 가리지 않고 범행을 은폐하려 한다.

　이 사건에서 범인은 자신의 원룸에서 애인인 피해자를 목 졸라 살해하고 시신을 처리하기 위해 1시간가량 고민한 뒤, 자가용을 이용하여 주변 야산으로 피해자를 옮겼다. 야산 숲속에서 피해자 위에 마른 나뭇잎과 나뭇가지를 덮고 라이터를 이용해 불을 붙여 시신을 훼손했다.

　피해자를 범행 장소인 자신의 원룸에서 야산으로 옮긴 것은 자신의 방에서 어떠한 범행 흔적도 발견하지 못하도록 현장을 조작한 것이다. 그래서 피해자를 아무도 발견하지 못하도록 야산에 유기한 것이다. 또한 설령 발견되더라도 신원 확인이 어렵도록 불을 놓아 훼손했음이 틀림없다. 이렇게 시신을 모두 처리하고 자신의 집으로 돌아오기까지 걸린 시간은 대략 2~3시간이었다.

피해자의 시신을 옮기고 유기 혹은 매장하여 증거를 인멸하는 일은 실제 사건 현장에서 매우 많은 노력과 에너지가 소비되는 작업이다. 범인이 그러한 수고를 마다하지 않았다는 것은, 피해자의 시신과 피해자 신원을 반드시 은폐해야 하는 분명하고 중대한 이유가 있음을 반증하는 것이다.

경찰 수사에서는 야산 전체를 수색하더라도 시신을 찾으려는 노력을 기울인다. 그만큼 시신에는 결정적 증거가 많다. 범인을 검거하고 유죄 판결을 이끌어내는 데 가장 중요한 요소가 된다.

이 사건에서 범인은 현장에서 증거를 인멸하고 피해자를 야산에 유기 및 방화하여 훼손했다. 스스로는 완전범죄를 했다고 자부했을지 모른다. 하지만 피해자의 시신은 다음 날 등산객에 의해 발견되었고, 시신이 완전히 타지 않아서 지문을 통해 피해자 신원을 확인할 수 있었다. 이렇게 피해자 신원이 극적으로 확인되었고, 범인이 피해자의 애인이라는 사실은 어렵지 않게 밝혀졌다.

범죄 현장의 모든 증거를 분석하고 해석하라 ·

언급한 두 사건은 용의자 프로파일링을 위한 초기 현장 해석의 단적인 예시이다. 프로파일러는 현장을 면밀히 관찰하고, 분석하고, 해석할 수 있어야 한다. 그래야 비로소 현장에서 어떠한 사건이 발생했는지 정확히 분석하고 재구성할 수 있다. 이러한 현장 재구성이 올바로 되어야 모든 분석 방향에서 오류를 제거하고 정확한 용의자 프로파일링이 가능하게 된다.

만약 현장을 프로파일러 임의대로, 물리적이고 논리적인 과학적 분석이 아니라 개인의 경험에 의한 비논리적 해석을 하려 한다면, 정확한 용의자 프로파일링 결과는 절대로 도출될 수 없다. 프로파일러는 사건에 대하여 수집된 모든 정보를 체계적으로 정리하고 순차적으로 분석해야 한다. 사소한 증거나 현상이라도 해석하지 않고 넘어간다면, 그로 인해 중요한 단서나 판단을 놓칠 수 있다.

예를 들어 중요하다고 판단되는 일부 증거에 너무 집중한 나머지, 그 외 정보나 증거를 해석하지 않거나 무시할 수 있다. 이는 과학적 분석이라 할 수 없다. 간혹 수사관 중에도 한 가지 생각에 몰입하면 다른 의견이나 관점은 무시하고 자신의 생각대로만 수사를 고집하는 경우가 있다. 열정은 높이 평가할 수 있겠지만, 결과적으로 사건 해결에는 도움이 되지 않는다.

두 가지 살인 사건을 통해 사건 현장이 조작된 형태의 차이를 보았다. 그 차이는 범인이 느낀 필요에 의해 발생했고, 이를 통해 면식과 비면식 사건을 구분해낼 수 있었다. 용의자 프로파일링은 범인의 입장에서 계획하고, 실행하고, 증거를 인멸한 모든 과정에서 보이는 행동을 수집하고 분석하고 해석하는 것이다. 그를 통해 범인과 피해자의 관계, 범인 행동의 숨겨진 의도, 나아가 범죄의 동기까지 해석할 수 있다.

미국 FBI 용의자 프로파일링 ·

1970~80년대 미국 FBI 프로파일러들은 살인 사건 용의자를 체계적 살인범과 비체계적 살인범, 두 유형으로 구분했다. 이는 용의자 프로파일링의 초기 방식이라 할 수 있다. 체계적 살인범은 범행 도구를 준비하고 범행 후 시체 은닉 및 유기 훼손 등으로 현장을 조작하고, 도주 시 이동반경이 넓고 전반적으로 계획성이 높은 형태를 보인다. 성격 및 직업적 특징으로는 반사회적 성격장애 가능성이 높고, 일반적인 직장 및 사회 생활이 가능하다.

반면에 비체계적 살인범은 현장 주변에 있는 범행 도구를 사용하고 범행 후 시체를 현장에 방치하고 도주 시 이동반경이 좁다. 정신장애, 망상 등의 정신질환이 있을 가능성이 높고, 따라서 직업 및 사회 생활이 어렵다.

하지만 과연 세상의 모든 살인범이 이 두 가지 유형으로 함축될 수 있을까? 대답은 역시 '아니다'이다. 아니 절대 그럴 수 없고 불가능하다. 그렇다면 초창기 FBI 프로파일러들은 왜 이러한 분류법을 만들어냈을까? 미국 프로파일링의 역사를 보면 연쇄 살인 사건을 대상으로 프로파일링이 이루어졌다는 것을 알 수 있다. 결국 프로파일링이 연쇄 살인 사건을 해결하기 위해 탄생한 수사 기법이라는 것이다.

앞서 예시한 미국 캘리포니아 주에서 20대 여성이 괴한에게 살해된 사건을 보자. 어떠한 증거나 단서도 발견하지 못하고 사건이 미궁에 빠졌을 경우를 가정해보자. 그런데 캘리포니아 주와 인접한 네바다 주와 애리조나 주에서도 비슷한 사건이 발생했고, 피해자들 모두 20대 여성, 긴 금발 생머리에 왜소한 체격으로 유사한 신체 조건을 보였으며, 범행 흉기가 날카로운 도끼 모양의 흉기로 추정되는 등 공통점을 보였다면, 세 사건이 동일범의 소행인지에 대하여 더 면밀히 분석할 필요가 있다.

FBI는 이러한 단서가 부족한 미해결 살인 사건이 연쇄 살인일 가능성에 무게를 두었고, 실제로 미국 전역에서 발생한 미해결 살인 사건에 대한 데이터베이스를 구축하여 연쇄 살인 사건을 추려내 범인을 검거한 사건이 적지 않다. 수많은 미해결 살인 사건 중 연쇄 살인 사건을 추출하기 위한 잣대로 개발된 것이 초창기 FBI식 유형 분류라고 볼 수 있다.

FBI식 유형 분류법의 한계와 의의 ·

FBI식 유형 분류는 이분법적이고, 어떠한 이론이나 학설에 근거를 두지 않아 비과학적이라는 비판을 많이 받아왔다. 그도 그럴 것이 FBI 유형 분류는 학자나 이론가가 만든 것이 아니라 수십 년간 강력 범죄 사건을 직접 수사하고 분석한 FBI 프로파일러가 자신의 경험을 바탕으로 실제 수사에 사용하기 위해 만든 것이다.

범죄 사건 수사 현장에서는 범죄학 이론과 배경 지식도 중요하지만, 가장 중요한 것은 역시 범죄 현장과 수사 경험이다. 모든 분야에 베테랑이 있듯이 범죄 수사와 범죄 현장 분석의 베테랑은 경험 많은 수사관과 프로파일러이다. 아마 전국에서 활동하고 있는 경찰청 프로파일러들이 1년간 경험하는 강력 사건은 일반 수사관이 경험하는 것보다 10배 이상 많다고 볼 수 있다.

프로파일러들은 전국 각 지방경찰청에서 발생하는 강력 사건 현장에 투입되고, 타 지방청 사건에 대하여도 사건 정보 공유 및 모니터링을 지속한다. 따라서 실제로 프로파일러들이 접하는 사건과 범죄 정보의 양은 엄청나다.

살인범을 체계적 혹은 비체계적 살인범으로 간단명료하게 나누는 FBI식 유형 분류는 프로파일러 지망생이나 신입 프로파일러가 살인 사건 현장을 처음 접했을 때 유용할 수 있다. 어지럽혀진 사건 현장에서 수많은 증거와 유류물을 본다면 무엇을 어떻게 분석하고 해석할지 막막할 수 있다. 이때 FBI식 유형 분류가 하나의 분석틀과 방향성을 제시해줄 수는 있다.

비체계적 살인범의 범죄 특성 ·

비체계적 살인범의 특성이 가장 두드러지게 나타나는 사건은 조현병으로 명명되는 정신분열증 환자의 범행이다. '조현'이란 악기의 음을 본래의 계명에 맞게 높낮이를 맞추는 것을 의미하는데 조율이라고도 한다. 조현병이란 마치 악기가 제 음을 내지 못하여, 그 연주 또한 매우 혼란스럽고 어지러운 상태에 비유한 것이다. 정신이 제 기능을 하지 못하여 환청이나 망상 같은 비현실적인 경험과 행동을 보이게 된다.

그렇다면 왜 조현병 환자가 살인이라는 무시무시한 범죄를 저지르는 것일까? 조현병 환자는 누군가 자신을 해치거나 죽이려 한다는 망상을 가지고 있거나, 상대방을 악마로 명명하고 죽이라는 환청을 듣게 되었을 때 살인과 같은 범죄를 저지른다. 극히 비현실적인 사고 과정과 살인 행동을 수반하게 된다. 따라서 미리 계획을 세우고 원하는 것을 얻기 위한 범죄와는 아주 다른 양상을 보인다.

아무런 계획이 없고, 병적 원인에 의해 자신의 행동을 제대로 인식하지 못하는 경우가 많다. 범행 후에도 현장을 방치하는 경우가 대부분이고, 도주나 은폐 시도가 전혀 없다는 것도 특징이다. 조현병 환자는 피해자를 사람으로 인식하기보다 악마 또는 자신을 죽이려는 괴물로 인식해 공격하므로 더 잔인하고, 현장이 난잡한 모습을 보이는 경우가 많다.

체계적 살인범의 범죄 특성 ·

반대로 체계적 살인범의 대표적 예는 유영철 같은 연쇄살인범이라고 할 수 있다. 범행 대상을 선정하여 유인하거나 치밀하게 준비해서 피해자를 살인하고, 살인 범행 이후에 시체를 훼손하고 유기하여 철저히 증거를 인멸하는 행태를 보인다. 유영철은 초기 범행에서 부유한 주택에 침입하여 범행하였으나, 점차 수법을 바꾸어 출장 마사지 여성을 자신의 집으로 유인하여 살해하고, 시체를 토막 내 야산에 묻어 매장하는 등 범행 수법이 더 교묘해지고 발전하는 양상을 보였다.

조현병 환자가 자신의 왜곡된 분노 감정에 의해 시체를 훼손한다면, 체계적 살인범은 더 냉정하고 이성적으로 범죄를 저지르고 처리한다. 유영철 같은 살인마에게 시체는 그저 고깃덩어리 혹은 처리해야 하는 물건에 불과하다. 피해자 시체를 매장하려 할 때, 발각 위험성과 운반 편리성을 위해 시체를 자르고 토막 내는 것이라 할 수 있다.

FBI식 유형 분류는 모든 살인 사건을 두 유형으로 나눈다기보다 대표적인 두 유형을 설명하는 데 중요한 정보를 제공한다. 프로파일러는 사건 현장에서 나타나는 범인의 행동이 체계적인지, 비체계적인지 판단할 수 있어야 한다. 이때 범인의 정신 상태, 성격, 범행 동기 추론에 FBI식 유형 분류를 유용하게 활용할 수 있다.

범행 단계에 따른 용의자 프로파일링 ·

용의자 프로파일링에서 범인의 범행 전, 범행 중, 범행 후 행동은 매우 중요하다. 전후 행동에 일관성이 있는지, 매우 다른 패턴을 보이는지에 따라 용의자 프로파일링은 달라진다.

범행 전 행동은 범인이 실행 전에 미리 계획을 세우고, 답사를 하고, 도구를 준비하는 단계이다. 살인같이 범행을 실행에 옮기는 단계는 범행 중 행동이라 하고, 범행을 마치고 증거를 인멸하고 시신을 유기하거나 매장하는 단계를 범행 후 행동이라 한다.

범행 전, 범행 중, 범행 후 행동이 모두 체계적이거나 비체계적이라면 두 가지 중 하나로 분류되겠지만, 범행 전과 범행 중에는 비체계적인 행동을 보였다가 범행을 마친 후에는 매우 체계적인 행동을 보였다면 그것이 의미하는 것은 무엇일까? 반대로 범행 전에는 치밀한 계획을 세우고 체계적인 행동을 보이지만, 범행 중과 후에는 현장 조작 없이 방치하는 비체계적 행동을 보인다면 이는 어떻게 해석해야 하는가?

범행 단계별로 행동을 분류하고 해석하라 ·

첫 번째는 범인의 행동이 범행 전, 중까지는 비체계적 행동을 보였다가 범행 후에는 체계적 행동으로 변화된 경우이다. 이 경우에 범인은 살인을 미리 계획하지 않았을 것이다. 평소 피해자와 감정의 골이 깊었거나, 순간적으로 화가 머리끝까지 치밀어 오르는 상황에 직면했을 것이다.

피해자와 어떠한 갈등 상황에서 우발적으로 살인을 저질렀을 가능성이 매우 높다. 그래서 범인은 미리 살인을 계획하지도 준비하지도 않은 상황에서 현장에 있던 도구를 주로 사용해 피해자를 공격하고 살해했을 것이 분명하다. 하지만 격분한 상태에서 누군가를 죽이고, 막상 살인이라는 엄청난 결과를 직면했을 때, 여러분이 범인이라면 어떤 생각과 감정을 경험할 것 같은가? 감당하기 어려운 감정에 휩싸여 일시적 패닉에 빠질 수도 있다.

범인이 범행 후에도 사건 현장을 방치하고 어떠한 증거 인멸도 가하지 않는 등, 비체계적인 행동을 보였다면 범인의 정신 상태는 범행 후에도 범행에 대한 죄책감 혹은 피해자에 대한 원망감 등으로 자신의 감정에서 회복하지 못하고 패닉 상태에 빠져 있을 가능성이 크다. 이 경우에 범인은 잠적하거나 직장에 출근하지 않는 등 자신의 생활 패턴에서 벗어난 행동을 보일 것이다. ·

하지만 범인이 범행 후에 사건 현장을 조작하고, 시체를 유기하는 등 치밀한 증거 인멸을 시도하였다면, 범행 후 행동이 완전히 체계적으로 바뀌었다고 볼 수 있다. 이러한 경우 범인은 자신의 감정을 회복하고 직장이나 일터에서 정상적으로 근무하는 등 일상생활을 지속하고 있을 가능성이 크다. 물론 피해자와의 관계도 비면식이 아닌 면식범일 가능성이 높다고 해석할 수 있다.

두 번째는 범행 전, 중에는 치밀하게 계획하고 준비하여 실행했지만, 막상 범행 후에는 아무런 조작이나 증거 인멸 없이 바로 현장을 벗어나 도주하는 비체계적인 형태를 보이는 경우이다. 범인은 범행을 통해 자신이 목표한 목적이나 이익을 달성하는 것에 모든 에너지를 집중하게 된다. 마치 사바나에서 사자가 먹이를 사냥하듯, 목표물을 설정하고 어떠한 경로로 공격할 것인지 미리 계획을 세우고 온 신경을 곤두세워 목표물에게 들키지 않고 최대한 접근한다.

사냥 거리에 들어왔을 때 순식간에 먹이를 향해 달려들 듯이, 치밀하게 범행을 준비하고, 목표 대상으로부터 목적한 바를 얻기 위해 범행을 성공적으로 실행하려 할 것이다. 대표적인 범죄 형태로는 강도, 강간 등이 해당된다. 이러한 범죄들에는 금품 등 경제적 이익 혹은 성적 욕망이라는 범인이 획득하거나 충족하기 위한 분명한 목표가 있다. 그러한 목표를 획득하고 달성하기 위해 범행 대상을 물색하고, 범행 도구를 미리 준비하여 휴대하는 등 상당한 노력을 기울인다.

반면 범행을 통해 자신이 원하는 것을 손에 넣으면 피해자를 방치하거나 범죄 현장을 재빨리 이탈하는데, 이는 범죄가 노상에서 일어났을 경우 범인이 외부에 노출되어 있거나 목격될 가능성이 높기 때문에 더욱 그러하다. 물론 범인은 피해자와는 아무런 관계가 없는 비면식인 경우가 대부분이다.

범행 동기에 따라 범죄 행동이 다르다 ·

살인 범죄의 또 다른 대표적 분류는 영국 리버풀 대학 살파티(Salfati, 2001) 교수의 표현적 살인과 도구적 살인 분류이다. 표현적 살인은 자신의 분노와 감정을 표현하는 과정에서 갈등이 유발되고, 통제되지 못한 분노가 살인을 유발한다는 것이다. 그러한 감정에는 모욕감, 배신감, 좌절감, 실패로 인한 분노가 주로 작용한다.

반면에 도구적 살인은 어떠한 감정이나 분노에 의한 것이 아니라 처음부터 돈, 금품 등과 같은 분명한 목적을 획득하기 위해 살인을 도구로써 사용한다는 것이다. 금품을 노린 강도 살인, 성적 욕망을 채우기 위한 강간 살인, 재산을 노린 청부 살인 등이 여기에 해당된다.

살인을 표현적 살인과 도구적 살인으로 분류한 것은 살인 동기에 초점을 둔 것이다. 최근 아파트 층간 소음 때문에 이웃 간에 넘어서는 안 될 선을 넘고 심지어 살인으로까지 이어지기도 했다. 이러한 것이 분노 살인, 즉 표현적 살인의 대표적 예이다. 표현적 살인은 순간적 혹은 충동적으로 치밀어 오르는 분노를 참지 못하고 상대를 폭발적으로 공격하는 것이다. 범행 시 비계획적이고 비체계적인 형태를 주로 보인다.

표현적 살인은 층간 소음에서의 갈등, 금전 관계에서의 다툼, 심지어 술자리에서의 사소한 시비에서 시작된 폭언 등 다양한 상황에서 발생한다. 그러한 갈등이 초기에 원만히 해결되거나 합의되지 못하고, 서로에 대한 인격 모독과 물리적 폭력으로 이어져 갈등이 점차 증폭되다가, 결국 치밀어 오르는 분노를 참지 못해 살인이라는 돌이킬 수 없는 결과를 초래한다.

층간 소음의 경우, 소음에 대한 항의와 이를 무시하는 상대방의 태도, 그래도 계속되는 소음으로 인해 더 많은 스트레스를 받다가 결국 자신이 철저히 무시당했다는 모멸감을 느껴 상대방을 극단적으로 공격하는 경우로 나타난다. 직접 칼과 같은 흉기를 소지하고 찾아가 휘두르는 경우도 있고, 상대 집 앞에 방화를 하는 식으로 대면하지는 않지만 치명적인 피해를 입히는 경우도 있다. 즉 공격 방법도 용의자의 성격에 따라 차이를 보인다.

금전 관계의 경우는 대부분 채무 관계 때문인데, 돈을 빌려준 사람과 빌린 사람 모두 사건의 피해자가 될 수 있다. 채권자로부터 돈을 갚으라는 요구와 심한 인격적 모욕을 받은 채무자가 심리적 스트레스와 분노를 이기지 못하고 채권자를 살해하는 사건도 있고, 반대로 채권자가 돈을 갚지 않고 계속 미루는 채무자와 갈등이 커져 채무자를 살해하는 사건도 있다.

통상적으로는 약자의 위치에 있는 채무자가 채권자의 폭언과 욕설에 더 많은 스트레스와 모욕감을 느껴 분노를 참지 못하고 채권자를 살해하는 경우가 더 많다. 하지만 금전 관계에서의 살인이 반드시 표현적 살인이라고 할 수는 없다. 돈을 갚지 않기 위한 목적과 동기를 가지고 계획적으로 채권자를 청부 살해하는 경우도 있다. 이러한 경우에는 표현적 살인이 아닌 도구적 살인으로 분류하는 것이 맞다. 청부 살인에서는 대부분 도구적 살인인 경우가 많은데, 위와 같이 채무자가 채무를 회피할 목적으로 의뢰하기도 하고, 사업상 이익 혹은 자신의 금전적 손해를 피하기 위해 조직 폭력배를 동원해 청부 살인하기도 한다.

　도구적 살인의 대표적 사건 중 하나는 보험금을 탈 목적으로 배우자 혹은 누군가를 살해하는 경우이다. 도구적 살인은 자신의 이익과 욕망을 위해 사람의 목숨마저도 수단으로 이용하는 극악한 범죄라 볼 수 있으며, 사이코패스 범죄의 한 형태이기도 하다.

용의자 프로파일링의 실제 ·

이처럼 용의자 프로파일링에 있어서 FBI식 체계적·비체계적 유형 분류, 표현적·도구적 분류, 범행 단계별(범행 전, 중, 후) 범죄 행동의 의미 해석 등 고려할 변수는 다양하다. 이러한 여러 조합을 논리적이고 합리적으로 해석할 수 있을 때 용의자 프로파일링의 정확도와 기여도는 높아진다.

　그렇다면 이러한 살인 범죄자 유형 분류 체계를 사건 수사에 어떻게 활용할 수 있을까? 범죄자 유형 분류가 범죄자의 범행 동기에 초점을 두고 있다면, 이러한 범행 당시 범인의 정서와 성격 등 심리적 요인은 범죄 현장에 반영되었다고 볼 수 있다. 범죄 현장에서의 범인 행동을 재구성하여 분석한다면 당시의 정서 상태와 성격 특성을 유추할 수 있고, 나아가 범행 동기를 추정해볼 수 있다.

　물론 이러한 과정이 범죄 현장만 살펴본다고 가능한 것은 아니다. 앞서 언급했듯이 영화 속 프로파일러가 범죄 현장을 한 번 보고 범인의 심리 상태를 파악하고 용의자 프로파일을 작성해나가는 모습은 실제 용의자 프로파일링과 거리가 있다. 최초 현장에서 가장 중요한 것은 범인의 행동을 하나하나 찾고 기록하는 것이다. 침입한 시간과 도주한 시간, 침입과 도주 경로, 침입 후 나타난 일련의 행동, 피해자에 대한 공격 및 상호작용 행동, 범죄 현장에 머무른 시간, 시체 처리 행동, 증거 조작 혹은 인멸 행동, 도주 전 마지막 행동, 도주 행동 등 범죄 발생 현장과 관련된 범인의 모든 행동을 발견해나가야 한다.

이는 마치 과학수사 현장 감식요원이 현장에 남은 모든 증거를 빠짐없이 수거하기 위해 많은 시간 동안 현장에 머무르며 유류된 증거물을 수집하고 사진으로 기록하는 것과 같다. 범죄 현장에서 범인의 행동은 용의자 프로파일링을 위한 중요한 재료로 활용된다.

범죄 행동 외에 용의자 프로파일링을 위해 수집해야 하는 범죄 정보는 피해자 정보, CCTV 정보, 목격자 정보, 범죄 위험 지역 분석 같은 지리적 프로파일링 정보 등 다양하다. 이러한 종합적인 범죄 정보를 토대로 용의자 프로파일링의 여러 가지 가설을 세우고 그 타당성과 오류를 평가함으로써 합리적 가설을 도출한다. 특히 수사 초기에 범죄 재구성, 면식·비면식 등 피해자와의 관계, 범행 동기 추론은 수사의 성패를 좌우할 만큼 매우 중요한 정보로 활용된다.

한국의 프로파일링

노파 살인 사건 ·

서울 도심 주택가에 혼자 거주하는 노파가 방 안에서 손을 앞으로 결박당한 채 천장을 보고 누워 있는 상태로 사망한 사건이 있었다. 사건 발생 연락을 받고 서울지방경찰청 행동과학팀 프로파일러들이 현장에 도착했고, 출입구부터 시작해 변사자가 있는 방까지 현장 보존 상황을 순차적으로 기록했다.

현장 출입문은 시정되지 않은 상태로 닫혀 있었고, 열린 거실 중간문을 지나 소파와 베란다 쪽으로 가니 정리되지 않은 여러 집기들이 놓여 있었다. 소파 주변에는 최근에 사람이 머무른 흔적이 보이지 않았다. 거실 한쪽의 탁자와 의자는 같은 방향으로 넘어져 있었고 탁자 위에 있던 것으로 보이는 각종 박스와 종이가 바닥에 흐트러져 있었다. 주방의 싱크대와 식탁 주변은 최근에 사용한 흔적 없이 정리된 상태였다.

피해자가 누워 있던 안방에서는 움직여지거나 파손된 흔적들이 발견되었다. TV 리모컨의 배터리가 분리되어 떨어져 있고, 목걸이와 반지도 바닥에 떨어져 있고, 바느질통에 있던 천끈이 바닥에 있었다. 전화기의 전화선은 끊어져 있었다. 외부에 비해 훨씬 역동적이고 상호작용의 흔적이 많았다. 이 정도면 피해자가 방에서 제압당하고 살해되었다는 것이 거의 명백해진다.

용의자 추론 ·

그렇다면 피해자를 이렇게 살해한 범인은 누구란 말인가? 혼자 사는 피해자를 노린 강도의 소행인가, 절도를 하러 왔다가 마주친 피해자를 제압하는 과정에서 살해한 것일까, 피해자와 원한 관계에 있는 사람의 소행인가. 다양한 가설을 만들어낼 수 있다. 여러 가설을 압축하려면 현장에서 보이는 범인의 행동 특성, 피해자의 성향을 더 분석해볼 필요가 있다.

현장에서 범인이 사용한 끈은 방 안에 있던 천끈과 전선줄이다. 그리고 피해자의 손이 앞으로 강하게 결박된 점, 입과 목 주변에서 발견된 손톱자국과 압박한 흔적으로 보아 범인은 피해자를 완전히 제압한 후 손을 앞으로 결박했을 것이다. 만약 범인이 살해 의도를 가지고 계획했다면 칼이나 둔기 등 공격 도구를 준비했을 가능성이 높다. 하지만 현장의 도구만을 이용한 것으로 보아 피해자에게 살해 의도가 아닌 다른 의도를 가지고 접근했지만 의도대로 되지 않았고, 갈등이나 분노 상황으로 전개되었을 가능성이 높다.

다음으로 피해자의 성향을 알기 위해 피해자가 거주한 현장을 꼼꼼히 살펴볼 필요가 있다. 피해자는 모든 유리창문에 방범 창살을 굳게 설치했고, 각종 전화번호 및 피부관리법 등 자신에게 필요한 것을 꼼꼼히 메모해놓았다. 자신의 규칙과 원칙을 고수했고, 타인의 침입이나 간섭에 민감하고 남을 믿지 않거나 의심이 많은 성격으로 추정되었다. 이러한 성격 특성상 누가 허락 없이 침입하거나 자신의 원칙에 맞지 않는 요구를 했다면 아주 강하게 저항했을 것이다.

또한 피해자가 사망한 방을 제외하고는 물색 흔적이 전혀 발견되지 않았다. 이는 강도나 절도범이 아닐 가능성에 대한 지지 근거로 작용한다.

결론적으로 사건 현장 정보를 면밀히 분석하고 판단했을 때 가장 합리적인 가설은 면식범이 피해자에게 어떠한 요구를 했고 이에 강하게 저항하는 피해자를 제압하는 과정 혹은 범인의 분노가 촉발된 상황에서 피해자가 사망에 이르게 되었다는 것이다.

범인은 현장에서 발견한 DNA와 CCTV를 통해 검거되었다. 과거에 피해자 집에 세를 들어 거주했던 세입자가 돈을 빌릴 목적으로 피해자를 방문했는데, 피해자가 요구를 들어주지 않자 살해한 것으로 밝혀졌다.

초기 용의자 프로파일링은 형사들이 수사 방향을 설정하는 데 아주 중요한 역할을 한다. 초기에는 현장 정보 외에 근거가 확실하지 않은 다양한 정보가 수집되고, 형사들의 경험에 근거한 추론까지 더해져 각종 논리와 추론이 난무한다. 자칫 초기에 수사 방향이 어긋나면 사건이 장기화되거나 미궁에 빠질 수 있다. 이러한 상황에서 범죄자 프로파일링은 철저히 현장 관찰을 통해 얻은 사실, 범인과 피해자의 심리 분석에 근거한 추론, 기존 범죄자 유형 데이터베이스를 참고한 2차 검증을 통해 정확한 범인상을 보다 신속히 제공하여, 수사 방향에 대한 오류를 최소화시키는 데 기여한다.

성범죄 용의자 프로파일링 ·

일반적으로 성범죄는 '성욕'이라는 동일한 동기에 의해 발생한다고 여겨지지만, 실제로는 그 어떤 범죄보다 성범죄자 내면에 감추어진 공격의 동기가 다양하다. 범행 과정에서 가해자와 피해자 사이에 언어적·행동적 상호작용이 많고 동기에 있어서도 심리적 원인이 주요하게 작용하므로 용의자의 개인적 특성이 많이 드러나는 범죄이다. 프로파일러의 입장에서 보면 성범죄는 다른 유형 범죄에 비해 분석의 여지가 상당히 많은, 프로파일링에 적합한 사건이라 할 수 있다.

정상적 이성교제보다 강간을 추구하고 범행하는 강간 범죄자의 심리적 동기는 무엇인지 알아보자.

FBI 프로파일러 헤이즐우드의 성범죄자 유형 분류법 ·

FBI 프로파일러 헤이즐우드는 동기와 공격성에 따라 성범죄자 유형을 다섯 가지로 분류했다.

권력재확인형
본인의 존재 가치와 힘을 확인하려고 강간하는 유형이다. 즉 평소에는 남성성에 대한 확신이 없고 자신감이 부족하여 보통의 이성관계를 맺지 못한다. 이성과의 직접적인 성관계를 상상하지만 현실에서는 관계를 가질 수 없다는 의구심을 가지고 있다. 이들은 피해자를 강간해 평소 꿈꾸던 이성관계를 실천하려 한다. 강간 도중에 마치 남자친구인 것처럼 행동하거나, 범행 후에 피해자에게 데이트 신청을 하고 약속 장소로 나오기도 한다.

실제 사건을 통해 이들의 범행을 살펴보자. 범인은 출근 시간에 붐비는

지하철에서 같은 지하철을 탑승하고 등교하는 여학생을 목표로 정했다. 사람이 밀집된 장소인 점을 이용하여, 여학생 뒤에서 자신의 성기를 밀착시키는 방법으로 추행했고, 다음 날 같은 지하철역에서 여학생을 기다려 함께 탑승해 추행하기를 반복했다. 그러다 하루는 여학생을 지하철에서 데리고 내려 근처 오피스텔 지하 주차장에서 강간을 시도했고 미수에 그쳤다.

범인은 범행 후 피해자에게 다음 날 그 지하철역에서 만나자고 했다. 하지만 범인은 피해자의 신고를 받고 지하철역에 잠복했던 경찰관에게 검거되었다. 40대 초반인 범인은 왜소한 체격으로 성인 여성과의 교제 경험이 전혀 없었다. 자신의 성능력에 대한 자신감이 부족하여 성매매 여성과의 성관계 시 매번 자신의 성기 크기나 성행위 시간에 대한 평가를 요구하는 습성이 있었다.

경찰 조사에서 범인은 피해자도 자신과의 성적 행위를 즐겼기 때문에 데이트 신청을 한 것이라고 진술했다. 아무 맥락 없이 지하철에서 만난 피해자가, 그것도 나이 차이가 현격한 범인에게 어떻게 성적 매력이나 감정을 느낄 수 있다는 말인가? 범인은 평소 꿈꿔온 성적 판타지를 실행했고, 여학생도 자신의 성적 능력에 매력을 느꼈다는 말도 안 되는 착각에 빠져 있었다. 즉 범인은 강간 행위를 통해 자신의 성적 능력과 존재감을 확인하고 인정받고자 했다.

권력과시형

남성다움을 확인하고 자존심을 회복하려는 동기에서 성범죄를 저지른다는 점에서 권력재확인형과 유사하다. 권력재확인형이 여성과의 성관계 가능성으로 남성성을 확인한다면, 권력과시형은 여성에 대한 지배와 통제에 대한 욕구, 즉 더 마초적인 남성성을 해소하기 위해 성범죄를 저지른다.

권력재확인형 범죄자가 피해자를 이성교제 상대로 대하고 스스로 남자 친구 역할을 하려 한다면, 권력과시형은 피해자를 비하하고 모욕하는 언어적 표현과 성적 행동을 보인다. 예를 들어 가정 폭력을 휘두르는 남편이 아내를 상대로 욕설하고 폭력적 성관계를 시도하기도 하고, 강간 범행 시 심한 폭력을 가하여 완전히 굴복시킨 후 구강성교나 항문성교 같은 굴욕적 성관계를 요구하기도 한다. 이를 통해 완전한 통제감을 느끼는 유형이다.

이 유형의 강간 사건에서는 피해자의 반응에 따라 범인의 폭력 수준이 달라질 수 있다. 피해자의 저항이 심할수록 범인은 자신의 통제감과 권력감을 성취하기 위해, 완전히 제압될 때까지 폭력의 강도를 높인다. 마초적 남성성을 확인하기 위해 매우 폭력적으로 돌변하므로 피해자의 목숨이 위협받는다.

분노보복형

과거에 상처를 준 여성에 대한 분노와 원한을 해소하기 위해 그 대상 혹은 유사한 대상에게 성폭력을 가한다. 가장 주요한 동기는 분노의 표현이다. 따라서 범행 도중 심한 신체적 폭력이나 모욕과 수치심 유발 같은 심리적 공격을 행사한다.

강간을 신체적 폭행으로 여기며, 처음부터 매우 공격적이고 연속적 폭력을 가한다. 폭발적 공격과 감정 표출 후 '보복'을 통한 정서적 만족감을 느끼면서 범행을 마친다. 대체로 공격 시간이 짧으며 보복했다는 만족감을

한국의 프로파일링

얻고 나면 범행을 마치는 경향성을 보인다.

가학형

신체적 폭력성이 높다는 점에서 분노보복형과 유사하지만 시간과 폭력성의 관계에서는 정반대 양상을 보인다. 분노보복형이 처음부터 최고조의 폭력을 행사한다면, 가학형은 조금씩 성폭력과 공격성의 강도를 높이다가 종국에 무섭게 돌변한다. 피해자가 괴로워하고 고통스러워하는 모습에서 성적 쾌감을 느끼기 때문에 천천히 성적 고문을 자행하면서 그동안 자신이 상상했던 바를 최대한 실현하려 한다.

2003~2004년 부유층 노인과 성매매 여성 등 총 21명을 살해한 혐의로 검거된 유영철은 언론 인터뷰에서 "이 일을 계기로 여성들이 함부로 몸을 놀리거나 하는 일이 없었으면 하고 부유층도 각성했으면 합니다"라고 말했다. 부인에게 이혼 당한 뒤 부인과 유사한 직업을 가진 여성에게 혐오감과 복수심을 가져 살인을 저질렀다고 주장했다.

유영철은 일견 분노보복형 성범죄자로 보이나 내면을 분석해보면 대부분의 성적 살인범들과 마찬가지로 가학형 성범죄자에 더 부합한다. 가학형은 오랜 기간 꿈꿔온 성적 환상을 실현하기 위해 계획된 대로 준비하고 피해자를 쉽게 통제할 수 있는 자신의 아지트로 유인하여 범행한 후, 사후 처리까지 치밀한 경향이 있다. 또 자신의 욕구를 마음껏 발산할 수 있는 성매매 여성이나 가출인 여성을 의도적으로 선택하거나 경찰관을 사칭하여 피해자를 쉽게 통제하기도 한다.

유영철은 경찰관을 사칭하기도 했으며, 검거를 회피하기 위해 가족들이 실종 신고를 덜할 것으로 추정되는 성매매 여성을 선택해 범행을 저질렀다. 전형적인 가학형으로 인터뷰에서 나타난 언동은 자신의 범행을 합리화하려는 변명에 불과하다.

기회형

다른 범행을 실행하던 중 여성이 혼자 있는 등 상황적으로 기회가 생겼을 때 성범죄까지 저지르는 유형이다. 살인, 절도, 강도, 방화, 유괴 등 모든 범죄와 동반되어 발생할 수 있다. 기회형은 단지 '공짜로' 성관계를 할 수 있다는 동기에서 범죄를 저지른다. 따라서 다른 유형에 비해 현장에서 심리적 특성이 많이 드러나지 않는 편이다. 여러 유형의 특성이 혼합되어 나타나기도 한다.

범죄 현장에서 나타나는 성범죄자 행동 증거에 따른 유형 분류법 ·

동기에 따라 성범죄자를 분류하는 방식은 성범죄자의 내적 욕구를 추론하는 작업이 필요하기 때문에 수사 실무에서 직접적으로 적용하는 데 어려움이 있다. 또한 분석관의 주관적 판단에 의존한다는 점에서 한계가 있다. 이를 극복하기 위해 최근 외국에서도 캔터(Canter, 1990) 등이 범죄 현장에 나타난 성범죄자의 행동 증거를 근거로 유형 분류를 시도하고 있는데, 여기에서는 경찰청 프로파일러 신상화(2014)의 연구를 참고해 세 가지 유형을 살펴보고자 한다.

기회주의적 유형

범행 시 갑자기 피해자를 공격하여 빠른 시간 내 강간하고 금품 절취 후 도주하는 특성을 보인다. 순간적인 성욕을 해소하기 위해 충동적으로 피해자를 선택하고 대담하게 범행을 저지른다. 골목길에서 귀가하는 피해자를 보고 따라가 노상에서 강간을 저지르는 성범죄자가 대표적이다.

반사회성과 충동성이 높고 여러 범죄를 저지른 경험이 많은데, 습관화된 범죄 행태가 성충동을 느꼈을 때도 이어진 것으로 볼 수 있다. 사전 계획 없이 충동적으로 범행을 저지르기 때문에, 자신의 주거지나 유흥지 주변에서 범행을 저지른다. 강·절도, 폭력, 도로교통법, 사기 등 다양한 전과 경력을 보유한 경우가 많다.

신체적·심리적 통제 유형

보통 강도강간 또는 강간 살인의 형태로 이루어지는데, 범행 도구와 마스크, 장갑 등을 사전에 준비하고 범행지와 피해자를 선정하여 침입하는 계획적 성범죄자 유형이다. 이들은 현장에서 피해자에 대한 높은 통제성을 보인다. 예를 들면 입에 재갈을 물리거나 눈을 가려서 신체적으로 통제하거나 '너에 대해 잘 알고 있고, 지켜보고 있다'는 암시를 주어 신고하지 못하도록 심리적으로 통제하는 식이다.

이 유형은 처음에는 경제적 목적으로 침입 절도나 강도를 시작했다가, 신고를 막기 위한 목적 등으로 강간을 시작하면서 연쇄 강간으로 이어진 경우가 대부분이다. 대졸 학력의 독거 중인 30대 무직자 비중이 높고, 다른 유형에 비해 범죄 경력 횟수가 가장 많으나, 성범죄 전과 비중은 가장 낮은 특징을 보였다. 그만큼 범죄를 치밀하게 계획하고 준비해 수사망을 교묘히 피해왔다는 것을 의미한다.

가학적 성폭력 유형

범행 시 키스, 구강성교, 칭찬, 피해자 의복 찢기, 언어적 폭력 등 다양한 성적 행동과 가학성을 보인다. 음주 상태로 주거지나 머물던 숙박업소 근처에서 특별한 범행 도구 없이 평소 알던 피해자를 상대로 범행하는 경우가 많다.

피해자 연령대는 아동부터 성인까지 다양하며, 범행을 위해 선호하는 유형의 피해자를 적극적으로 유인하기도 한다. 분석 결과, 이 유형은 주로 대졸 학력의 미혼 남성으로 가족과 동거하는 비율이 높았고, 겉으로 보기에는 폭력성이 두드러지지 않고 평범하게 보이지만 다른 유형에 비해 성범죄 관련 전과 경력이 가장 많다. 다시 말해 일반적인 반사회성보다는 성도착적 환상, 변태성욕 등 성적 문제가 두드러진다.

성범죄자 유형 분류법 활용 의의 ·

이러한 성범죄자들의 유형 분류 정보는 성범죄 발생 시 범인에 대한 프로파일을 설정할 때 근거 자료로 활용된다. 물론 각 사건은 범행 당시의 상황적 요소, 피해자 또는 범인의 개인적 요소에 의한 고유성을 가지고 있다. 이러한 개별 사건의 고유성에 대한 고려와 함께 기존 사례를 바탕으로 한 유형 분류 자료를 참고해 프로파일을 작성한다면 오리무중이던 범인의 실체를 보다 객관적이고 합리적으로 추론할 수 있고, 수사관이 해당 범죄의 본질을 이해하고, 수사 단서를 찾거나 방향을 설정하는 데 도움을 줄 수 있다.

용의자 프로파일링은 범인상 추론이다 ·

이제까지 살펴본 범죄에 대한 다양한 분류법과 접근 방법은 결국 범죄와 범죄자의 특성을 이해하고 분석하기 위한 사고의 틀이라 할 수 있다. 다양한 범죄 사례와 유형 그리고 범인의 내면에 있는 범행 동기는 우리가 각 범죄의 속성과 범죄자의 특성을 보다 정확히 파악할 수 있게 해준다.

따라서 범죄 현장에서 수많은 정보와 증거를 수집하고 탐색하는 한편, 검거된 범인을 마주하고 심층적인 면담을 실시하는 것은 용의자 프로파일링에 가장 중요한 재료가 된다. 이러한 과정을 통해, 용의자 프로파일링은 단순히 범인의 신상을 맞추는 것이 아닌 면식·비면식, 피해자와의 관계, 범인의 성격과 심리 상태를 추론하여 범인상을 추론한다.

3장

·

연관성 프로파일링

연관성 프로파일링이란 ·

연관성 프로파일링은 범죄 특성과 범죄자 특성을 분석하여, 여러 사건에서 동일범이 저지른 연쇄 범죄를 가려내는 분석 기법이다. 간단히 공통점이 많은 사건을 추리면 될 것 같지만, 연관성 프로파일링에서는 일관된 범죄 행동뿐 아니라 차별적이고 특징적인 범죄 행동도 함께 살펴봐야 한다.

범죄 행동의 '일관성'은 연쇄 사건에서 범인이 지속적으로 보이는 유사 행동 특성이다. '차별성'은 동종 범죄의 다른 범죄자와 구별되는 행동 특성이다. 모든 범죄자는 범행 시 일관성과 차별성을 동시에 보이는데 그것으로 연관성 프로파일링이 가능하다. 분석 대상인 특정 범죄 행동에서 일관성과 차별성이 모두 나타나지 않는다면, 아무리 경험 많은 프로파일러라도 연쇄 범죄 판단에 조심스러울 수밖에 없다.

차량 절도범이 범행마다 유리창을 깨고 차량 안의 물건을 절취한다고 가정해보자. 프로파일러가 수십 건의 차량 절도 중에서 이 범인의 연쇄 범죄를 구별해낼 수 있을까? 아마 어려울 것이다. 차량 유리창을 깨는 절도수법은 너무 흔한 수법이라 차별성이 없다. CCTV나 다른 행동 증거가 없다면 의미 있는 분석 결과가 나오기 힘들다.

일관성이 보이지 않는 경우도 분석이 어렵다. 어제는 야간에 유흥가에서 술에 취해 쓰러진 행인의 지갑을 훔친 범인이 오늘은 낮에 빈집털이를 한다면 두 사건을 연쇄 범죄로 분석하기란 거의 불가능하다. 다행히도 현실에서는 이렇게 일관되지 않게 마구잡이로 범행하는 경우는 드물다.

연관성 프로파일링의 분석 대상 ·

분석 대상이 되는 범죄 행동은 공격 행동, 피해자 특성, 계획성 여부, 상황적 변수로 구분한다. 공격 행동에서는 범행 시간대, 범행 장소적 특성, 피해자와의 조우 방법, 공격 횟수, 범행 도구, 범행 소요 시간 등을 분석한다. 피해자 특성은 피해자의 성별, 나이, 외모, 직업, 연령, 범인과의 관계 등이 해당된다. 계획성 여부는 범행 도구 준비성, 신원 은폐 여부, 증거 인멸 행위, 범행 후 도주 행동을 통해 추정한다. 범죄 행동에 영향을 끼친 상황적 변수도 반드시 고려해야 한다. 세부사항은 다음의 표와 같다.

한국의 프로파일링

분석 대상 범죄 행동 특성

공격 행동 특성	범행 시간대	· 새벽, 오전, 오후, 저녁, 밤 · 피해자나 범인에게 어떤 의미가 있는 시간인가 　(출퇴근 시간대 등)
	범행 장소적 특성	· 피해자 관련 장소, 피의자 관련 장소 · 주택, 아파트, 노상, 차량 등
	범행 중 행동	· 공격성, 피해자 상처 부위 등
	피해자 조우 방법	· 급습, 미행, 속임수, 숨어 있다 덮치기 등
	공격 횟수	· 1회, 2회, 수십 회 등
	범행 도구	· 예기, 둔기, 노끈, 신체 이용 등
	범행 소요 시간	· 수 분, 수 시간, 수 일 등
피해자 특성	피해자 성별, 나이, 외모, 직업, 연령, 범인과의 관계	
계획성 여부	범행 도구 준비성	· 미리 준비, 현장 조달
	신원 은폐 여부	· 장갑, 두건, 마스크 등
	증거 인멸 행위	· 범행 현장 청소, 콘돔 착용 여부, 방화 등 · 시체 유기, 방화, 훼손, 매장 등
	범행 후 도주 행동	· 도보, 차량, 택시, 대중교통 이용 등

연관성 프로파일링의 분석 절차 ·

연관성 프로파일링은 대개 '사건 정보 수집 → 범죄 행동 추출 → 행동 특성 비교 분석 → 사건의 연관성 검토'로 진행된다. 가장 먼저 프로파일러는 사건과 관련된 모든 정보를 수집하고, 각 사건의 세부사항을 파악한다. 참고할 수 있는 자료는 많으면 많을수록 좋은데, 여기에는 과학수사팀이 현장을 감식하고 작성한 현장임장일지, CCTV 영상, 수사 사항, 피해자 및 참고인 진술, 탐문 정보 등이 포함된다.

수집한 정보를 바탕으로 프로파일러는 범죄 현장을 재구성하고 행동 분석을 실시하여 범인의 언어적 · 행동적 특성을 찾고 각 범죄에서 분석에 활용할 행동 특성을 선별한다. 이를 중심으로 사건들의 유사점과 차이점을 분석해 동일범 범행 여부를 판단한다. 또한 유사한 행동이 관찰되면 유사성의 정도를 분석한다.

연관성 프로파일링 절차

연쇄 살인 사건 연관성 프로파일링 사례 ·

연관성 프로파일링은 물리적 증거가 없는 사건에도 분석을 실시할 수 있다는 장점이 있다. 동일 지문이나 DNA 같은 물리적 증거가 발견된다면 동일범이 저지른 사건으로 바로 추정할 수 있지만 물리적 증거가 발견되지 않는 사건도 많다. 특히 범인과 피해자 간에 상호작용이 거의 없고 노상에서 순식간에 발생한 사건이라면 더욱 그렇다. 다음의 사건들로 연관성 프로파일링이 어떻게 실시되는지 살펴보자.

한국의 프로파일링

① 서울 A구 살인미수 사건

· **일시** : 2004. 1. 30. 3:30경
· **사건 개요** : 범인은 빌라 현관 계단에서 귀가하는 피해자(40대, 여성)의 복부, 가슴 등 4개
  소를 찔러 살해하려 했지만 피해자가 소리를 질러 도주했다.
· **특징** : 피해자 진술에 따르면 범인은 급히 따라온 것처럼 헉헉거렸고, 마주치자 놀라며 점퍼
  주머니에서 칼을 꺼내 공격했다. 피해자가 돈을 가져가라며 가방을 던져주었으나 건드리지
  않고 도주했다.

사건 현장 진입로

사건 현장

② 서울 B구 살인 사건

· **일시** : 2004. 2. 6. 19:10경
· **사건 개요** : 범인은 골목길 노상에서 출근하는 피해자(20대, 여성)를 따라가 칼로 옆구리를
  5회 찔러 살해했다.
· **특징** : 초저녁에 주택가 골목길에서 발생한 사건으로 범행 현장에는 사람이 없었지만, 주변
  에는 통행인이 많았고 영업 중인 가게도 있었다. 순식간에 범행이 이루어진 것으로 보이며
  피해품은 없었다.

최초 사건 현장

피해자가 쓰러져 사망한 장소

③ 서울 C구 살인미수 사건

· **일시** : 2004. 2. 26. 06:20경
· **사건 개요** : 범인은 귀가 중인 피해자(10대, 여성)를 따라가 골목길에서 복부 등을 10회 이상 마구 찔렀고, 근처에서 차량 불빛이 보이자 중단하고 도주했다.
· **특징** : 피해자가 발로 차며 저항했으나, 범인은 아무 말 없이 계속 공격했다.

현장을 바라본 모습   사건 발생 현장

④ 서울 D구 살인미수 사건

· **일시** : 2004. 4. 8. 03:25경
· **사건 개요** : 범인은 귀가 중인 피해자(20대, 여성)를 쫓아가 골목길에서 옆구리, 팔, 가슴 등을 수회 찔러 살해하려다 미수에 그쳤다.
· **특징** : 범인이 갑자기 다가와 바로 피해자를 찔렀고, 이에 피해자는 강도로 생각하고 가방을 던져주었다. 그러나 범인은 가방에 관심을 보이지 않고 계속 피해자를 공격했다. 피해자의 비명을 들은 이웃 남성이 나와 "야, 인마" 하고 소리치자 범행을 중단하고 도주했다.

사건 현장 진입로   현장 검증: 피해자 공격 재현

⑤ 서울 E구 살인 사건

· **일시** : 2004. 4. 22. 02:57경
· **사건 개요** : 범인은 귀가 중이던 피해자를 따라가 빌라 2층 계단참에서 집으로 들어가려던
  피해자의 복부, 대퇴부 등을 찔러 살해했다.
· **특징** : 사건 현장은 다세대주택 밀집 지역에 위치한 빌라로, 피해자는 집으로 들어가기 위해
  현관 출입문에 열쇠를 꽂아놓은 상태에서 피해를 입었다.

사건 현장 진입로

피해자 가방에 물색흔 없음

이 사건들은 2004년에서 2006년 사이 서울과 경기 일대에서 13명을 살해하고 20명을 부상 입힌 연쇄살인범 정남규의 범행(총 24건) 중 일부이다. 정남규는 여러 지역(서울, 경기)에 걸쳐 전혀 다른 유형의 범죄(살인, 상해, 방화, 성범죄)를 저질렀고, 수사기관은 초기에 정남규의 범행을 연쇄 범죄로 의심하지 못했다.

사건이 발생하면 우선 각 관할 경찰서 형사팀에서 수사를 담당하므로 여러 지역에서 발생한 사건 정보를 통합하기가 쉽지 않다. 게다가 2004년에는 최근처럼 경찰 내부망과 메신저 등이 활성화되지 않아서 정보 공유가 더 어려웠을 것이다. 일단 각 경찰서에서 수사를 진행하다가 사건이 장기화되거나 여러 관할에 걸쳐 발생하는 것으로 의심되면 지방청 광역수사대

등에서 수사를 진행하기도 한다. 2004년 당시, 서울청 과학수사계 범죄분석팀에서도 동일범에 의한 연쇄 범죄 가능성을 염두에 두고, 노상에서 여성을 상대로 예기를 이용한 사건들을 수집하고 연관성을 분석하기 시작하였다.

정남규의 범행에서 공통적으로 나타나는 특징은 무엇일까? 시간대는 새벽이나 이른 아침, 초저녁으로 다양하지만, 공통적으로 피해자들이 출근 중이거나 퇴근 후 귀가 중이었다는 점에 주목할 수 있다. 피해자와 면식 관계인 범인이 살인을 계획하였다면 목격되거나 노출될 가능성을 줄이고 증거를 인멸하기 위해 실내나 차량 안 같은 밀폐된 장소를 선택할 가능성이 높다. 또는 면식 관계에서 분노, 원한으로 우발적 살인이 발생했다면 말다툼, 몸싸움 등 촉발행위(trigger)가 존재하는 것이 자연스러운데 위 사건에서는 살인 행위 이전에 범인과 피해자 간의 상호작용을 찾아볼 수 없다. 따라서 범인과 피해자가 비면식 관계일 가능성이 높다.

또한 범인이 금품을 전혀 절취하지 않았다는 점도 중요하다. 심지어 피해자가 돈을 가져가라고 하거나, 가방을 던져주기도 하였으니 원래 목적이 금품이 아니었다고 해도 가져갈 법한데 범인은 소지품에 아무런 관심을 보이지 않았다. 목적이 오로지 살인 그 자체였음을 암시한다.

그렇다면 혹시 범인은 피해자와 비면식 관계이지만 누군가의 사주를 받은 청부살인업자는 아닐까? 청부 살인 의뢰를 받은 범인의 입장에서 생각해보자. 범인은 단 한 번의 기회에 피해자를 확실히 살해해야 하므로 매우 체계적이고 계획적으로 행동해야 한다. 따라서 피해자를 사전에 미행하여 활동 시간대와 동선을 파악하고, 범행에 가장 적합한 시간과 장소에서 범행을 실행하려 할 것이다.

실제 발생했던 청부 살인 예를 보면, 범인들은 대개 피해자가 혼자 사무실에 있는 시간을 사전에 파악해 그 시간에 사무실을 찾아가 범행하거나, 새벽에 출근하는 피해자를 주차장에서 기다려 범행하거나, 피해자가 퇴근할 때 사람이 없는 빌딩 1층 현관에서 기다리다가 범행하는 등의 행동을 보였다. 청부 살인 범죄에서는 이처럼 범인과 피해자의 조우 방식이 급습 형태를 띠고, 피해자가 규칙적인 일상생활(출근, 근무, 퇴근)을 하던 중에 많이 발생한다.

이와 달리 앞의 사건들에서는 범인이 피해자를 사전에 선정했다기보다 무작위로 고르는 식으로 범행을 저질렀다. 피해자들은 평소 규칙적으로 그 시간에 그 장소를 지나가는 사람들이 아니라, 그날따라 늦게 귀가하거나 새벽에 일찍 나왔다가 피해를 당했다. 즉 범인은 피해자를 '우연히' 그날 그 시간에 그곳에서 만난 것이다.

또한 피해자가 이미 열쇠로 문을 열고 있는데 범행을 시작하거나, 범행 도중에 차가 오거나 이웃이 나와 실패할 정도로 안정적이지 않은 장소였다는 것은 통상적인 청부 살인보다 매우 체계성이 떨어진다. 따라서 이 사건들에 대해 연관성 프로파일링을 실시한다면 범죄 행동 차별성과 일관성을 종합해볼 때 연쇄 범죄, 특히 살인 목적의 묻지마 범죄로 분석하는 것이 타당하다.

연관성 프로파일링을 통한 수사 지원 ·

연관성 프로파일링의 또 다른 장점은 산발적으로 흩어져 있던 여러 범죄 현장의 정보를 통합하고, 축적된 증거물을 함께 활용하여 용의자군을 축소할 수 있다는 점이다. 수사에는 '골든타임'이 존재할 만큼 시간이 매우 중요하다. CCTV 영상은 보존 기간이 1주에서 1개월 정도로 매우 짧아 그전에 확보하지 못하면 삭제된다. 검거가 늦을수록 범인이 흉기, 장갑, 신발 등 범행에 사용한 증거를 인멸할 가능성도 높다. 따라서 수사팀은 통상적으로 1~2주가 소요되는 지문과 DNA 같은 물리적 증거 분석 결과가 나오기 전에 추적을 이미 시작해야 한다. 이때 연관성 프로파일링으로 사건 발생 후 즉시 연쇄 범죄 여부를 분석할 수 있다. 그러면 단시간 내에 수사 방향을 설정할 수 있어 효율적 수사 진행에 도움이 된다. 앞서 살펴본 연쇄 사건이 다음처럼 수사되고 있다고 가정해보자.

	각 관할 경찰서 수사 사항
①	30대, 남성, 키는 170~175cm
②	범인으로 추정되는 남성이 지하철 이용, OO역 하차 확인(CCTV)
③	범인의 DNA 확보
④	범인이 혈흔을 밟아 족적 유류됨(신발 사이즈 250~260mm)
⑤	빌라 계단 난간에서 혈흔에 의한 특정 장갑흔 발견

각 사건의 수사 사항만으로는 추적이 매우 어려울 것이다. 연관성 프로

파일링을 통해 위 사건들을 연쇄 범죄로 분석하고 나면, 각 수사팀이 가지고 있던 수사 정보를 통합하고 인력과 자원을 필요한 곳에 집중적으로 배치할 수 있다. 그러면 효율적 수사가 이루어지고 범인 검거 가능성도 높아진다.

연관성 프로파일링 결과, 연쇄 범죄 가능성이 높다면 우선 ○○역 인근에 거주하는 30대 남성을 중심으로 DNA를 수집하여 ③사건의 DNA와 대조할 수 있다. 용의자가 있다면 사건 현장의 족적과 장갑흔과 같은 신발이나 장갑을 소지하고 있는지 확인하여 수사를 진행할 수 있다.

대응적 프로파일링 vs 선제적 프로파일링 ·

연관성 프로파일링은 대응적(reactive) 방식과 선제적(proactive) 방식으로 실행한다. 지금까지 살펴본 사례들처럼 연쇄 강력 사건이 발생했을 때, 최초 범죄나 가장 심각한 사건을 중심으로 다른 미해결 사건들과 비교하여 연쇄성 여부를 분석하는 것은 대응적 방식의 연관성 분석이다. 또한 범인 검거 후에 여죄가 있는지 다른 사건들을 검토해보는 것도 대응적 방식의 연관성 프로파일링이다. 이때는 프로파일러가 검거된 사건의 범죄 행동을 분석하여, 기존 사건과 미검 사건의 범죄 행동을 비교하여 동일범 소행으로 추정되는 범죄 목록을 작성해 수사팀에게 제공한다.

강력 범죄 피의자를 구속 수사하는 경우, 경찰 단계에서 10일 이내에 수사를 마무리하고 검찰에 송치해야 한다. 시간적 제약이 있다 보니 여죄 분석 의뢰가 많이 들어오지는 않지만, 외국에서는 여죄 수사에도 연관성 프로파일링이 활용된다. 심지어 법정 절차에서도 과거의 유사 범죄 행동에 대한 증거(similar fact evidence)로 사용된다.[8]

또한 연관성 프로파일링은 선제적(proactive) 형태로 실시되기도 한다. 선제적 방식의 연관성 프로파일링은 특정 사건을 기준으로 삼지 않고, 전체 미해결 사건을 대상으로 유사 범죄 행동을 보이는 연쇄 범죄를 추출해 내는 분석이다. 예를 들어 범인이 검거되지 않은 전체 절도 사건 중에서 '낮 시간', '주택', '빈집털이', '열린 창문으로', '장갑 착용', '냉장고에서 음식을 꺼내 먹음', '귀금속은 훔치지 않음', '현관문으로 도주'의 특징을 보이는 사건들을 추출한 뒤 동일범 여부를 분석할 수 있다.

■
인공지능(AI), 빅데이터 분석과 연관성 프로파일링

2018년 1월, 부산지방경찰청에서는 인공지능과 빅데이터 분석을 활용하여 절도범의 여죄 3 건을 추가로 밝혀냈다. 그의 범행 수법은 피해자의 신용카드 비밀번호를 미리 알아낸 뒤, 카드를 훔쳐 현금인출기에서 돈을 인출하는 수법이었다. 범인이 검거되자 담당 수사팀은 국가정보자원관리원에 AI를 통한 빅데이터 분석을 의뢰했고, 150만 건에 달하는 발생 사건 현장임장일지를 분석하여 유사성이 높은 순서대로 담당팀에게 제공하였다.

AI와 빅데이터 이전에도 연관성 프로파일링에 컴퓨터 프로그램이 활용되어왔다. 대표적으로는 미국 FBI의 ViCAP(Violent Criminal Apprehension Program)과 캐나다 경찰국의 VICLAS(Violent Crime Linkage Analysis System)이 있다. 미국과 캐나다에서는 살인 등 강력 사건의 범죄 정보, 범죄 행동에 관한 변수화된 데이터를 입력하여 프로파일러가 범죄 간

---

8 Hazelwood, R. R. & Warren, J. I., Linkage Analysis: Modus operandi, ritual and signature in serial sexual crime, *Aggression and Violent Behaviour*, vol. 8, pp. 587~598, 2003.

의 연관성을 분석한 후 동일범에 의한 범죄로 추정되는 사건의 보고서를 담당 수사관에게 전달하여 수사에 활용한다. 또한 우리나라 과학수사팀과 프로파일러는 SCAS(Scientific Crime Analysis System) 시스템 내에 범죄자, 피해자, 범죄 행동, 범행 동기 등 범죄 관련 데이터를 입력하여 범죄 연관성 분석에 활용하고 있다.

　만약 AI와 빅데이터 분석으로 유사 사건을 추출한 뒤, 연관성 프로파일링 기법을 활용하여 연쇄 범죄 여부를 분석한다면 더 큰 시너지를 낼 것으로 기대된다.

심리학과 연관성 프로파일링 ·

인간의 행동을 자세히 들여다보자. 누군가 상습적으로 회사에 지각한다면, 그 사람의 성격 탓일까, 상황 탓일까? 다시 말해 그 사람이 규칙에 무관심하고 무책임한 성격이라 그런 것일까, 아니면 아침마다 아이를 유치원에 데려다주고 회사에 출근해야 하는 사정이 있기 때문일까?

　심리학에서는 성격 특성과 상황의 상호작용이 모두 개인의 행동에 영향을 준다고 본다. 맨 처음 경험하는 상황에서 어떻게 반응할지에 대한 결정에는 성격이 큰 영향을 미친다. 하지만 이후 비슷한 행동을 반복하는 데에는 현재의 상황을 과거와 유사하다고 판단하기 때문일 가능성이 크다.

　90쪽 도표처럼 사람들은 대개 특정 상황에서 자신의 성격이나 과거 경험에 의거해 행동 전략을 세우고 행동한다. 그런데 매번 무슨 일이 생길 때마다 다시 새롭게 판단하고 행동 전략을 세워야 한다면 얼마나 피곤할까? 다행히도 이 행동 전략은 일회용이 아니라서, 미래에 비슷한 상황이 닥치면 재활성화된다. 따라서 사람은 비슷한 상황에서 일관성 있는 행동을 보이는

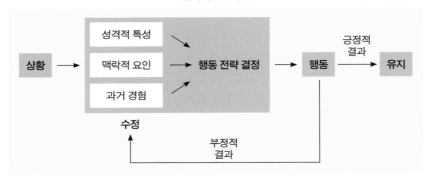

심리적 프로세스

것이다.

　물론 사람들은 자신의 행동 전략이 성공했는지 실패했는지에 따라 전략을 수정하고 행동을 변화시키기도 한다. 하지만 비슷한 상황이 단시간 내에 반복된다면 결과 평가가 어렵기 때문에 행동이 바뀔 가능성이 낮다. 그러므로 짧은 기간 동안에 유사한 상황이 반복된다면 거의 매번 동일한 행동을 반복할 것이라 추측할 수 있다. 범죄자도 마찬가지다.

범죄자의 성격과 범죄 행동의 연관성 ·

이러한 인간의 행동과 성격에 대한 심리학의 몇 가지 가정은 범죄 행동에도 동일하게 적용된다. 첫 번째 전제는 일상적 행동에 그 사람의 성격이 반영되는 것처럼 범죄 행동에도 범죄자의 성격이 반영된다는 것이다. 여행을 갈 때도 매사에 꼼꼼하고 완벽주의적인 사람과 즉흥적이고 충동적인 사람

한국의 프로파일링

이 짐 싸는 방법은 다르다. 일정 계획
과 숙소 예약에서도 완전히 다른 행동
패턴을 보일 것이다. 이렇게 극단적으
로 성격이 다른 두 친구가 있다면, 여
행 가방만 보고도 둘 중 누구의 것인지
금세 알아차릴 수 있을 것이다.

두 번째 전제는 비슷한 성격 특성을
지닌 사람들을 모아 유형화할 수 있는
것처럼, 유사한 범행 특성을 보이는 범
죄자들의 성격도 유형화할 수 있다는
것이다. 범행 전, 중, 후에 걸쳐 유사한

둘 다 노인이 주거지에서 살해당한 사건이지만, 살
해 방법부터 범행 후 처리까지 판이하게 다르다.

행동을 보이는 범인들은 비슷한 성격을 지녔을 가능성이 높다. 이러한 전
제하에서 프로파일러들은 검거된 범인들을 면담하여 성격이나 개인적 특
성을 수집하고, 범죄 현장의 행동과 비교해 연쇄살인범, 강간범, 방화범 유
형을 분류한다.

이미 검거된 범인의 범죄 행동 및 성격 특성을 유형화하여, 추후 발생하
는 사건의 용의자 유형을 분석할 때 활용할 수 있다. 연관성 프로파일링을
실시할 때도 대상 사건들이 동일한 범행 유형에 속하는지 분석하기 위해
범죄자 유형 분류를 참고할 수 있다.

그러나 범죄 행동과 일반적인 행동은 다르다 ·

그런데 연관성 분석에는 몇 가지 유의할 점이 있다. 먼저 범죄 행동은 일상적 행동과 분명히 다르기 때문에 성격심리학의 이론을 검토 없이 그대로 적용해서는 안 된다는 것이다. 범죄 상황에서는 범인이 극도의 스트레스와 불안을 경험할 가능성이 높고, 대개 심사숙고하고 합리적인 행동을 선택할 시간적 여유도 없다.

절도를 하려고 차 유리창을 깼는데 갑자기 방범벨이 울린다거나, 강도를 하려는데 피해자가 예상 외로 강하게 저항하며 소리를 지를 수도 있다. 범인이 전혀 예측하지 못한 상황이 발생하는 것이다. 따라서 같은 범죄자가 연쇄 범죄를 저지르는 경우에도, 범행 당시의 상황이나 피해자의 반응에 따라 범인이 전혀 다른 행동을 보일 가능성이 있다는 점을 염두에 두어야 한다.

또한 연쇄 범죄를 구별하기 위해서는 범죄 행동에 대한 기본 지식이 필요하다. 모든 사건은 다르지만, 범죄 유형마다 어느 정도 '전형적' 또는 '일반적'인 범행 패턴이 존재한다. 이에 대한 지식은 사건을 자주 접하는 수사관들이나 프로파일러들의 노하우라 볼 수도 있는데, 범죄는 계속 진화하기 때문에 프로파일러라 해도 사건을 지속적으로 접하지 않으면 유지하기 어렵다. 어쨌든 범죄 행동에 대한 기본적 지식 차이로 인해 프로파일러가 사건을 보는 관점과 일반인이 사건을 보는 관점이 다를 때가 많다.

예를 들어 산속에서 여러 조각으로 토막 난 시신이 발견된다면 보통 범인이 매우 잔혹하거나 사이코패스 성향을 띤다고 추측하는 경향이 있다.

하지만 토막살인 사건을 많이 접해본 프로파일러는 그런 형태의 훼손이 범인의 성향 때문이라기보다 피해자의 신원을 은폐하고 사체 이동의 편의를 위한 상황적 요소로 볼 가능성이 높다. 실제로 만나본 범죄자들도 사체를 그대로 옮기기 힘들어 훼손한 경우가 대부분이었다.

연관성 프로파일링은 어떤 범죄에 적용할 수 있을까? ·

연관성 분석은 연쇄 범죄에 적용하는 프로파일링이므로 동일범으로 추정되는 사건이 2건 이상일 때 실시할 수 있다. 그러나 실제로는 수집할 수 있는 행동 증거가 많을수록 좋기 때문에, 사건의 수가 많거나 분석할 행동이 많을 때 보다 유의미한 분석 결과를 얻을 수 있다.

따라서 단순히 침입하고 절취하고 도주하는 일반 절도 사건보다는, 범인이 피해자와 많은 상호작용을 하게 되는 살인 사건이나 금전적 범행 동기가 아닌 범인의 심리적 욕구에 의해 발생하는 강간이나 방화 사건에 더 적합한 분석 기법이다.

범죄 현장에 나타나는 행동과 나타나지 않는 행동 ·

행동 증거에 대한 말이 나온 김에 범죄 현장에서 관찰되는 행동에 대해 알아보자. 범죄 현장의 행동은 범행 수법(Modus Operandi, MO)과 인증

(signature)으로 구분된다. 범행 수법은 범행 목표를 성취하는 데 직접적인 영향을 끼치는 필요불가결한 행동을 의미하고, 인증은 범행과 직접적 관련은 없는데 범인이 굳이 저질러놓은 행동을 말한다.

예를 들어 강간 사건에서 범인이 열린 창문으로 침입하여 피해자의 팔을 결박하고 콘돔을 착용한 채 범행했다면 이것은 범행을 위해 필요한 행동, 즉 '범행 수법'이다. 그런데 범인이 피해자에게 자신의 성적 능력을 칭찬하는 말을 하도록 하고 마치 여자 친구처럼 다정하게 굴도록 강요했다면, 이것은 범인의 심리적 욕구가 반영된 '인증'이라고 볼 수 있다.

어떤 행동은 범인에게 이유를 듣기 전까지 범행 수법인지 인증인지 판단하기 어려울 수도 있다. 범인이 범행 후 피해자의 나체 사진을 촬영하고 피해자의 신분증을 가져갔다고 가정해보자. 경찰에 신고하지 못하게 하려고 이런 행동을 했다면 이는 범행 수법이지만, 그게 아니라 범행의 전리품으로 수집했다거나 이후에 범행을 쉽게 회상하기 위해서라면 성적 환상을 만족시키기 위한 인증으로 보아야 한다.

흥미롭게도, 범죄 현장에서 범인이 '하지 않은 행동'도 프로파일링의 분석 대상이 된다. 앞서 살펴본 정남규의 범행을 생각해보자. 여러 사건에서 공통적으로 범인은 ①피해자에게 아무것도 요구하지 않았고, ②언쟁이나 몸싸움도 없었고, ③현금이나 물건을 강취하지도 않았다. 이 점 또한 굉장히 특징적인 행동 증거로 연관성 프로파일링 분석에서 활용할 수 있다.

범행 수법이 진화하고 변화할 수 있기 때문에, 과거에는 연관성 프로파일링을 실시할 때 인증에 더 중점을 두고 분석해야 한다고 보는 의견이 많았다. 그러나 최근에는 범행 수법 또한 동일범 판단에 있어 효과적이라는 점이 알려지면서, 연관성 프로파일링의 적용 범위가 과거에 활용되던 연쇄 살인, 강간 등의 강력 사건에서 차량 절도 같은 상대적으로 경미한 범죄로 확대되고 있다.[9]

연관성 프로파일링은 범인이 범행마다 유사한 범죄 행동을 지속할 때 유의미한 분석 결과를 얻을 수 있다. 지속성은 절도보다 강간이나 강도 사건에서, 청소년보다는 성인 범죄에서, 범행 초기보다는 후기로 갈수록 증가하는 경향이 있다. 이러한 경우에 연관성 프로파일링의 효과가 높게 나타날 것이다.

흔히 범죄자는 범행 후기로 갈수록 노련해지므로 수사에 혼선을 주기 위해 범행 패턴을 더 자주 바꿀 것이라고 생각하기 쉽지만, 사실은 이와 반대로 노련한 범죄자일수록 자신이 선호하는 어떤 행동을 반복할 가능성이 높다. 이는 범인의 입장에서 생각해보면 쉽게 이해할 수 있다. 특정 범행 방식으로 계속 성공을 거두어왔다면, 굳이 실수해서 검거될 수 있는 위험을 무릅쓰고 새로운 방식을 시도할 이유가 없다.

연관성 분석 시 유의할 점 ·

행동 특성을 비교할 때는 사건마다 공통된 행동이 나타났다 해도, 우연이

---

9 Woodhams, J, Hollin, C. R. & Bull, R., The psychology of linking crimes: A review of the evidence, *Legal and Criminological Psychology*, vol. 12, p. 234, 2007.

나 다른 상황에 의한 것인지 살펴보아야 한다. 개별 행동을 단순히 따로 떼어놓고 비교해서는 안 되며, 전체 사건 맥락 안에 놓인 특정 행동을 해석해야 한다. 예를 들어 동일하게 피해자의 얼굴을 수십 회 폭행한 행동이라 해도 폭력성이 매우 높거나 분노를 표출한 경우가 있고, 피해자와 몸싸움하는 중에 제압이 어려워 저항이 멈출 때까지 때린 경우도 있다.

범죄 행동은 동일하지만 심리적 의미는 전혀 다르다. 전자가 공격과 분노의 의미라면, 후자는 오히려 당황과 두려움으로 해석할 수 있다. 반대로 사건에서 다른 행동이 나타났다고 해서 동일범에 의한 범행이 아니라고 배제해서도 안 된다. 원래는 낮에 빈집을 터는 절도범이지만, 어느 날은 빈집인 줄 알고 들어갔다가 집주인과 맞닥뜨리고 강도 범죄를 저지를 수도 있다.

따라서 사건의 연쇄성 여부를 판단할 때는 각 범죄 행동이 범인에게 의미하는 바를 분석하는 작업이 반드시 병행되어야 한다. 사람의 행동은 물리적 자연 현상과 다르다. 고정적이거나 절대적이지 않다. 행동의 유사성과 차이를 분석하기 위해서는 인간 심리에 대한 전문 지식과 분석이 필요하다. 즉 '행동 특성을 10개 추출했는데 그중 7개 이상이 일치하면 동일범이다'라는 식의 분석을 할 수는 없다. 때로는 행동 특성들이 다르지만, 의미 있는 공통점이 1개라도 나타났다면 동일범에 의한 사건으로 의심할 수도 있다. 또한 범인은 범행을 계속 할수록 가장 편하고 좋은 방법을 찾는다. 연관성 프로파일링을 실시할 때는 이러한 범죄 진화 경향도 염두에 두어야 한다.

앞서 인공지능과 빅데이터 분석의 유용성에 대해 잠깐 살펴보았지만, 이

기술들이 단독으로 쓰이는 것에 대해서는 경계해야 한다. 무고한 사람이 범인으로 몰리는 등의 인권침해 위험을 피하기 위해서는, 프로그램을 통해 일차적으로 거른 사건을 경험 많은 수사관이나 프로파일러가 반드시 다시 분석해야 한다. 최근 어느 신문기사에서 미래에 AI가 대체할 수 없는 직업 중 하나로 프로파일러가 꼽힌 것을 보았다. 바로 이런 이유 때문일 것이다.

4장

·

지리적 프로파일링

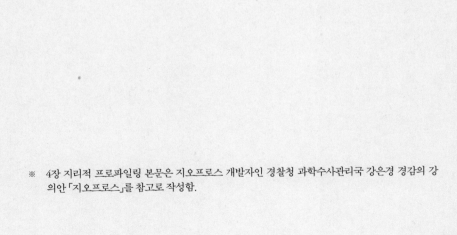

※ 4장 지리적 프로파일링 본문은 지오프로스 개발자인 경찰청 과학수사관리국 강은경 경감의 강
   의안 「지오프로스」를 참고로 작성함.

700원 훔치자고 ·

2009년 4월 18일 오후 10시 30분쯤 서울의 한 다세대주택에서 자신의 옆집에 사는 K 할머니(79세)를 살해하고 700원을 훔쳐 나온 사건이 발생했다. 범인 한 씨(22세)는 별다른 직업 없이 생활하는 인터넷 게임중독자였으며, 게임비를 마련하기 위해 만능열쇠로 K 할머니의 집 현관문을 열고 들어가 부엌에 있던 흉기로 범행을 저지른 것으로 드러났다.

범행에 사용한 가죽장갑에서 K 할머니의 혈흔이 발견되면서 사건이 밝혀졌다. 기초생활 보조금으로 홀로 근근이 살아오던 K 할머니는 한 씨와 같은 다세대주택 반지하방에 살고 있었다.

당시 언론은 이 사건을 두고 '게임비 마련하려 옆집할머니 잔인하게 살해'(노컷뉴스), '인터넷 게임이 뭐길래… 700원 빼앗고 노파 살해'(노컷뉴스), '게임중독 폐해 더 방치할 수 없다'(연합뉴스)와 같이 주로 한 씨의 게임 중독에 초점을 맞춘 기사를 쏟아냈다. 과연 이 사건에서 눈여겨볼 것은 게임 중독뿐일까?

절도는 생활비나 유흥비, 게임비 등 돈이 필요해 저지르는 범죄이다. 그렇다면 돈이 있을 만한 장소를 물색하는 것이 상식이다. 그리고 이왕 훔친다면 돈이 많은 곳을 노릴 것이다. 이런 이유로 현금이나 금품을 많이 보유하고 있을 편의점이나 슈퍼마켓, 금은방 등이 범행 장소로 흔히 선정된다. 그러나 한 씨의 선택은 자신처럼 영세하고 허름한 다세대주택에 사는 옆집 할머니였다. 한눈에 봐도 돈이 많아 보이는 집이 아니었다. 그렇다면 생각해볼 수 있는 것은 두 가지이다. 한 씨의 기준에서 할머니가 돈이 많아 보였다든지, 아니면 귀찮아서 가깝고 쉬운 장소를 선택한 것이다.

범인은 왜 그 집을 선택했나?

누가 봐도 훔칠 만한 물건이 없어 보이는 낡은 다세대주택의 반지하방, 이곳에 사는 할머니가 정말 자기보다 돈이 많다고 생각했을까? 아니면 정말 귀찮아서였을까? 그 이유를 알아보기 전에 다음의 상황에서 어떤 선택을 할지 생각해보자. 여러분이 절도를 한다면 모든 조건이 똑같다는 가정하에 다음 네 장소 중 어디로 가장 가고 싶은가? 반대로 가장 가기 싫은 곳은 어디인가?

한국의 프로파일링

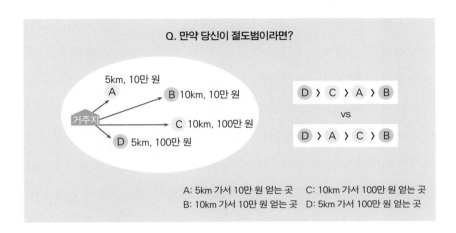

Q. 만약 당신이 절도범이라면?

5km, 10만 원
A
B 10km, 10만 원
거주지
C 10km, 100만 원
D 5km, 100만 원

D > C > A > B
vs
D > A > C > B

A: 5km 가서 10만 원 얻는 곳   C: 10km 가서 100만 원 얻는 곳
B: 10km 가서 10만 원 얻는 곳   D: 5km 가서 100만 원 얻는 곳

누구나 범행 장소로 가장 선호하는 곳은 5km만 가면 100만 원을 얻을 수 있는 곳(D)이다. 반면에 가장 가기 싫은 곳은 10km를 갔는데도 10만 원밖에 못 얻는 곳(B)이다. 여기까지는 누구나 같은 생각인 것 같다. 차이는 A와 C에서 나타나는데, 5km 가서 10만 원 얻는 곳(A)과 10km 가서 100만 원 얻는 곳(C) 중에 어디를 더 가고 싶은가? A를 선택한 사람과 C를 선택한 사람의 차이는 무엇일까?

일반적으로 보통의 사람은 C를 더 선호한다. 노력을 2배(5km vs 10km) 들이면 보상이 10배(10만 원 vs 100만 원)에 달하기 때문이다. 조금만 더 가면 더 많이 얻을 수 있는 조건, 지금 당장 눈앞에 있는 사탕 한 개를 먹고 싶지만 5분만 참으면 2개를 준다고 했을 때 5분을 참는 힘. 우리는 이것을 '지연보상'이라고 한다. 그래서 많은 학생들이 당장 놀고 싶지만 앞날을 위해 책상에 앉아 공부하고 능력을 쌓으며 미래를 준비한다. 그러나 우리가 만난 절도범들은 조금 달랐다. 그들은 열이면 열 모두 A를 선택했다. 한마디로 절도범들은 범행으로 얻는 이익의 결과보다는 지금 당장 내가 들여야 할 노력이 적은 것을 선호했다. 어렵게 노력하기보다 우선 쉽게 얻을 수 있는 것을 손에 넣겠다는 생각이다.

일반 사람들의 지연보상 심리와는 달리 절도범들은 눈앞에 있는 이익부터 취하고 보자는 태도를 보였다. 이에 대해 우리는 이들이 대부분 성장 과정에서 비행에 일찍 노출되어 충동적으로 쉽게 범행을 일삼으며 살아온 것이 영향을 미친 것이 아닐까 하고 조심스레 추론해본다.

그래서 실제 절도는 돈이 많아 보이는 고급빌라나 고층아파트가 아니라, 잠금장치를 잘 신경 쓰지 않고 침입이 용이한 다세대주택 등이 밀집한 곳에서 많이 일어난다. 앞에서 살펴본 한 씨도 그런 이유로 힘들게 넘어야 할 많은 장애물(CCTV, 보안업체, 경호원)이 있는 부잣집이 아니라 쉽게 들어갈 수 있는 옆집을 범행 대상으로 선택했을 것이다.

지리적 프로파일링이란? ·

지리적 프로파일링(geographic profiling)은 범죄 장소의 특성을 분석하고 범죄자를 잡으려면 어디로 가야 하는지를 파악해 수사에 도움을 주는 프로파일링 기법이다. 즉 범죄자가 사는 곳은 어디인지, 추가 범행을 한다면 어디에서 할 것인지에 대한 정보를 제공해 더 구체적인 형사 활동을 지원하는 기법이다. 용의자 프로파일링이 용의자 지향적이라면, 지리적 프로파일링은 장소 지향적이라 할 수 있다.[10]

한국의 프로파일링

지리적 프로파일링의 이론적 배경으로는 일상 활동 이론, 합리적 선택 이론, 범죄 패턴 이론(Rossmo, 2000)이 대표적이다.[11]

일상 활동 이론

범죄자와 피해자의 일상적 활동이 교차하는 공간에서 범죄가 발생한다.

일상 활동 이론(routine activity theory)은 범죄자와 피해자의 이동과 활동이, 범죄가 발생하기에 적합한 환경과 교차하는 지점에서 발생한다는 것이다. 또한 범죄의 3가지 요소로는 동기화된 범죄자, 적당한 목표물, 감시자의 부재를 제시했다.

일상 활동 이론에 따르면 범죄자, 범행 대상, 범행 기회는 상호작용적이며 이 중 하나의 요인이 존재한다면 다른 요인을 촉진시킨다. 즉 동기화된 범죄자는 적당한 대상이 없으면 범행을 하지 않고, 감시자의 존재는 대부분의 범죄자를 단념시키고 매력적인 범행 대상에 접근이 제한된다(김상균, 2004).

합리적 선택 이론

범죄는 범죄에 대한 보상, 비용, 노력 등을 합리적으로 고려하고 결정되는 결과이다.

합리적 선택 이론(rational choice theory)은 인간이 의사 결정 과정에서 여러 대안 중 시간적 제약, 가치, 노력, 수반되는 불이익이나 위험 등을 고

---

10 캐나다 연방경찰(Royal Canadian Mounted Police: RCMP) 소속 지리적 프로파일러 스콧 필러(Scott Filer)는 두 가지 프로파일링 기법을 특징적으로 구분하고 있다.
11 이론적 배경은 《지리학논총》 53호(2009. 3)에 실린 박충기의 "아동성범죄의 지리적 프로파일링에 관한 연구"를 인용.

려하여 자신에게 이익이 되는 방향으로 최선의 선택을 추구한다는 것이다
(Clarke & Felson, 1993).

　일상 활동 이론이 잠재적 범죄자의 존재를 가정하고 시간과 장소의 조건
이 합치될 때 범죄가 발생한다고 보는 것에 비해, 합리적 선택 이론은 노력
과 비용 대비 보상의 결과가 크다면 그러한 선택과 행동이 증가한다는 경
제적 관점을 범죄에도 그대로 적용한 것으로 볼 수 있다.

범죄 패턴 이론

**범죄자가 사전에 가지고 있는 인지적 지도에 의거, 자신이 이미 지각하는 장소를 범행
장소로 선택한다.**

　범죄 패턴 이론(crime pattern theory)은 범죄의 분포를 설명하기 위해
일상 활동 이론과 합리적 선택 이론에 환경적 원리를 결합했다. 즉 범행 목
표 선정은 물리적·사회적 환경과 범죄자의 상호작용 모두에 영향을 받는
다는 것이 핵심이다(Brantingham & Brantingham, 1993). 이 이론에 따르
면 범죄자는 범행 장소를 선택하는 의사 결정 과정에서 의식적 또는 무의
식적으로 자신이 이미 인지하는 장소를 선택하는 경향이 강하다(김상균,
2005).

　범행 장소의 선정은 범죄자에게 형성된 인지적 지도(cognitive map)와
관계있고 이는 범죄자의 주거지, 직장, 사회 활동 장소 등의 활동 공간이나
다수의 활동 공간을 연결하는 연결망에 의해 형성된다. 또한 랜드마크, 관
광지, 주요 건물 같은 숙지된 장소도 개인이 인지하는 공간의 일부가 될 수
있다(Rossmo, 2000).

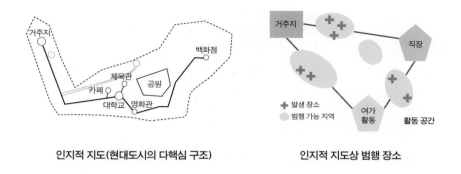

인지적 지도(현대도시의 다핵심 구조)   인지적 지도상 범행 장소

범죄는 주로 어디에서 발생할까? ·

잠재적 범죄자는 자신에게 적합한 피해 대상을 찾을 때 인적 요소 외에 지리적 요소도 고려하기 마련이다(Keppel, 1989). 범죄자가 고려하는 지리적 요소를 설명해주는 원리는 두 가지 정도로 생각해볼 수 있는데 '거리감퇴함수'와 '완충지역' 원리이다.

거리감퇴함수(decay function) 원리는, 범죄자들이 자신의 활동 공간에서 멀어질수록 범죄를 잘 하지 않게 된다는 것이다(권창국, 2004). 서울에 사는 사람이 굳이 대구나 부산까지 가서 범죄를 하지 않는다는 말이다. 범죄로 얻는 이익보다 우선 내가 들여야 하는 노력을 최소화하려는 범죄자들의 성향을 고려하면 당연한 현상이다. 문제는 거리감퇴함수 원리로만 따지면 범죄자들이 모두 자기 주거지 근처에서 범행을 하게 된다는 것이다.

하지만 범죄자들은 자신의 주거지 가까운 곳에서는 오히려 범행을 잘 하지 않는데, 이는 완충지역(버퍼존, buffer zone) 원리로 설명 가능하다. 거주지 근처는 세탁소 주인, 편의점 아르바이트생, 이웃 사람 등 나를 알아보는 사람들이 많다. 범죄를 했을 때 노출의 위험성이 크다. 따라서 범죄자는 검거 등의 위험성을 고려하여 자신의 주거지 근처에서는 활동을 자제하게 된다(Rossmo, 2000).

이렇게 어느 정도 내 거주지를 벗어나 나를 알아보는 사람이 없는 곳이면서 동시에 너무 멀지 않은 지역, 즉 들여야 할 노력을 최소로 들인 지역에 다다랐을 때 범죄자들은 심리적 안정을 느끼고 범죄를 실행한다.

지금까지의 내용을 간단히 정리해보면, 범인들은 자신의 일상 활동 영역 내에 존재하는 피해자(목표물)에게 집중하면서, 일반적으로 아주 잘 아는 지역에서 범죄를 저지른다. 이러한 경향은 범인이 자신의 집에서 멀어질수록 범죄를 저지를 가능성이 줄어든다는 거리감퇴함수에 근거한다(Rossomo, 2000). 또한 범죄자들에게 범죄를 실행하기 좋은 장소, 즉 공간적 매력성이 높은 지역은 공간적으로 가깝거나 잘 아는 장소이다. 이러한 장소는 짧게 이동할 수 있는 거리나 비교적 편안한 주변 환경을 제공한다.

공간적 매력성 측면에서 범죄자의 합리적 선택은 모든 것들이 동일할 때 주거지에서 가장 가까운 곳을 선택할 것이라는 '최소 노력의 원칙(the least effort principle)'에 달려 있다(Paulsen & Robinson, 2004). 그리고 이는 앞서 '만약 당신이 절도범이라면?'이라는 질문을 통해서도 확인할 수 있었다.

연쇄범죄자는 어디에 있을까? ·

범죄자가 어떤 사람인지를 넘어서 그 범죄자를 어디로 가면 잡을 수 있는 지에 대한 답을 도출해내는 것이 지리적 프로파일링이다. 그렇다고 모든 범죄에 지리적 프로파일링 기법을 사용할 수 있는 것은 아니다. 우리가 익히 아는 화성 연쇄 살인부터 부녀자 연쇄 살인(유영철), 경기 서남부 연쇄 살인(정남규) 같은 연쇄적으로 발생한 사건에 효과적으로 적용할 수 있다. 발생 장소 간의 연관성 및 밀집도 등을 기반으로 분석이 이루어지기 때문에 최소 5건 이상일 경우에 지리적 프로파일링을 적용할 수 있다고 보면 된다.

범인 거주지 및 주 활동지 예측하는 2가지 분석 방법

한 가지 주의할 점은 우리가 찾는 범인의 거주지라는 것은 실제 범인이 현재 살고 있는 집을 의미하기보다 '거점' 개념이다. 즉 'residence'라기보다 'anchor point'를 뜻하는 말로 거주지를 포함해 범인이 주로 활동하는 장소 정도로 기억해두면 된다. 따라서 거점은 거주지뿐 아니라 범인의 직장, 자주 가는 PC방이나 오락 장소, 애인의 집 등을 모두 포함하는 개념이다.

109쪽 도표에서 보았듯 연쇄 범죄 데이터의 공간적 패턴을 분석하여 범죄자의 거점을 예측하는 방식은 크게 두 가지로 나눌 수 있다. 첫 번째는 공간분포방식(Spatial Distribution)으로 범죄 발생 위치들로부터 지리적 중심 위치를 분석하여 범죄자의 거점을 한 장소(점)로 찍어 예측하는 방식이다. 공간분포방식은 다시 평균 중심과 거리 중심으로 나뉜다. 평균 중심(Centroid)은 각 범죄 발생지의 평균 위치를 찍어주는 것이고, 거리 중심(CMD, Center of Minimum Distance)은 모든 발생 위치들과의 거리 합이 최소인 위치를 찍어주는 것이다. 말 그대로 하나의 위치를 찍어주는 것이기 때문에 아래 그림에서 보듯 어느 한 점이 찍히게 된다.

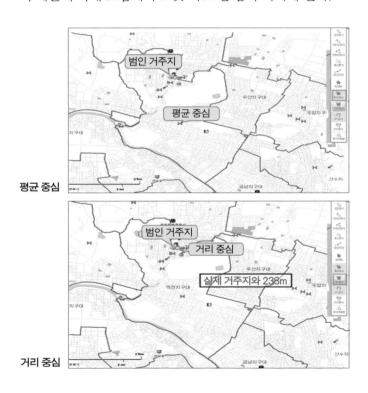

한국의 프로파일링

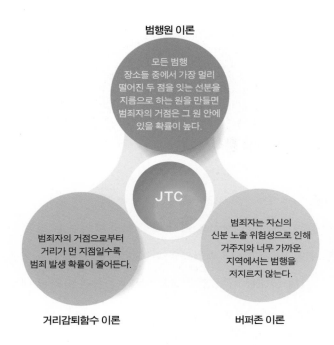

범행원 이론

모든 범행
장소들 중에서 가장 멀리
떨어진 두 점을 잇는 선분을
지름으로 하는 원을 만들면
범죄자의 거점은 그 원 안에
있을 확률이 높다.

JTC

범죄자는 자신의
신분 노출 위험성으로 인해
거주지와 너무 가까운
지역에서는 범행을
저지르지 않는다.

범죄자의 거점으로부터
거리가 먼 지점일수록
범죄 발생 확률이 줄어든다.

거리감퇴함수 이론   버퍼존 이론

그렇기 때문에 그 지점이 실제 범죄자의 거점과 일치할 가능성은 높지 않고 단지 실제 거점과의 오차거리를 재어볼 수 있다. 평균 중심보다는 거리 중심의 오차거리가 상대적으로 짧기 때문에 일반적으로 거리 중심의 예측력이 더 높다고 본다.

연쇄범죄자의 거점을 예측하는 두 번째 방식은 확률거리방식(Probability Distance)으로, 범인의 거점이 될 확률이 높은 지역과 그렇지 않은 지역을 등고선 형태로 표시해준다. JTC(Journey to Crime)라고도 하는 이 분석은 범죄 발생 영역 안의 모든 위치에서 범죄 발생 위치와의 거리에 따른 확률을 계산하여 거점이 존재할 확률값을 구한다. JTC 분석은 앞서 간단히 살펴본 거리감퇴함수 이론, 버퍼존 이론과 함께 범행원 이론, 세 가지로 구성된다.

JTC(Journey to Crime) 분석 ·

범행원 이론

범행원 이론은 모든 범행 장소 중에서 가장 멀리 떨어진 두 점을 잇는 선분이 지름인 원을 만들었을 때 범죄자의 거점은 그 원 안에 있을 확률이 높다는 것이다. 실제 사례를 가지고 검토해보았더니 범행원 안에 대부분 주거지가 있는 것으로 나타났다.

특히 113쪽의 그림에서 보는 것처럼 범행원 이론은 자신의 주거지에 거점(anchor point)을 두고 범행을 하는 '정체형 범죄'에는 90% 이상의 높은 적중률을 보인다. 반면 지하철 등 대중교통을 이용하여 일정한 거리를 이동한 다음 그곳에 닻(anchor)을 내리고 범죄를 하는 '이동형 범죄'의 경우에는 범행원 이론이 잘 맞지 않는다. 자신의 주거지가 아닌 다른 곳에 거점을 두기 때문인데 실제 사례에서도 범행원 밖에 거주지가 있는 것으로 나타나 범행원 이론이 적중하지 못했다.

거리감퇴함수 이론

앞서 당신이 절도범이라면 어디를 먼저 갈 것인가라는 질문에서 범죄자들이 범죄로 인한 이익보다는 범죄에 들이는 노력을 최소화하려는 경향이 있

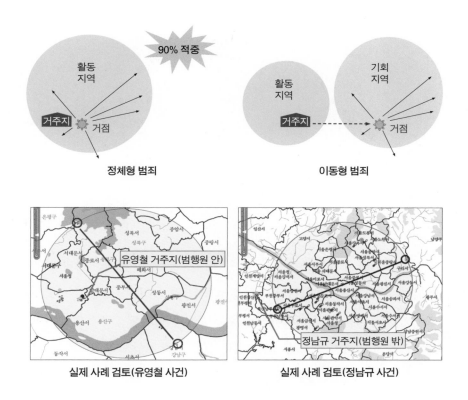

90% 적중

활동
지역

거주지 거점

정체형 범죄

활동
지역

기회
지역

거주지 ----→ 거점

이동형 범죄

유영철 거주지(범행원 안)

실제 사례 검토(유영철 사건)

정남규 거주지(범행원 밖)

실제 사례 검토(정남규 사건)

다는 것을 알았다. 거리감퇴함수는 이러한 범죄자의 특성을 반영한 것으로 자신의 거주지에서 너무 멀리 떨어진 곳까지 가서 범죄를 하지 않는다는 점을 반영한다.

버퍼존 이론

그렇다면 범죄자들은 자신의 거주지에서 가장 많이 범죄를 저지를까? 즉 역으로 범죄가 가장 많이 일어나는 곳은 범인의 거주지일까? 우리가 겪어 본 범죄들은 그렇지 않았다. 신분 노출 위험 때문에 범죄자들은 거주지에

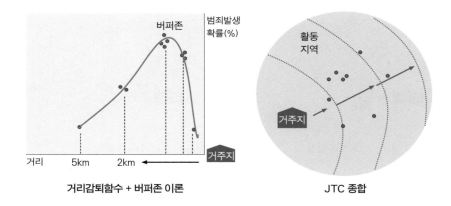

거리감퇴함수 + 버퍼존 이론   JTC 종합

서 너무 가까운 곳에서는 범행을 저지르지 않는다. 거주지에서 나와 범행을 할까 말까 망설이며 걷다가 어느 정도 나를 알아보는 사람이 없는 곳에 다다랐을 때, 즉 일정 수준의 버퍼존을 지났을 때 범죄를 집중적으로 시작하는데, 바로 이곳이 범죄자 입장에서는 신분 노출 위험도 적고 더 이상의 노력을 들이지 않아도 좋은 장소이다. 노출 위험을 줄이기 위해 이 이상 멀리 간다면 너무 노력을 들이는 일이 되기 때문이다.

물론 가끔 범죄자들이 주거지 근처에서 범죄를 하는 경우도 있다. 연쇄범죄에서 가끔 볼 수 있으며, 몇 번의 범행을 들키지 않고 성공했을 때 자신감이 붙게 되어 주거지 근처에서도 대범하게 범행을 하는 것으로 해석된다. 최소한의 노력을 들인 먼 거리에 가서 범행을 하다가 자신의 주거지 근처로 회귀하는 양상을 띤다고 볼 수 있다. 그래서 범죄자의 거주지를 예측할 때 이러한 회귀 양상도 중요하다.

한국의 프로파일링

오류에서 발견한 한국형 알고리즘 ·

지금까지 살펴본 JTC 분석은 학자들이 만든 이론이다. 범인의 거점을 하나로 가정하며 모두 집에서 출발하는 것을 전제로 시작된다. 그러나 범인의 거점은 정말로 하나만 존재할까? 그리고 범행원 안에 거점이 모두 있을까? JTC의 오차거리(예측 거점과 실제 거점과의 거리 차)는 평균 2.27km이다. 땅이 넓은 미국에서는 크게 문제가 없어 보이지만 우리나라는 땅도 좁고 인구밀도도 높아서 이 정도 오차거리에는 탐문하고 수사할 대상이 너무 많아진다. 미국에서 톰을 찾는 것과 한국에서 김 서방을 찾는 것은 다르다는 말이다.

앞서 범죄 패턴 이론에서 인지적 지도를 알아보았다. 이는 현대도시의 특징을 간략히 구조화한 것으로 다핵심 구조를 기본으로 한다. 주거가 이루어지는 곳과 일하는 곳, 유흥과 오락이 행해지는 장소가 분리되는 경향이 있다는 의미이다. 이 세 가지 축(핵)과 이 축들을 연결하는 경로가 있는데 우리는 축에서 활동하며 그 축에 대한 지리 정보뿐 아니라 축과 축들을 이동하는 경로에 대한 지식도 알게 모르게 습득하게 된다. 따라서 그렇게 습득한 경로상의 인지 장소가 범죄 장소가 되는 경우가 많은데, 이는 앞서 설명한 거리감퇴함수와 버퍼존 이론을 종합해보면 알 수 있다. 집이나, 직장, 유흥 장소를 나와 이동하다가 어느 정도 심리적 안정감을 느끼고 동시에 최소 노력 거리에 이르렀다 생각하면 범행을 한다는 것이다.

실제 사건들을 분석해본 결과 범죄자는 집에서 출발하기도 하지만 자신이 잘 아는 장소(anchor point), 예를 들면 애인 집이나 자주 가는 PC방에서 출발하여 범행을 하기도 한다. 따라서 한국의 범죄를 살펴보면 범죄자들은 JTC가 가정한 하나의 출발점이 아니라 여러 개의 출발점을 가지기도 한다. 이를 그래프로 나타내면 다음과 같다. 또한 JTC 그래프와의 차이점도 한눈에 볼 수 있다.

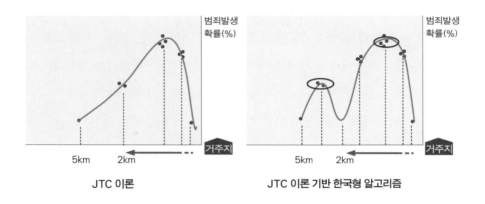

JTC 이론   JTC 이론 기반 한국형 알고리즘

군집 분석을 적용한 거점 예측 ·

연쇄범죄자의 거점을 찾기 위한 한국형 알고리즘은 위 그래프에서 보이는 것처럼 범죄가 많이 발생하는 지역에 대한 군집 분석 결과를 도출(파란색 원 부분을 찾는 작업)한 다음 거기에서 버퍼존 거리만큼 역으로 돌아가면 범죄자의 거점을 찾을 수 있다는 논리이다.

여기서 우리가 사용하는 군집 분석은 사건 사이의 거리에 기반해 공간적 의존성을 측정, 특정 거리 내에 사건이 몰려 있음을 과학적으로 검증하는 분석 기법이다. 특정 사건이 공간적으로 유사함을 통계적으로 검증해주기 때문

한국의 프로파일링

에 분석 결과를 기초로 결정을 내리는 데 확신을 가질 수 있다. 특히 군집은 전체 범죄 위치 중에서 장소 간 관련성이 있는 사건을 선별하는 데 유용하며 사건 발생 군집 장소와 범인 거주지 관계를 검증하는 데 사용할 수 있다.

한국의 지리적 프로파일링 시스템(지오프로스, GeoPros)에서는 이 군집 분석이 자동 계산되어 지도상에 나타난다. 클릭 한 번이면 결과값을 볼 수 있고 116쪽 그래프에 표시된 파란색 원 부분이 그 결과로 나타난 군집이다. 하나의 장소가 아니라 여러 장소에서 그때마다 다르게 출발하여 범행을 할 수 있다고 가정하고 있다. 그래서 군집이 여러 개 나타날 수 있다.

실제 연쇄 사건(10건)을 대상으로 군집 분석을 검토해본 결과 우리나라는 평균 2~3개의 군집이 도출되었으며, 예측군집에서 범인의 실제 거점까지의 오차거리는 평균 270m로 분석되었다. 앞서 살펴 본 JTC 분석의 오차거리인 2.7km에 비하면 10배 이상 예측력이 높다.

평균 2~3개의 군집 중에서 범인의 거점을 가장 잘 예측한 군집을 예측군집(1군집)이라 한다. 일반적으로 사건을 가장 많이 포함하거나 거리 중심과 가까운 군집을 예측군집으로 선정한다. 예측 군집 밖 평균 270m 이내에 범인의 거점이 존재한다고 본다.

군집 분석 검토 사례 ·

실제 개별 연쇄 사건에서도 잘 들어맞는지 확인하기 위해 2000년대 초반 서울에서 발생한 연쇄 살인 사건(유영철 사건)을 군집 분석해보았다. 사건

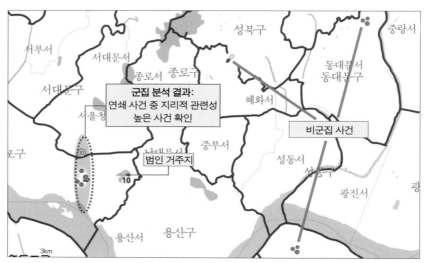

연쇄 살인 분석 활용 예(유영철 사건)

발생 위치를 지도에 배치하고 군집 분석을 실행한 결과가 위 그림이다.

단순히 시각적으로 확인해보자면 4개의 사건이 군집으로 묶였으며(빨간 점선원 부분) 나머지 사건은 군집으로 묶이지 않았다. 이는 군집으로 묶인 4개의 사건이 지리적 관련성이 높다는 것을 의미하며, 여기서 지리적 관련성이란 이 군집이 범인의 거점과 관련성이 높다는 뜻이다. 반대로 군집으로 묶이지 않은 나머지 사건들은 범인의 거점과 관련성이 낮다는 의미이다. 이러한 비군집 사건은 범인의 거점을 분석할 때 과감히 배제할 필요가 있다. 비군집 사건은 범죄자가 우연히 그 지역에 갔다가 기회가 되어 범죄를 저지른 것으로 해석할 수 있다. 우연성과 기회적 범행의 특성에 따라 범죄자의 거점과는 관련성이 낮다.

이미 검거되어 해결된 사건이므로 범인의 거주지도 지도에서 확인할 수 있다. 보이는 그대로 범인의 거점은 군집 근처에 위치하고 있다. 이미 살펴봤듯이 자신의 집에서 출발하여 일정 버퍼존(심리적 안정 거리)을 지난 다음 범행하는 특성을 이 사건에서도 확인할 수 있다.

이렇듯 연쇄 사건에서 군집을 찾는 이유는 범인의 거점과 더 관련된 지역을 선정하여 그 지역에 대한 수사를 진행함으로써 범인을 빨리 잡기 위함이다. 사건 하나하나 중요하지 않은 것은 없다는 생각에 비군집 사건을 배제하지 못하면 한정된 인력과 경비로 범인을 잡기 어렵다. 더 이상의 피해자를 만들지 않기 위해 수사에도 선택과 집중이 필요하다. 또한 분석 자체보다는 분석 결과에 대한 해석이 더 중요하다. 분석은 알고리즘을 이용하여 시스템상에서 간단히 할 수 있지만 이 결과를 어떻게 해석하느냐는 분석관의 재량이다.

군집은 범인 입장에서 범행하기 가장 좋은 장소로 추가 범행 발생 가능성이 높은 지역이다. 반면에 거점은 군집 안에 있지 않고 군집과 어느 정도 거리를 두고 존재한다. 앞의 그림에서도 볼 수 있듯이 실제 범인의 거점은 군집 영역 밖에 일정 거리를 두고 존재함을 확인할 수 있다. 따라서 현행범 체포를 위한 형사 활동과 거점을 중심으로 한 탐문 활동 지역에 대한 조언이 가능하다.

이때 여러 개의 군집이 나타난다면 어느 것을 1군집(예측군집)으로 잡을 것인가, 그리고 사건 유형별로 또는 사건 특성에 따라 버퍼존을 어떻게 잡을 것인가에 대해서는 분석관의 해석이 중요하다. 일반적으로 충동 범죄(성이나 방화)는 버퍼존을 좁게 잡는 반면, 계획적 범죄(강절도 등)는 버퍼존을 넓게 잡는다.

지리적 프로파일링을 활용한 실제 사건 분석:
울산 봉대산 연쇄 방화 사건[12] ·

2000년 이전부터 2011년까지 10년 이상 울산 지역 야산에서 원인 모를 산불이 연쇄적으로 발생했다. '봉대산 불다람쥐' 사건으로 더 많이 알려진 이 사건은 현장에서 증거가 발견되지 않아 실화인지 방화인지에 대한 판단도 정확히 내려지지 않았고 수사는 더디게 이루어졌다. 그래서 우리는 이 사건에 대한 지리적 프로파일링을 실시하기 전에 실화인지 아니면 동일범에 의한 연쇄 방화인지부터 판단해야 했다. 단순 실화라면 분석할 필요가 없다.

산림청의 자문을 얻어 방화지표를 근거로, 비교적 정확한 자료가 확보된 2008년 12월 이후의 산불 발생을 동일범에 의한 산불로 간주하였다. 이 중에서 1차 산불에 의한 잔불 등을 제외하고 2008년부터 2011년까지 25건(괄호 안 자료)에 대해 지리적 프로파일링을 실시했다.

구분	계	'00	'01	'02	'03	'04	'05	'06	'07	'08	'09	'10	'11
발생 건수	102	13	18	9	10	6	5	6	3	11 (4)	13 (13)	4 (4)	4 (4)
소실면적 (ha)	46.183	1.46	2.23	0.11	2.03	1.68	11.92	6.03	0.3	1.1	16.5	1.913	0.91

각 사건의 발생 위치와 시간을 입력한 후 먼저 시간대를 분석했다. 다음

---

12 당시 경찰청 과학수사센터 범죄 정보지원계에서 작성한 보고서를 참고하였으며, 지오프로스 개발 이후 이를 활용한 첫 번째 보고서이다.

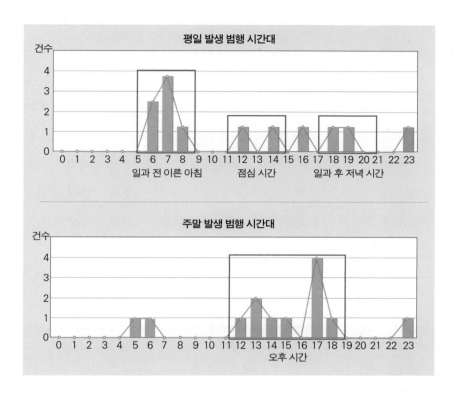

그래프에서 보는 바와 같이 평일의 범행 시간대와 주말의 범행 시간대가 뚜렷이 구분되었다.

주말에는 일과 시간인 오후에 범행이 집중되었으며, 평일에는 일과 전이나 일과 후 시간에 범행이 발생해왔다. 즉 주말과 평일의 범행 패턴이 다르게 나타나는 것을 확인할 수 있다. 이는 직장을 다니는 사람의 생활 패턴이 범행 발생 시간대에 영향을 준 것으로 추정할 수 있다.

또한 일반 방화와 달리 이른 새벽(00~06시)이나 밤 시간대 범행이 많지 않은 점으로 미루어 술에 의한 충동적 방화보다는 출근이나 귀가 중 혹은 주변을 배회하던 중에 저지른 계획적 방화로 보았다.

　연쇄방화범은 주로 단독범에 20, 40대가 많다. 젊은 연령의 방화는 눈에 잘 띄지 않는 늦은 저녁이나 밤에 많이 이루어지며 연쇄보다는 연속적 범죄가 주를 이룬다. 연령이 높을수록 낮 시간대나 초저녁 범행이 많으며 하루에 연속적으로 범행을 개시하기보다는 심리적 냉각기를 유지하고 하루에 한 번꼴의 연쇄적 범행 경우가 많다. 따라서 이번 산불의 시간대 및 범행 패턴에 비추어 범인은 20대 젊은 연령보다는 40대 이상의 중년층일 가능성이 높다고 판단했다.

　군집 분석을 실시한 결과 이 사건에서는 두 개의 범행 군집이 나타났다.[13]

군집 분석과 결과

한국의 프로파일링

1군집은 4개 범행이 군집에 속하고 주로 일과 전·후 시간대의 범행이 밀집되어 있으며 주거 밀집지역 주변에 위치하고 범죄자가 최소한의 노력을 들여 범행할 수 있는 최소거리중심(CMD)에 가까웠다. 2군집은 6개 범행이 군집에 속하고 주로 일과 시간대 범행이 밀집되어 있으며 ○○중공업과 ○○조선 주변이었다.

주말과 평일의 범행 발생 시간대가 달랐듯(평일: 특정 시간대 선호 경향, 주말: 고른 시간대) 주말과 평일의 범행 군집이 서로 다른 위치에 형성된 것이 매우 특징적이다. 주말 범행의 경우 ○○중공업 주변에 군집이 형성되며 군집에 해당되는 범행 발생시간대는 모두 오후 시간대였다. 평일에는 ○○아파트 및 ○○○공업 주변에 군집이 형성되고 군집에 해당되는 범행 발생 시간대는 모두 이른 오전 및 저녁이었다.

그렇다면 이 두 개의 군집 중 어떤 것을 예측군집으로 선택해야 할까? 보통은 예측군집이 범행 수를 가장 많이 포함하며, 범인 거주지는 예측군집 주변 300미터 이내인 경우가 많다. 그러나 이 연쇄 산불은 전체 범행에 대한 자료가 없고 2008년 12월 이후 범죄만을 분석했기 때문에 범행 건수 자체만으로는 예측군집을 정하는 데 무리가 있다. 다만 시간대별 범행 군집과 주말·평일의 범행 군집이 전혀 다르게 나타나고 주거지 밀집지역과 가까운 1군집의 대부분 사건은 일과 전·후 시간대에 발생한다.

반면에 ○○중공업 쪽에 가까운 2군집의 대부분 사건은 일과 시간대

---

13 하늘색 타원형으로 표현된 것이 군집으로, 연쇄 범죄 중 공간적 상관성이 높고 범인 거주지와 관련성이 높은 범죄들이 군집으로 나타난다.

에 발생한 경우가 많은 점, 범죄자의 노력을 최소화시키는 최소거리중심(CMD)이 1군집과 가까운 점, 일반적인 연쇄 방화범은 귀가 중 범행을 저지르는 경우가 많고 범행이 지속될수록 주거지 주변으로 범행이 이동하는 경향이 나타나는 점, 1군집은 주중 발생 범죄 군집과 유사한 지역에 형성되고 2군집은 주말 발생 범죄 군집과 유사하게 형성된 점으로 미루어, 1군집 주변이 범행 거주지와 관련성이 높다고 판단했고, 2군집은 거주지 외 직장 및 자주 가는 장소 등 범인의 기타 거점과 관련성이 높다고 판단했다. 지금까지의 분석 내용을 토대로 결과를 정리하면 다음과 같다.

▶ 주말에는 특정 시간대에 대한 선호도가 나타나지 않으나 평일에는 일과 전 이른 아침 시간, 퇴근 후 저녁 시간으로 범행 시간이 특정되어 있음.

▶ 일반 연쇄방화범과 달리 하루에 다수의 범행을 하지 않고 심리적 냉각기를 유지하고 조정할 줄 아는 점, 주택가 주변이나 노상 차량 등이 아닌 '야산'을 범행 대상으로 선택한 점 등으로 미루어 스스로를 통제할 수 있는 능력이 충분하고 충동적 성향이나 대인적 공격성이 강하지 않을 것으로 보이며 타인이 관찰하기에 다소 차분하고 조용한 성격의 소유자.

▶ 교육 · 직업 · 생활 환경이 열악한 일반 연쇄방화범과 달리 비교적 안정적인 직업과 생활 환경을 가졌을 것으로 보임.

※ 출근 시간대는 7시 전후, 퇴근 시간대는 17~18시 전후.

▶ 충동적이고 공격적인 성향에서 비롯된 방화가 아닌 점, 이른 아침 및 낮 시간 범행이 많은 것으로 보아 40대로 보임.

▶ 전과 미소지자일 가능성 높으며, 전과가 있다 해도 단순 전과(폭력, 절

도, 도교법 위반 등) 소지자일 가능성이 높음.

▸ 범행이 상당히 정체되어 있고 범행 반경이 작은 점, 연쇄방화범 특성상 도보 이동이 많은 점 등에 비추어 도보로 범행 장소까지 이동했거나 자전거, 오토바이 등 소형 운송 수단을 이용했을 가능성 높음.

▸ 범행 장소가 최종 이동 목적지가 아니며, 2차 목적지가 있을 가능성 높음(즉 다른 곳을 가기 위한 중간 지점에서 범행, 도주가 용이하면서 평소 이동로에 있는 장소를 범행지로 선택).

▸ 범행 제1군집과 제2군집 주변에 주요 거점(거주지 및 직장)이 있으며, 특히 일과 전·후 시간대 범행이 군집되어 있고, 최소거리중심 주변에 있는 1군집이 범인 거주지와 관련성이 높은 것으로 추정. 범인의 버퍼존을 감안하여 1군집 경계 밖 300미터 이내 거주자 우선 수사.

분석 결과 전달, 그리고 범인 검거 ·

분석 보고서를 수사팀에 전달하고 한 달여가 지나 거짓말처럼 범인이 검거되었다. 범인은 우리 보고서에 그려진 프로필 그대로였다. 특히 범인의 거주지와 근무지는 말 그대로 딱 들어맞았다. 잡고 보니 범인은 실제 1군집(거주지 관련) 밖 아파트 단지(126쪽 그림의 빨간 원)에 거주하는 것으로 밝혀졌고 근무지는 2군집 근처 ○○중공업이었다. 보고서 내용대로 출퇴근을 위한 이동로에서 일과 시간 전·후에 거주지 근처에서 범행했고, 일과 시간 중에는 근무지 근처에서 범행했다.

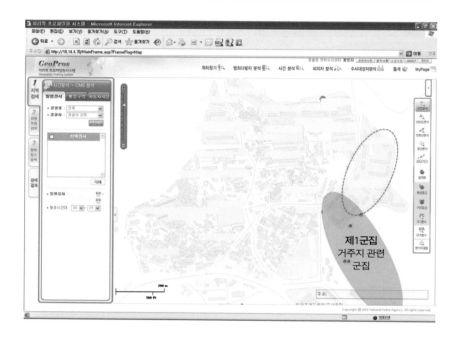

현상금 3억⋯ '봉대산 불다람쥐' 잡혔다 (뉴스 헤럴드, 2011. 3. 25)

지난 16년간 울산 봉대산과 마골산을 돌며 연쇄 산불 방화 행각을 벌였던 방화범이 붙잡혔다. 이 연쇄방화범에게는 이른바 '봉대산 불다람쥐'라는 별명이 붙었다. 무려 3억 원의 포상금도 내걸렸다. 방화범 체포를 요구하는 궐기대회까지 열릴 정도였다.

울산 동부경찰서는 25일 지난 10여 년 동안 울산 일대에서 연쇄적으로 산불을 낸 대기업 직원 K(52세) 씨를 붙잡아 조사 중이라고 밝혔다. (중략) K 씨는 산불을 낸 이유에 대해 "돈 때문에 가정불화가 있었다. 불을 내면 마음이 후련하고 편안하다"고 진술했다고 경찰은 밝혔다. 경찰 관계자는 "K 씨가 연기가 피어오르는 모습과 헬기 소리를 듣고 스트레스를 풀며 안정감을 느꼈다"고 말했다고 전했다.

이렇듯 지리적 프로파일링은 연쇄 사건에 대해 범죄자의 활동 거점이 어디인지, 다시 범행을 한다면 어디에서 할지를 예측해주는, 사건 분석 방법의 하나라고 할 수 있다. 그렇다면 이러한 분석을 어떻게 할까? 지도에 일일이 발생 지역을 표시하고 수학적 계산을 하지는 않을 것이라고 생각할 줄 안다. IT 강국에 사는 우리는 이 모든 것을 웹에서 실행한다. 간단한 버튼 조작으로 사건도 불러오고 분석도 하고 지도에 결과를 나타내기도 한다. 이 기특하고 똑똑한 시스템을 간단히 살펴보고자 한다.

지리적 프로파일링을 위한 시스템: 지오프로스(GeoPros)[14] ·

범죄 발생 장소의 지리적 패턴에 대한 연구는 사실 19세기 중엽부터 발전되어왔으며 범죄 공간에 대한 가장 유명한 연구는 20세기 초반 시카고 대학이 중심이 된 시카고 시에 대한 연구이다(Rossmo, 2000). 지리적 프로파일링의 발전은 최근 비약적으로 발전하고 있는 GIS(Geographical Information System) 같은 컴퓨터 정보 기술에 근간을 두고 있다.

지리적 프로파일링 분석 시스템 고안을 위해 외국의 유명 학자들이 서로 다른 컴퓨터 소프트웨어를 개발했는데 로스모(Rossmo)의 라이젤

---

14 범인을 직접 잡으러 가야 하는 형사들에게 필요한 것은 '용의자 유형이 어떻다'는 말보다 '그래서 그 용의자를 어디 가서 잡아야 하느냐'에 대한 답이었고, 그런 형사들의 요구에 맞춰 개발한 것이 지오프로스(GeoPros)이다. 프로파일링 업무 영역의 확장이나 각종 기법의 개발 등은 이러한 형사들의 요구가 없었다면 불가능했을지도 모른다.

| 미국 경찰의 CrimeStat | 한국 경찰의 GeoPros |

(Rigel), 칸터(Canter)의 드라그넷(Dragnet), 레빈(Levin)의 크라임스탯 (CrimeStat)이 대표적이다.

한국에서도 실제 범죄 발생 장소와 범죄자 거주지 같은 공간 데이터를 분석, 수사 대상 지역과 우선 수사 대상자를 선별해내기 위한 지리적 프로 파일링 시스템(Geographic Profiling System, GeoPros: 이하 지오프로스) 을 2009년에 개발했고 운영 중이다.

외국의 시스템은 자료 입력부터 결과 도출까지 고도의 전문성이 요구되 고 사용법이 복잡하여 현장 실무자의 직접 활용성이 떨어진다. 하지만 한 국의 지오프로스는 웹기반 시스템으로 인터넷이 되는 곳이라면 어디서든 쉽게 사용 가능하다.[15] 접근성과 사용편의성이 좋다 보니 실무자들은 누구 나 필요 시 쉽게 활용할 수 있다는 장점이 있다.

지오프로스는 GIS에 경찰이 보유하고 있는 여러 범죄 데이터(KICS,

---

15 물론 이는 수사를 위한 시스템이므로 일반인들이 사용하는 인터넷(외부망)이 아닌 경찰 내부망에서 사 용할 수 있다.

CRIFISS, SCAS 등)를 결합하여 예방과 수사에 활용하기 위해 만들어졌다. 지오프로스 전에 경찰이 구축한 전자지도가 지도 위에 단순히 사건 발생 위치를 표시해주었다면 지오프로스는 이 위치 데이터에 공간 통계 기법 및 각종 분석 기법을 적용하여 보다 정확하고 세분화된 정보를 분석한다. 기존의 전자지도가 2차원 지도였다면 지오프로스는 3차원 지도이다.

지오프로스 주요 기능 ·

지리적 프로파일링의 주 목적은 연쇄범죄자 검거이며, 앞에서 연쇄범죄자의 거점과 다음 범죄지 예측을 중심으로 살펴보았다. 그러나 한국의 지리적 프로파일링 시스템(GeoPros)을 가지고 군집 분석만 할 수 있는 것은 아니다. 기본 지도 기능뿐 아니라 범죄 환경을 살펴보고 위험 지역을 가려내는 등 다양한 분석 기능들이 포함되어 있다. 그중에서도 가장 많이 활용되는 주요 기능을 소개한다.

범죄다발지 분석

Q. (가)와 (나) 중에, (다)와 (라) 중에 어느 곳이 더 위험할까?

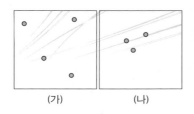

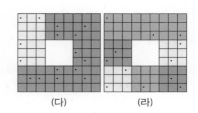

(가)는 범죄가 4건, (나)는 3건이 발생했다. 과거에는 단순히 발생 건수만 보고 (나)보다 (가)가 더 위험한 지역이라고 판단하기도 했다. 그러나 과연 건수만 가지고 위험 지역을 판단하는 것이 적절한가에 대한 고민이 생겼다. 범죄가 일어난 곳은 범인에게 있어 범행을 할 수 있는 기회와 여건이 가장 좋은 곳이다. 즉 범죄자가 매력을 느끼는 장소이다. 현금 유통이 많지만 보안이 허술한 식당과 상점 등이 모여 있다거나 가스배관이 타고 오르기 좋은 구조로 되어 있다거나 하는 등의 이유가 분명 있다. 따라서 꼭 동일범이 아니라도 같은 목적을 가진 범죄자들이 많이 찾는 곳이 될 수 있다. 이러한 설명을 듣고 보면 직감적으로 (가)보다 (나)가 더 위험하다고 느낄 것이다. 각각의 범죄가 지리적으로 응집해 있다는 것은 그 지역이 범죄가 일어나기 좋은 환경이라는 말과 일맥상통한다.

(다)와 (라)는 어떤가? 두 곳 모두 아직 실제 범죄가 발생하지는 않았지만 (다)의 경우 주변의 위험률이 훨씬 높기 때문에 (라)보다 위험해 보인다. 우연히 그 지역이 선택되지 않았을 뿐, 주변 지역의 위험성을 봤을 때 추후 범죄 발생 가능성이 (라)보다 높다고 할 수 있다.

또한 특정 지역을 수년간 담당해오며 그 지역을 내 손바닥 보듯 다 안다고 생각하는 사람이라도 '밤 10~12시경 강간 범죄 발생 가능성이 가장 높은 곳은 어디인가?'라는 식의 상세하고 구체적인 질문에는 바로 대답하지 못할 것이다. 범죄 예방과 치안 활동을 위해 우리는 이러한 수많은 궁금증과 질문에 답할 수 있어야 하고 그 답을 근거로 순찰 활동을 한다면 예방 활동의 효과는 배가될 것이 분명하다. 범죄다발지(hot spot) 분석은 이에 대한 궁금증도 해소해주는데, 위험 지역이라고 나타난 지역의 특성을 살펴보면 추후 범죄 발생을 줄이기 위해 어떤 예방 조치를 해야 하는지에 대해서도 알 수 있다.

범죄다발지 분석 결과는 지도상에 직감적으로 표현된다. 등고선 형태의 색상 스펙트럼은 위험한 지역과 그렇지 않은 지역을 시각적으로 바로 확인하게 해준다. 또한 (다)와 (라)의 예에서 알 수 있듯이 범죄가 아직 발생하지 않은 곳도 주변 여건을 고려하여 위험성을 분석한다. 아래 그림에서 볼 수 있는 것처럼, 과거에 사건이 발생한 적이 없다고 해서 그런 지역이 모두 위험하지 않다고 나타내주는 것이 아니라, 주변이 범죄에 취약하고 위험 지역이라면 그 지역도 함께 묶어 빨간색으로 나타낼 가능성이 높다. 따라서 순찰이나 예방 활동 시 기존에 범죄가 많이 발생했던 곳뿐만 아니라, 아직 범죄가 발생한 적은 없지만 위험 지역으로 같이 분류된 지역도 함께 순찰 루트에 포함시켜야 한다. 이러한 기능의 특성상 범죄다발지 분석은 수사, 형사 파트보다는 생활안전 분야에서 더 많이 활용되고 있다.

정리하자면 범죄다발지 분석 결과는 매우 간단해 보이지만 내부 알고리

범죄다발지 분석 전	범죄다발지 분석 후

| 파란 원 부분에는 발생 사건 없음. | 범죄다발지 분석 결과, 발생 사건이 없던 파란 원 부분도 빨간색(위험 지역)으로 분석. |

즘은 가장 고도화된 기능으로 추가 범죄 위험 지역에 대한 의사 결정 역할을 해주며 다음과 같이 활용된다.

지역에 따른 범죄 위험도를 확률 밀도 함수를 통해 분석해주는 기능으로 지오프로스는 커널밀도 함수를 활용하여 특정 지역 내 범죄 밀집도 결과를 제시한다. 범죄 위험 지역은 시기별, 시간대별, 범죄 유형별로 달라진다. 따라서 범죄 위험 지역 분석을 통해 순찰 활동 및 범인 검거 활동 전개 시, 시간대별 · 범죄 유형별로 세분화하여 분석한 결과를 활용하는 것이 효과적이다. 예를 들면 오후 순찰에 활용할 때는 오후 시간대 범죄를 분석하고 새벽 순찰에 활용할 때는 새벽 시간대 범죄 위험 지역을 분석하여 순찰 지역 및 방법을 정한다.

사건 분석

분석하려는 대상 사건들을 조건 검색하여 지도에 나타낸 후 원하는 도구로 분석을 실행할 수 있다. 특히 앞서 살펴본 연쇄범죄자 거점 예측을 위한 군집 분석도 이 사건 분석 메뉴에서 실행 가능하다.

지오프로스의 원래 취지가 연쇄 범죄 데이터의 공간적 패턴을 분석하여 범죄자의 거점 위치를 예측하는 것이다 보니 군집 분석 기능은 형사 파트에서 가장 많이 활용한다. 지오프로스의 장점은 자칫 복잡할 수 있는 군집 분석을 몇 번의 클릭으로 분석할 수 있을 만큼 사용자 편의가 극대화되었다는 점이다. 복잡한 이론을 군이 몰라도 군집 분석에 대한 핵심 개념만 알면 클릭 몇 번만으로 결과를 빠르고 쉽게 얻을 수 있다. 그 외에도 조건 검색한 결과에 대해 최빈값 분석, 방향성 분석, 동선 분석 등을 할 수 있다.

분석 도구 상세 기능

☑ **군집 분석:** 여러 사건들의 거리적 유사성을 기준으로 사건을 공간적으로 유형화

☑ **최빈값 분석:** 동일한 장소에서 중복적으로 범죄가 발생한 곳을 표시

☑ **방향성 분석:** 일련의 사건들이 평균 위치를 중심으로 어떻게 분포되었는지 확인

☑ **동선 분석:** 사건의 발생 일자, 시간에 따라 발생 순서를 확인

군집 분석   최빈값 분석

방향성 분석   동선 분석

| 정보공개 청구 관련 TiP |

지오프로스가 일반인들에게도 많이 알려지면서 최근에 논문이나 연구 목적으로 범죄 발생 위치에 대한 정보(위도, 경도)를 요구하는 청구가 심심치 않게 들어오고 있다. 그러나

범죄 발생 위치정보(좌표)는 「공공기관의 정보 공개에 관한 법률」 제9조 3항 및 8항, 「형사법절차 전자화 촉진법」 제14조 3항에 의거 비공개 대상 정보에 해당하여 제공하지 못하는 정보임을 알려두는 바이다. 범죄 핫스팟 자료의 경우에는 공개 가능한 형태로 정보를 가공하여 국민안전처 생활안전지도(www.safemap.go.kr)를 통해 대국민 서비스되고 있으니 이를 참고하도록 하자.

※ 공공기관의 정보공개에 관한 법률 제9조(비공개 대상 정보)

 3. 공개될 경우 국민의 생명, 신체, 재산의 보호에 현저한 지장을 초래할 우려가 있다고 인정되는 정보

 8. 공개될 경우 부동산 투기, 매점매석 등으로 특정인에게 이익 또는 불이익을 줄 우려가 있다고 인정되는 정보

지리적 프로파일링을 마치며 ·

지리적 프로파일링은 연쇄 범죄 분석에서 가장 효율적이다. 그만큼 모든 사건에 활용되는 분석 기법은 아니다. 개별 사건마다 특성이 다르고 담당 수사관이 필요로 하는 부분이 다르므로 지리적 프로파일링 역시 지리적 수사 단서가 필요한 사건에서 가장 잘 활용될 수 있다. 또한 지리적 프로파일링이 의뢰될 경우 지리적 프로파일링만 분석하기보다는 종합적인 프로파일링 분석 보고서를 제공하는 경우가 대부분이다.

따라서 앞 사례에서 본 것처럼 범인의 거점 분석 결과뿐 아니라, 사건 분석(방화 여부 등), 용의자 유형 분석 등이 함께 이루어진다. 결국 지리적 프로파일링이란 지리 정보와 사건 정보를 재료로 삼아 범인의 지리적 행동 특성을 파악하고, 범인의 거점을 분석하고 찾는 프로파일링 기법이다. 또

한 모든 기법이 그렇듯 지금 우리가 사용하는 이 단계가 다는 아닐 것이다. 앞으로 더 정확한 분석과 예측을 위해 죄종별로 버퍼존을 더 세분화하는 연구도 필요하다고 본다.

지리적 프로파일링 파트는 용어 자체가 어렵고 한두 번의 설명으로는 부족할 때가 많다. 프로파일러들도 전문 교육 과정을 통해 이론과 실습을 연마하는 분야인 만큼 결코 단순하거나 쉬운 분야가 아니다. 본 책에서는 다소 이해하기 쉽고 핵심적인 부분만 선별해 살펴보았다.

5장

·

진술 분석

진술 분석의 도입 ·

하나의 사건에서도 이해 당사자들의 진술은 다르다. 경찰은 진술의 진실과 거짓을 가리기 위해 진술 분석을 도입했다. 서로 다른 주장을 하는 피의자와 피해자가 있다면, 분명 누군가는 거짓을 진술하는 것이다. 물론 분명한 물리적 증거가 뒷받침되는 진술이라면 더 신빙성 있고 진실에 가깝다고 판단할 수 있다. 하지만 그런 것이 없는 진술이라면 진술서만을 분석하여 신빙성을 추론하고 수사의 단서를 발견해야 한다. 그 자체로 수사에는 큰 도움이 될 수 있다.

진술 분석 기법이 도입되기 전까지는 진술의 일관성과 신뢰성 평가를 수사관의 경험과 개인적 판단에 의존할 수밖에 없었다. 하지만 수사관 개인마다 경력과 경험이 상이하며 판단 기준도 다르다. 나름의 기준으로 분석을 하였다 해도 공인된 이론과 검증 과정이 부재하다면 사법 환경에서 인정받기 어렵다.

프로파일러 역시 사건을 종합적으로 분석하고 추론하기 위해 수많은 수사 서류와 진술서를 취급한다. 사건에 포함된 여러 사람의 진술서를 읽고 분석하다 보면, 진술의 신빙성을 평가하고 분류하는 작업은 필수가 된다.

진술 분석은 한림대학교 법심리연구소가 주최한 '수사 실무자를 위한 진술 분석 워크샵(조은경, 이윤, 이재웅, 2010)' 이후 본격적으로 프로파일러와 경찰수사관을 상대로 보급되었다. 서울지방경찰청에서도 한림대 법심리연구소와 공동으로 '진술 분석 사례연구회'를 4년간 진행한 바 있다.

진술 분석이란? ·

진술 분석은 주로 용의자의 진술을 분석하여 진술의 신빙성을 평가하거나 사건 해결의 단서를 유추하는 수사 기법이다. 미국, 캐나다, 영국 등의 수사 기관에서는 피의자 신문 기법이나 거짓말 탐지 검사와 관련하여 많이 활용되고 있으며, 거짓말 탐지 검사관이 피검자의 진술을 분석하여 보다 많은 정보를 얻어 거짓말 탐지 검사에 활용하기도 한다.

이러한 진술 분석 기법은 DNA, 지문과 같이 사건 해결에 결정적 단서가 되거나 유죄 입증의 증거로 활용할 수는 없지만 용의자의 진술 모순점을 집중적으로 추궁하거나 용의자가 감추고자 하는 것을 추론함으로써 수사의 단서를 찾는 데 기여할 수 있다.

범죄 수법이 나날이 지능화·고도화되면서 범죄자들은 사전에 치밀한 계획을 세워 자신의 흔적이 남지 않도록 노력한다. 장갑과 마스크는 이제 범행을 위한 기본 준비물이 되었고, 예전과 달리 사건 현장에서 지문이나 족적 등이 발견되지 않는 경우도 있다. 더욱이 범죄자가 고의적으로 인멸한 증거를 찾는 것은 하늘의 별따기이다. 이러한 수사 현실에서 사건의 진위를 밝히는 것은 점점 어려워지고 있다.

또한 범행 동기, 태도 등 정황적 증거를 바탕으로 판단해볼 때 용의자가 범인일 가능성이 매우 높음에도 불구하고 지문, DNA, CCTV 등 물적 증거가 발견되지 않아 기소를 해도 법원에서 증거불충분으로 무혐의 판결을 받는 경우가 적지 않다. 물론 심증뿐인 정황 증거만으로 범행 여부를 판단하는 것은 매우 위험하다. 따라서 객관적인 물적 증거가 발견되기 전까지는 수사는 신중에 신중을 기해야 할 것이다. 정황적 증거에는 목격자 진술과 증언, 거짓말 탐지 검사관의 소견서, 진술 분석 평가서 등 여러 가지가 있는데 여기서 다루고자 하는 것은 진술 분석이다.

많은 범죄자들이 최대한 자신의 범행을 숨기고 심지어 증거가 있다 해도 무조건 부인하는 식으로 대처하는 경우가 많기 때문에 수사관들은 부인하는 범죄 용의자를 상대로 수사를 진행하는 경우가 많다. 또한 한 사건에서 진술이 엇갈리는 경우에 누구의 진술이 진실이고, 누구의 진술이 거짓인지 평가하고 판단하기가 어려워 곤란한 입장에 놓이기도 한다.

다수의 용의자 중 하나가 범인인 경우에 수사관은 용의자 모두에게 자필 진술서를 작성하도록 하고 진술 분석을 통해 각 진술에 대한 신빙성을 평가해볼 수 있다. 그리고 진술 분석으로 세운 수사의 가설들을 실제 수사 과정을 통해 확인해보거나 기존의 정황 증거들과 비교 평가해 수사 방향을 설정할 수 있다.

진술자의 숨은 의도를 찾아라 ·

진술 분석은 대상자의 언어적 태도를 분석하여 대상자가 사건에 대해 갖고 있는 태도와 심리 상태에 접근하고자 하는 것이다. 대상자가 '무엇을 진술하고 싶어 하는지' 혹은 '무엇을 진술하고 싶어 하지 않는지' 나아가 '진술하고 싶어 하지 않는 부분을 어떻게 감추고 다른 말들로 포장하려 하는지'와 '진술하고 싶어 하지 않는 이유가 무엇인지'를 탐색해볼 수 있을 것이다.

또한 진술인이 의심스러운 진술을 하는 경우에도, 진실을 감추려는 의도를 가지고 '진실'을 숨기고 '거짓 진술'을 하는 것인지, 사건의 '진실'을 감추기 위함이 아닌 진술인 자신의 개인적 이유나 사정으로 인해 무언가를 숨기려고 하는 것인지에 대한 판단이 필요하다.

예를 들어 영아가 주거지에서 사망한 사건에서 아이가 사망할 당시 아이의 어머니가 보호와 보살핌이 필요한 영아를 혼자 두고 내연남을 만나러 나갔다면 아이의 사망과 직접적 관련성이 없는 내연남을 만난 사실을 숨기려고 할 것이다. 내연남이라는 사실을 숨기고 친구를 만났다고 진술하거나 혹은 만난 사실 자체를 진술하지 않을 수도 있고 애매하게 진술할 수도 있다. 이러한 경우 수사관은 진술인을 단순히 의심하기보다는 진술인이 감추고자 하는 진술이 무엇인지, 숨김의 의도가 무엇인지를 수사 면담이나 신문 과정을 통해 더 구체적으로 파악해보아야 한다.

진술자의 진술 태도에 주목하라 ·

진술 분석에서 수사관은 진술인의 진술 태도도 분석한다. 사건과 관련해서 '협조적 진술 태도'를 보이는지, '방어적 진술 태도'를 보이는지가 매우 중요하다. 협조적 진술 태도란 자신이 알고 있거나 혹은 현장에서 보고 들은 사건과 관련된 정보를 최대한 진술서에 표현하려는 태도이다. 만약 진술인이 방화 사건 현장을 목격하였다면, 진술인은 화재가 발생한 시간적 정보와 어디에서부터 불길이 보였는지, 사건 전후에 어떤 소리를 들었는지, 불이 나고 나서 사람들이 어떻게 움직였는지 등 사건을 목격한 시점부터 현재까지의 상황과 행위에 대하여 최대한 상세히 보고할 것이다.

이러한 사실적 정보 제공 외에도 사건 당시 자신의 감정이 어떠하였는지, 왜 그러한 감정을 느꼈는지에 대한 정서 표현이나 화재 원인에 대하여 주변 사람들로부터 전달받은 정보나 개인적 추론을 보고할 수도 있다.

방어적 진술 태도란 자신이 알고 있는 사건 관련 정보를 숨기는 것, 중요한 특정 사건 정보를 숨기기 위해 중요하지 않은 정보들을 나열하는 등 최대한 사건과 진술인 자신과의 관련성을 최소화하려는 진술 태도를 말한다. 만약 위와 같은 방화(화재)사건에서 진술인이 불을 지른 범인이라면 화재가 발생한 시간, 화재의 원인 그리고 구체적인 화재 발생 장소나 사건 현장 상황에 대한 묘사가 제한적이고 방화 행위가 이루어진 시간과 장소에 대한 사실 정보를 생략하거나 주변 상황들에 대한 진술로 대체하려 할 것이다. 이러한 거짓 진술의 경우 사건과 관련된 진술의 분량이 사건 발생 전이나 후의 행적 진술에 비해 상대적으로 매우 적고 빈약하게 나타나는 특징이 있다.

하지만 진술인이 자신이 알고 있는 사실을 숨기려는 방어적인 진술 태도를 보인다는 것만으로 '진술이 거짓이다' 혹은 '진술인이 범인이다'라고 단정 짓는 것은 매우 위험하고 이는 진술 분석의 목적에도 부합하지 않는다. 앞서 설명한 바와 같이 진술인의 진술 의도에 따라 진술 태도가 달라질 수 있다. 즉 자신이 사건과 관련성이 없고 범죄 행위를 하지 않았다 해도 감추고 싶은 개인적 사생활이나 치부가 있다면 진술인은 방어적 진술 태도를 보일 수 있다.

이러한 이유로 진술 의도를 파악하는 것은 수사 방향 설정에 매우 중요하고 여기에 진술 분석의 의의가 있다. 정확한 진술 의도를 파악하기 위해 진술에 대한 사실 확인이 수사 단계에서 반드시 필요하다.

순수한 상태의 진술서를 획득하라 ·

진술 분석을 위한 진술서는 사건이 발생한 직후 다른 사람(수사관, 사건 관련자, 현장 목격자 등)과의 대화나 정보 교환이 이루어지지 않은 '순수한 상태'에서 작성하는 것이 가장 효과적이다. 또한 수사관이 수사 조서를 작성하기 전에 진술인이 경험한 모든 것을 최대한 자세하게 진술할 것을 요구하는 것이 중요하다.

이처럼 순수한 상태의 진술을 강조하는 것은 기억의 부정확성 때문이다. 기억이란 경험한 사실에 대한 내적 표상으로, 시간이 지나면서 또는 사건이 주는 정서적 경험이나 타인과의 정보 교환 과정에서 왜곡될 수 있다. 즉 경험하고 목격한 사건에 혐오와 부정적 감정을 느껴 스스로 기억을 차단할 수도 있고, 다른 사람의 목격담을 듣는 과정에서 자신의 목격 경험을 타인의 것으로 대체시킬 수도 있다. 그러므로 용의자든 피해자든 목격자든 간에 사건 발생 후 신속히 진술을 획득해 진술 분석에 적합한 재료를 확보해야 한다.

그러나 수사 현실을 고려하면 이러한 순수한 상태의 진술서를 받기는 매우 어렵다. 수사 초기에 용의자가 있다 해도 현장에서 멀리 떨어져 있거나 검거까지 시간이 소요된다. 사건 후 어느 정도의 시간 혹은 오랜 시간 후에 진술서를 작성하는 경우가 많고, 기억이 잘 나지 않는다는 식의 진술이 많다. 결정적 증거가 드러나기 전까지는 무조건 혐의를 부인하는 경우가 일반적이다. 이럴 때는 진술 신빙성을 평가하기보다는 진술 분석을 통해 증거를 찾을 수 있는 단서에 집중할 필요가 있다.

예컨대 금전 관계로 피해자를 살해하여 시체를 매장한 사건의 용의자를 수사할 경우 용의자에게 사건 발생일 행적에 대한 진술서를 요구하고, 사건 발생 시간에 용의자가 어떠한 행위를 했고 어디를 갔다고 진술했는지 면밀히 살펴봐야 한다. 또한 진술서에 나타난 인물과의 실제적인 알리바이를 추적해 진술이 모순될 경우 신문 과정에서 확인할 요소로 활용할 수 있다.

진술서 획득을 위한 간편 지침

1. 사건 발생일 기준 하루 동안 있었던 일을 모두 진술하게 할 것(아침에 일어나서 잠들 때까지, 직장에 출근해서 퇴근할 때까지, 처음부터, 보고 듣고 행동한 것 모두를 빠짐없이).
2. 필기류와 깨끗한 종이를 여러 장 충분히 제공할 것.
3. 일기처럼 자유롭게 서술형으로 작성하도록 할 것.
4. 항목별, 시간대별로 쓰거나 요약식으로 쓸 경우 다시 쓰게 할 것.
5. 완료될 때까지 어떠한 지시나 감독도 하지 말 것.
6. 작성 중 혹은 작성 후 버린 진술서도 획득하여 분석 시 참고할 것.

SCAN 진술 기법 소개 ·

SCAN(과학적 내용 분석: Scientific Content Analysis) 진술 분석 기법은 이스라엘의 거짓말 탐지 검사관 사피르(Sapir)가 개발했다. 사피르는 진술의 구조와 내용을 분석해 진술의 신빙성을 평가하고자 했다.

특히 SCAN 기법은 용의자, 피의자, 피해자, 참고인 등 사건과 관련된 모든 이들의 진술서를 분석할 수 있다는 장점이 있다. 사건 전반을 분석하고 다루는 프로파일러에게 매우 유용한 진술 분석 기법이라 할 수 있다.

진술의 구조 분석하기 ·

진술의 구조란 일반적인 글쓰기에서와 같이 서론, 본론, 결론 등의 형식적인 면을 가리키는 것으로 용의자의 진술서에서는 사건 전, 사건 중, 사건 후로 나누어볼 수 있다. 일반적으로 사건을 은폐하거나 왜곡하려는 의도가 있는 진술인은 사건 중의 비중을 줄이고 사건 전이나 사건 후에 대한 분량을 늘리는 경향이 있다.

가령 사건과 관련된 시간대는 일과 중인데, 사건 전 내용에서 자신이 아침에 일어나서 출근하기까지의 상황을 너무 구체적이고 자세하게 묘사할 수 있다. 이럴 경우 진술인의 글쓰기 스타일이 사건 중이나 사건 후의 진술에서도 일관되게 나타나는지 비교해보아야 한다. 만약 사건 중이나 사건 후의 진술과 다르게, 사건 전을 과장되게 구체적으로 많이 서술했다면 이는 중요하지 않은 정보의 장황한 나열을 통해 담당 수사관의 주의를 분산시켜 중요한 정보를 은폐하려는 것일 수 있다.

이처럼 진술의 구조란 진술의 여러 형식적인 부분을 의미한다. 다른 예로, 자타살 여부가 불분명한 변사 사건 현장에서 발견된 유서의 진위를 분석하는 경우, 유서에 가장 많이 등장하는 인물이 유서를 남긴 진술인과 실제로 가장 가깝고 밀접한지 비교해보아야 한다. 그렇지 않다면 진술인이 남긴 유서가 아닐 수 있음을 의심해보아야 한다. 이 역시 인물의 등장 횟수라는 진술의 형식적인 면에 대한 분석이다.

진술 내용 분석하기 ·

다음으로 진술 내용이란 말 그대로 진술인의 글쓰기 목적과 의도가 담긴 진술서 내용 자체를 의미한다. 예를 들어 가족이나 친구 또는 가까운 지인의 사망 사건과 관련하여 어떠한 정서적 표현도 하지 않거나 무미건조한 진술서를 작성하고, 자신은 사건과 관련 없다는 부분만 강조하고 있다면, 진술 의도가 사건 해결이 아닌 자신의 무죄 입증에 집중한 것으로 볼 수 있다. 마치 용의자가 혐의를 부인하는 것과 비슷한 태도이다. 다른 예로, 사건과 관련 없는 정보만 장황하게 나열하는 것도 중요한 정보를 진술하지 않으려는 의도로 볼 수 있다.

하지만 진술의 구조와 내용을 분석할 때 한두 가지 의심점으로 진술 전체를 판단해서는 안 된다. 글쓰기에는 각자의 언어적 스타일과 방식이 있고 그에 따라 진술의 구조와 내용이 다를 수 있다. 그러므로 진술의 구조와 내용의 여러 준거를 바탕으로 의심이 되는 부분을 찾는 것이 가장 중요하다. 특히 거짓 진술인의 경우 진술서 전반에 걸쳐 거짓을 이야기하기보다는 사건과 관련된 중요한 정보만 은폐하거나 축소한다. 부분적으로 은폐하거나 거짓 진술하는 것이다.

진술 분석에서는 이러한 거짓 진술인의 특성을 충분히 고려해야 한다. 사건과 관련성 없는 진술과 관련성이 높은 진술이 어떻게 연결되는지, 두 부분의 구조와 내용에 차이가 없는지 살피며, SCAN 준거를 바탕으로 평가하는 것이 진술 분석의 요령이라 할 수 있다.

SCAN 진술 분석과 거짓 탐지 준거 13가지[16]

사피르가 개발한 SCAN(과학적 진술 분석 기법)은 최초 수사 실무자용 교육 지침서로 만들어졌고, 이후 스미스(Smith, 2001)가 거짓 진술을 탐지할 수 있도록 SCAN의 13가지 준거로 구체화했다. 다음은 SCAN의 13가지 준거이다.

1. 언어의 변화(Change in language)

호칭의 변화

진술서 내에는 사건과 관련 있는 여러 등장인물들이 등장한다. 진술인은 각 등장인물에 대해 자신과의 관계를 나타내는 호칭을 사용할 것이다. 호칭은 '아버지', '어머니', '남편', '부인'과 같이 가족관계를 나타낼 수도 있고 '사장님', '직원', '친구' 등 사회적 관계를 나타낼 수도 있다. 그리고 동일인을 지칭하는 호칭이라도 '홍길동 씨', '길동이', '그 사람' 등으로 다르게 나타날 수 있다.

한 진술서 내에서 호칭 변화가 일어난 경우 내용에도 변화가 있는지 고려해야 한다. 예를 들어 진술인이 '언니'라는 호칭으로 진술하다가 어느 부분에서 '사람'이라고 바꾸었다면, 호칭이 변화한 부분에서 진술인과 그 사람 사이에 어떤 일이 발생하여 심리적 거리감이 생겼음을 의미한다.

---

16 조은경, 이윤, 이재웅(2010), 『수사 실무자를 위한 진술 분석 워크샵 자료집』, 한림대학교 법심리연구소 참조.

명칭의 변화

동일한 사물의 명칭이 진술이 진행되는 중에 다르게 표현된 경우에도 분명한 이유가 있다고 본다. 사건과 관련된 사물이기 때문에 언급을 피하려는 의도에서 명칭(예: 싱크대에 있던 부엌칼)을 사용하지 않고 대명사(예: 그것)를 사용하거나 애매한 명칭(예: 그 칼)으로 대신하려 했을 수 있다. 수사관은 명칭의 변화가 보이는 곳을 모두 찾아서 변화가 유지되는지 또는 다시 변화하는지 검토하고, 명칭 변화 이유에 대한 수사적 가설을 설정하고 확인해볼 필요가 있다.

2. 진술서 내 정서표현의 부적절한 위치
(Placing of emotions within the statement)

일반적으로 진술인은 사건 관련 진술 시 대부분 행위 위주로 진술한다. 하지만 사건과 관련하여 정서를 표현했다면, 그것이 적절한지, 표현된 위치나 순서가 자연스러운지에 대하여 평가할 필요가 있다. 유서라면 진술인이 죽음을 선택할 수밖에 없던 이유를 서술하면서 자신의 절망적이고 절박한 심정이 나타나게 된다. 이러한 심정은 주로 슬픔, 고통, 우울감, 억울함 등 매우 부정적 정서로 표현된다. 하지만 죽음의 이유를 표현하는 것보다 다른 부분이 더 강조되거나 진술인이 경험하고 있는 정서의 수준이 깊지 않다면, 진술 태도가 진술인의 당시 상황과 비교해 적절한지 검토할 필요가 있다.

한편 가족이나 내연녀와 같이 심리적 거리가 매우 가까운 사람의 죽음을 최초로 발견·목격한 경우, 진술서 내에서 진술인이 경험하였을 것으로 기대되는 불안, 분노, 공포 등의 정서적 표현이 나타나고 있는지 살펴보아야 한다. 그러나 기대와 다른 정서가 표현되었거나 깊이가 얕다면 심리적 거리가 기대한 만큼 가깝지 않다는 것을 의미할 수 있다. 그리고 그러한 심리적 거리감이 발생한 시점이 사건 발생 전인지 혹은 사건을 계기로 거리감이 발생했는지 면밀히 검토할 필요가 있다.

또한 정서적 표현과 관련하여 '그날따라 왠지', '걱정이 되어서' 등 사건 발생 전에 이미 정서를 느낀 경우라면, 사건이 발생할 것을 알았거나 범행을 계획했을 가능성을 의심해보아야 한다. 일반적으로 자신의 정서를 인지하는 때는 그 정서를 유발한 사건 발생 후이다. 그런데 정서 표현이 정서를 유발하는 사건 앞에서 언급되었다면, 실제로 그런 사건이 일어나지 않았는데 꾸며서 기재했거나 이미 예상했던(계획했던) 사건일 수 있다.

진술인이 행위 위주로 기술해서 처음부터 끝까지 정서적 표현을 하지 않았다면, 진술인이 당시 어떤 정서를 경험했는지 수사 면담 과정에서 다시 확인해보아야 한다.

3. 대명사의 부적절한 사용(Improper use of pronouns)

문장 내에서 대명사는(예: 나, 나의, 그것을 등) 책임이나 소유에 관한 정보를 알려주거나, 대명사가 지칭하는 사람이나 사물과의 관계에 대한 정보를 제공한다. 진술서 내에서 주격대명사, 특히 진술인 본인을 지칭하는 '나'를 생략하는 경우에 행위의 주체인 자신을 명확히 드러내지 않으려는 의도가 있을 수 있다. 이는 진술하고 있는 행동에 대한 자신의 관여를 줄이려는 시도라고 볼 수 있다.

특히 진술인이 1인칭 대명사를 자주 사용하다가 어느 특정 부분에서 생략했다면 그 부분에서 자신의 관여 정도를 축소하려는 의도가 있다고 수사적 가설을 세워볼 수 있다. 또한 '나는'이라는 1인칭 주격대명사를 계속 사용하다가 특정 부분에서 '제가' 혹은 '저는'이라는 대명사로 바꾸어 진술한다면, 해당 부분에서 자신의 잘못을 감추려거나 수사관에게 잘 보이려는 의도가 숨어 있을 가능성이 있다.

그러나 우리 어법상 1인칭 주격대명사는 생략되는 경향이 높아 진술서 내에서 '나', '저'가 등장하지 않는다 하여 무조건 거짓 진술로 단정하면 안 된다.

4. 사건과 관련된 확신 / 기억의 부족

(Lack of conviction / memory concerning the incident)

거짓 진술인은 자신이 사건에 연루되었다고 생각될 수 있는 정보를 제공하지 않으려 하고 정보에 대한 언급을 회피하려고 한다. 진술의 모순점을 드러내지 않으면서 진실한 진술을 하지 않는 가장 쉽고 죄책감이 적은 방법은 사건과 관련된 장면, 행위, 사실에 대하여 '잘 기억이 나지 않는다'고 진술하거나 혹시라도 나중에 사실이 드러날 것을 대비하여 '잘 기억은 나지 않지만 ~이었던 것 같다'라는 애매한 표현을 사용하는 것이다. 이러한 태도는 신문 조서 작성 시 수사관의 질문에 답변할 때도 동일하게 나타난다.

5. 혐의를 부인하지 않음(No denial of allegations)

진실한 진술인은 의심받는 상황에서 자신의 무죄와 결백을 인정받으려는 동기가 강하다. 그러므로 혐의를 강력하게 부인하는 것이 일반적이다. 그러나 거짓 진술인은 자신이 받고 있는 혐의에 대하여 직접적인 부인보다는 간접적인 합리화 전략을 사용하는 경향이 있다.

예를 들어 '저는 충분한 재산과 능력이 있습니다. 돈을 훔칠 이유가 없습니다', '저는 항상 사랑과 애정으로 아이들을 돌보아왔습니다. 아이들에게 그런 행동을 할 이유가 없어요'라는 식으로 혐의에 대한 직접적 부인보다는 그러한 범죄 행위를 할 이유가 없다는 식의 간접적 합리화 전략을 사용한다.

6. 진술의 흐름에서 벗어난 정보(Out of sequence information)

거짓 진술인은 진술의 흐름과 무관한 정보를 진술서에 포함시키기도 한다. 이런 경우 진술에 그러한 정보를 포함시킨 이유나 근거를 언급하기도 한다. 진술인이 현재 무엇에 대하여 왜 이야기하고 있는지 파악한 후에, 진술을 충분히 마무리하지 않은 채로 진술 목적과 전혀 관련 없는 주제로 전환되는 부분이 있는지 살펴볼 필요가 있다. 중요한 정보와 관련된 진술을 회피하거나, 진술 도중 무언가 해명이 필요한 것이 떠올라서 맥락과 상관없는 진술을 하는 경우일 수 있다.

7. 사회적 소개의 부재(Social Introduction)

진술인은 진술서에 등장하는 인물들에 대해 대부분 '이웃집 김○○ 씨'라는 식으로 간략한 사회적 소개를 한다. 이러한 사회적 소개를 통해 등장인물이 어떤 사람인지, 진술인과의 관계는 어떠한지, 심지어 심리적 거리까지 알 수 있다.

만약 등장인물 중 특정인에 대한 사회적 소개가 생략되거나 애매하게 진술되었다면 그 사람에 대해 진술하고 싶지 않은 의도가 있다고 해석할 수 있다. 그는 공범이나 사건을 알고 있는 사람 등 관련된 중요한 인물일 수 있으므로 누구인지 분명히 확인할 필요가 있다. 그러나 내연 관계 등 부적절한 관계를 숨기려는 사적인 이유일 수도 있으므로 무조건 의심하기보다는 수사적 가설을 세우고 검증하는 것이 필요하다.

그리고 진술서 내에서 여러 사람을 소개할 경우 소개된 순서도 주의하여 살펴볼 필요가 있다. 남자의 경우, 일반적으로 다른 사람에게 여러 명을 소개할 때 남자를 먼저 소개하는 경향이 있는데, 소개 순서가 빠를수록 진술인과 더 가깝고 친밀한 사이라고 할 수 있다. 따라서 남자 진술인이 여러 사람을 열거할 때 여성이 가장 먼저 등장한다면 수사관은 그 여성이 누구인지, 무엇을 하는 사람인지, 언제부터 알게 되었는지, 최근에 언제 만났는지, 이 사건에 대해 그 사람이 알고 있는 것이 무엇인지 등 특별히 주의를 기울일 필요가 있다. 또한 진술인의 알리바이를 확인해야 할 경우 가장 늦게 소개한 사람, 즉 진술인과 가장 친밀감이 낮은 사람에게 확인하면 더 객관적이고 정확한 정보를 얻을 수 있다.

8. 자발적인 수정(Spontaneous corrections)

내용을 수정하거나 삭제한 부분이 진술서에 존재한다면 본 준거에 해당한다. 이러한 자발적인 수정이 단지 기재한 단어의 철자가 틀려서 단순 수정한 것인지 혹은 진술하고 싶지 않은 주제와 관련된 단어를 서술한 것을 뒤늦게 삭제, 수정하여 진술의 방향을 바꾸거나 아예 생략하려 한 것인지 반드시 구별해야 한다. 이때는 수정되기 전의 어구와 문장을 추정하여 수정된 진술과 어떻게 다른지 비교해볼 필요가 있다.

단순히 철자나 맞춤법을 수정했다 해도 그러한 진술 부분에서 집중하지 못하였거나 그 진술의 시점에서 무언가 불편한 기억이나 사고가 있을 가능성이 높다. 예를 들어 자연스러운 대화 과정에서 어떤 부분에서 말을 더듬거나 진술이 부자연스럽게 이어지는 경우가 있다. 마찬가지로 진술서를 작성할 때도 연결이 매끄럽지 않거나 수정이 많은 부분은 그만큼 심리적 당혹감이나 인지적 부하가 있는 부분이므로 수사관이 면밀하게 파헤칠 필요가 있다.

그러한 심리적 불편감이 범행에 대한 기억 때문인지 혹은 알고 있는 범행과 관련된 정보를 감추려는 의도에서 비롯되었는지, 질문을 통해 밝혀내야 한다.

9. 진술의 비균형적 구조(Structure of the statement)

진술의 구조는 크게 사건 전, 사건 중, 사건 후 세 부분으로 나누어볼 수 있다.

'사건 전'은 사건 발생 전 상황이나 어떻게 발생했는지에 대한 맥락을 포함하는 진술이다. 사건 전의 비중은 20~30%가 이상적이다.

'사건 중'은 사건의 발생과 진행에 대한 진술로, 사건과 관련된 인물이나 장소가 진술에 처음 등장하는 때부터 사건 중에 포함되며 사건의 종료와 함께 사건 중에 해당하는 부분도 끝난다. 사건 중의 비중은 50%가 적당하다.

'사건 후'는 사건 종료 후 어떤 일이 일어났는지에 대한 내용을 담고 있다. 그러나 진술의 구조상 사건 후에 대해 진술하다가 내용상 사건 중에 해당하는 부분을 다시 언급하기도 한다. 이런 경우는 구조적으로 사건 중으로 보지 않고 사건 후로 포함시킨다. 사건 후의 비중은 20~30% 정도이다.

SCAN에서는 사건 중의 진술이 전체 진술의 1/3 미만이면 본 준거에 해당한다고 평가하고, 진술인이 거짓의 동기를 가졌을 가능성이 있다고 추정한다. 그러나 본 준거에 해당한다고 그 진술서가 거짓 진술서라는 의미는 아니다. 단지 사건 중에 해당하는 진술에서 많은 부분이 생략되었음을 알려주는 것이다.

10. 시제 변화(Tense change)

과거에 발생한 사건에 대한 진술은 일반적으로 1인칭 과거시제로 작성된다. 사건이 발생한 시점은 진술을 하는 시점보다 앞서므로 과거시제를 사용하는 것이 당연하다. 그러나 과거시제가 아닌 현재시제를 사용하는 경우에는 실제 일어나지 않았거나 기억나지 않는 일을 꾸며서 진술한 것으로 추정할 수 있다. 현재시제가 사용된다는 것은 지금 진술인의 머릿속에서 사건이 진행되고 있다는 것이다. 즉 지금 만들어지고 있는 것을 기록하고 있는 것이다.

한편 사건이 발생한 지 너무 오래되어 기억이 나지 않는 경우에, 일상적인 생활 패턴을 실제 발생한 사건 대신 서술할 때도 현재시제를 사용할 수 있다. 즉 현재시제를 사용하고 있다면 사건 당일 일어난 일을 묘사한 것이 아닐 가능성이 높다.

11. 시간의 불일치(Time)

시간의 불일치는 주관적 시간과 객관적 시간 사이의 불일치를 의미한다.

주관적 시간은 진술서에 반영된 진술인이 느끼는 시간의 양이다. 즉 진술서에 행위와 감정적 묘사, 주변 상황 등이 구체적이고 장황하게 나열되었다면, 이 부분에서 진술인은 많은 분량을 할애한 것이다. 진술서를 보는 수사관으로 하여금 진술인이 그러한 행위를 하는 동안에 많은 시간을 할애했음을 알리는 것과 같다. 즉 진술인의 주관적 시간의 양은 진술서에 진술된 양과 비례한다고 볼 수 있다.

한편 객관적 시간은 말 그대로 시곗바늘이 가리키는 일반적 시간을 의미한다. 상식적으로 볼 때, 객관적 시간이 길수록 그 사이에 일어난 행위와 상황에 대한 진술은 길어질 수밖에 없다. 특히 사건이 일어나기 전 상황부터 발생하고 종료되기까지 그에 대한 진술은 객관적 시간에 비례하여 진술서의 분량으로 나타난다. 이는 수사의 경험에 비추어볼 때 합리적인 현상이다.

그러나 거짓 진술자는 객관적 시간의 양에 관계없이, 관련 정보를 은폐하고 기억을 감추기 위해 사건 전후의 정보를 5분 혹은 10분 단위로 아주 상세히 진술하기도 한다. 반면에 사건이 발생한 시점에서 수 시간의 흐름이 있었어도 이를 거의 진술하지 않는다.

이렇게 진술인의 객관적 시간과 주관적 시간이 상당한 불일치를 보이면, 그 부분에서 정보의 생략이나 거짓의 가능성이 있다.

12. 중요하지 않은 정보의 부각

(Unimportant information becomes important)

진술인이 본인이 알고 있는 중요 정보를 수사관에게 제공하지 않으려 하거나, 본인이 범인이기 때문에 정보를 은폐하려고 할 때, 마치 위장술처럼 수사관의 관심을 다른 곳으로 돌리기 위해, 중요한 정보 대신 중요하지 않은 정보, 사건과 무관한 정보를 마치 사건과 관련성이 있어 보이는 정보처럼 장황하게 진술하는 경우가 있다.

앞에서 언급한 '시간의 불일치' 준거와도 밀접한 관련이 있다. 중요하지 않은 정보를 의도적으로 부풀리고 많은 진술 분량을 할애하다 보니, 자연스럽게 '시간의 불일치' 준거에도 해당되는 경우가 많다. 또한 사건의 맥락을 이해하는 데 반드시 필요하지 않은 '중요하지 않은' 정보가 진술에 포함된다면 본 준거의 내용에 해당된다고 볼 수 있다.

예를 들어 진술인의 일행과 다른 일행이 술자리에서 시비가 붙어 폭행 사건이 났다고 가정해보자. 진술인은 폭행 사건의 발단과 과정에 대해 최대한 구체적으로 진술하도록 요구받았음에도, 사건 발생 전까지 일행과 어떻게 약속을 잡고, 어디에서 만났고 그날 어떤 목적으로 만났는지 매우 상세하고 구체적으로 진술할 수 있다. 반면에 정작 상대방 일행과 시비가 붙은 이유나 그 과정에서 어떠한 언행이 오갔는지에 대한 진술이 매우 허술하고 구체적이지 않을 수 있다. 진술인은 폭행 과정을 현장에서 분명히 목격하고도 자신의 일행에게 불리할 수 있어 왜곡하거나 은폐할 수 있다.

이처럼 사건의 본질과 핵심을 진술하지 않고 부수적 정보만 나열한다면, 불성실한 진술이라는 비난을 면하는 동시에 거짓된 신뢰감을 주려는 교묘한 술책일 수 있다.

13. 불필요한 연결 / 생략된 정보

(Unnecessary connections / missing information)

은폐를 위해 사실을 왜곡하고 꾸미기도 하지만 발각에 대한 두려움과 심리적 부담감 때문에 흔히 사용하는 방법이 알고 있는 사실에 대한 진술을 생략하는 것이다. 사건의 흐름에 따라 진술하다가 무언가 생략하고 싶어 흐름을 끊게 되면 마무리하지 않은 채 갑자기 다른 이야기를 하는 것처럼 맥락이 어색해진다.

이때 화제 전환을 위해 흔히 사용하는 접속사에 주목할 필요가 있다. '그러다가', '그다음에', '그리고 나서' 등의 접속사가 이에 해당한다. '일정 시간이 지난 다음에'라는 뜻으로 해석되는데, 시간의 경과하는 동안에 발생한 사건이나 상황에 대한 진술을 임의적으로 생략한 것으로 해석할 수 있다.

또한 '~하기 시작했습니다'와 같이 그전의 행위나 상황이 어떻게 진행되고 마무리되었다는 진술 없이, 다른 화제로 전환되는 경우에도 진술인이 의도적으로 정보를 생략한 것으로 볼 수 있다.

진술 분석 사례: 보험 살인 사건 피의자 진술서 분석 ·

사건 개요

피의자는 무직으로 보험료를 납입할 능력이 없음에도 수 개의 보험 상품에 가입한 뒤 2009. 1. 14~1. 22경 ○○생명보험회사 등 8개 보험사 10개 보험 상품에 자신의 명의로 청약가입하고, 2009. 8. 18.~9. 9경 ○○생명보험회사 등 9개 보험사 13개 보험상품을 피해자 권○○(36세, 여)의 명의로 청약 가입하고 9일 후 수익자를 자신으로 변경한 다음 입원 치료(원인 불분명 상해사고)를 받는 등 5개 보험사를 상대로 금 71,535,688원을 편취하였다.

또한 피의자는 정상적 의사결정 능력이 없는 피해자를 살해하고 그의 생명보험금을 자신이 편취하기로 마음먹고 2010. 2. 5. 23:55~2. 6. 03:38경 ○○구 ○○동 소재 모 고시원 옥상으로 피해자를 불러내 옥상 난간 밖으로 밀어 14미터가량 아래 주차장 땅바닥으로 떨어뜨려 다발성 손상으로 사망에 이르게 하여 살해했다.

피의자 진술서 내용

| 1차 진술서 |

1page

권○○씨는 평소 굉장히 밝은 사람입니다 그정적이며 제가 속상하거나 슬프거나 일이잘 풀리지않을 때 항상 기도 하자 그리고 맛있는 것을 해주는 제 생각에는 현명하고 어른스러운 여성으로 다가왔습니다 잘 웃고 매사에 긍정적인 면들이 멋졌습니다.
신앙의 정도는 저에게 가끔씩 함께 나중에
과천에가서 살자 함께 신앙생활을 하자고 가끔
말만 할뿐, 자세한 이야기나 인도를 전도를 하려고
한다고는 느끼지 못했습니다.
생활의 정도는, 만난 초창기엔 노래방 도우미 일을
했었고, 하다가, 다른 영업 일과 캐셔일을 하는 것을
말은 했고, 그렇게 알고 있습니다. 넉넉하지는 않지만
필요한 생활을 무리없이 편하게 하는 것 같았습니다
월200 정도 번다고 이야기를 들었습니다

2page

신앙쪽으로 강의도 가끔나가고 영어 성경 공부를
열심히 해서 나중에 강의 교수가 될거라고했습니다.
사건당일 인터넷으로 알게된 여성과 그냥 친구사이로
영화를 ○○동에서 보았습니다. 영화를 보고, 식당에서
식사를 하고 나와서 제가 함께 있고 싶다고, 함께
모텔로 들어가는데 시간은 12시 10분으로 알고 있습니다.
그 여성분이 함께 자는 건 싫다고 말을 해서,
카드를취소를 하고 헤어졌습니다 그리고 고시원으로
추운데 안부도 궁금하고 걱정이 되어, 만나서 약5분
정도 이야기를 하고, 택시를 타고 'ㅈ ㅇ ㅇ'라는 친구의
집으로가서, 잠을 자게 되었습니다. 해보면
시간은 12시 30~40분쯤 들어간 것 같습니다
ㅈ ㅇ ㅇ씨와는 2008년 중반에, 길에서 제가 마음에
들어서 친구가 되고 싶어서, 말을 걸었고, 서로 호감을
느끼게되어 좋은 친구로서 그리고 올해를(2010)에
들어서는 결혼을 이야기하는 현재에는 사랑하는관계
입니다

1page

상기 본인은 권OO씨를 2008년 초 강남 어느 노래방에서
손님과 도우미로 알게 되었습니다. 첫 만남 후 서로 호감을
가지게되어, 연인 관계로 발전이 되었습니다
너무나 당차고, 귀엽고, 착하고 똑똑해서 호감을 갖게
되었으며, 동거를 시작하게 되었습니다. 저의 집에서
너무나 저에게 잘 해주었고, 저또한 너무나 사랑하게
되었습니다.

상기 본인은이, 보험을 가입하게 된 경위와 이유는
오토바이 교통사고 이후에 보험의 필요성과 중요성과 사람이
언제 어디서 어떻게 될지 모르는 거구나 라는걸 느끼게 되
었습니다 그래서, 인터넷으로 보험에 대하여, 어디가 보장
이 잘되고 싼지를 알아보고, 보험을 8군데에 가입을

2page

하게 되었습니다 다쳤을 때 병원비가 나올수 있게,
그리고, 다쳤을 때 보상이 확실한 보험들을 비교적, 보장이
많이되고, 싼 보험을 여러군대에 가입할 수 있다는걸 알고
제가 보험료를 납입할수 있는 범위 내에서, 월 보험료
그리고 차후에 만기가 차면, 이자가 붙어서, 자산이 될수
도 있다는걸 알고, 저축의, 의미를 담아 약50만원 정도
납입을 하고, 보장을 받고 있습니다

권OO씨의 보험 가입 경로는, 어느날 만나자고 해서
만났는데 보험에대하여 이것저것 물어봐서 알려주게
되었습니다. 보장은 어떠한 것이 있고, 다치면 보장이
되고, 또한 저축으로도 활용가치가 높다라는 등이
궁금증을 알려주었습니다 그리고 몇일후, 잠꿈을
꾸었는데 가입을 해야겠다고 그리고 필요한 것 같다며
알려달라고 하여, 그날 같이 알아보자고하여
11개의 보험을 가입을 하게 되었습니다. 비교적 보험료
싸거나, 보장야은 많이되는 상품으로 가입을 알아보고
하게 되었습니다(어떤 꿈이다 왜그러는지 물었으나
대답을 하지않고, 이유가 있다고만 말을 해서 더 이상 묻지
않았습니다)추가

3page

상기 본인은 당일(사건) 6시쯤 친구를 만나서 영화를
보고, 식사를 했습니다. 그리고 12시 쯤 함께 있다가,
헤어졌습니다. 그리고 고시원 1F에서, 권OO씨를 만나서,
서로 안부와 추운데 병원이나 집으로 가지 왜 있느냐고
묻고, 공부 너무 무리하지 말라고 하고... 친구의 집으로
갔습니다. 친구의 집에서 자고있던중 3시 가량으로
짐작이가는대 전화가 새벽에 와서 받아보니,
경찰이라고 했습니다 그리고 권OO씨를 아느냐고, 현재
큰 사고 났으니 와야 한다고, 확인해 달라고,
해서 사고 현장으로 가게 된 것입니다

진술 분석 결과 보고서

SCAN 준거: 진술의 구조

○ 최초 진술서 – 사건 전(60%) : 사건 중(20%) : 사건 후(20%)

○ 2차 진술서 – 사건 전(20%) : 사건 중(30%) : 사건 후(50%)

※ 진실한 진술의 일반적인 구조 형태

– 사건 전(20~30%) : 사건 중(50%) : 사건 후(20~30%)

해석: 본 자술서는 사건 중에 대한 진술 비중이 매우 빈약(1차 20%, 2차 30%)하고, 변사자 사망의 원인과 내용에 대한 진술이 전혀 나타나지 않음.

SCAN 준거: 혐의를 부인하지 않음

○ 해당 진술(전체)에서 자신의 혐의를 직접적으로 부인하는 진술 표현 없음.

※ 진실한 용의자는 직접적으로 자신의 혐의를 부인함.

해석: 진술인이 사건과 관련된 내용에 대해 직접적으로 부인하지 않는 것은 진술인이 사건에 연루되었다는 혐의에 대해 부인하지 않는 것과 같음.

SCAN 준거: 정서의 부적절성

○ 제가 속상하거나 슬프거나 일이 잘 풀리지 않을 때 항상 기도하자 그리고 맛있는 것을 해주는 제 생각에는 현명하고 어른스러운 여성으로 다가왔습니다.

○ 1차 1페이지 2~4줄

○ 너무나 당차고 귀엽고 착하고 똑똑해서 호감을 갖게 되었으며 동거를 시작하게 되었습니다. 저의 집에서 너무나 저에게 잘해주었고 저 또한 너무나 사랑하게 되었습니다.

○ 2차 1페이지 4~7줄

※ 진실한 용의자는 정서 반응이 적절하며, 정서 표현의 내용 및 위치가 적절하다.

해석: 변사자에 대한 긍정적인 이미지를 통해 많은 호감을 갖게 되어, 서로 사랑하게 되었다고 하면서도 변사자의 사망 사실에 대한 '슬픔', '분노' 등의 정서 반응이 전혀 나타나고 있지 않아, 진술과 정서 반응 불일치.

한국의 프로파일링

SCAN 준거: 애매한 시간 언급 및 정보의 생략

○ 권○○ 씨 보험 가입 경로는 어느날 만나자고 해서 만났는데 보험에 대하여 이것저것 물어봐서 알려주게 되었습니다. 보장은 어떠한 것이 있고, 다치면 보상이 되고, 또한 저축으로도 활용가치가 높다라는 등의 궁금증을 알려 주었습니다. 그리고 몇일후 꿈을 꾸었는데 가입을 해야겠다고 그리고 필요한 것 같다며 알려달라고 해서 그럼 같이 알아보자고 하여 11개의 보험을 가입하게 되었습니다.

○ 2차, 2페이지 8~15줄

○ 그리고 고시원 1F에서 권○○ 씨를 만나서 서로 안부와 추운데 병원이나 집으로 가지 왜 있느냐며 묻고 공부 너무 무리하지 말라고 하고 친구의 집으로 갔습니다.

○ 2차 진술, 3페이지 3-6줄

※ 진실한 용의자는 사건과 관련된 중요한 부분에서 명확한 정보 제시를 위한 노력을 한다. 특히 사건과 관련 없는 내용은 정확한 시간 및 장소의 정보를 제시하면서 사건 관련 내용에 대해서는 애매한 시간을 언급하거나 정보를 생략한다면 거짓을 의심할 수 있다.

해석: 진술인은 '어느날', '그리고 몇일후'와 같이 구체적인 날짜나 시간적 맥락순서를 제시하지 않고 있으며, 자신이 고시원에 찾아온 목적, 변사자와 만난 이유 및 옥상에서 나눈 이야기를 전혀 언급하지 않아 사건과 관련된 중요 사실관계 정보를 생략함.

진술 분석 결과

○ 진술인의 경우, 자신에게 보험 살인, 사기 혐의가 있음에도 불구하고 이를 적극적으로 부인하지 않는 점, 변사자 사망 발생 시점 진술에서 사망 원인에 대한 궁금증이나 기타 현장 상황 등 사망 사건에 관한 진술이 전혀 나타나지 않는 점, 사망한 변사자와의 관계가 매우 가깝고 사랑하는 사람이었음을 강조하면서도, 변사자의 사망에 대한 슬픔 혹은 애도의 정서 반응이 전혀 보이지 않으므로 SCAN 준거상 거짓의 징후가 의심됨.

○ 또한 자신의 혐의점과 관련된 부분에서 일관적으로 진술을 회피하는 반응을 보이고 있으므로, 객관적이고 명확한 증거 없이 일반적인 신문 전략으로는 자백 진술 가능성이 매우 낮을 것으로 판단되므로, 객관적 증거 확보를 위한 전략이 요구됨.

진술 분석의 수사적 의의 ·

앞서 이야기했듯이 진술 분석의 목적은 수사 단계에서 피의자나 용의자의 진술이 얼마나 신빙성 있는지, 과연 누가 거짓말을 하고 있고 누가 진실을 말하고 있는지를 가려내는 데 있다. 그만큼 효용성이 아주 크다. 또한 수사관은 진술을 분석할 수 있는 능력뿐 아니라 진술 분석을 토대로 수사적인 질문을 개발하고 실전에 응용할 수 있어야 한다.

수사적 질문이란 진술 분석을 통해 거짓의 동기로 추정되는 진술 부분에서, 그것이 거짓 진술인지 혹은 심리적 불편감에 의한 것인지 파악하기 위한 질문이다. 진술 분석이 구슬이라면 그것을 잘 엮는 것이 수사적 질문이다. 진술 분석의 재료를 가지고 거짓 동기로 추정되는 진술들을 수사적 질문을 통해 하나씩 검증하고 구분해 보다 실체적 진실을 밝혀나갈 수 있다.

실제로 수사관은 진술 분석을 통해 보다 날카롭고 예리한 수사적 질문을 개발할 수 있고, 이를 통해 용의자를 심리적으로 압박해 더 이상 거짓 논리로 수사관의 질문을 피해갈 수 없음을 깨닫게 한다. 이후에 수사관은 신문 전략 기법을 통해 용의자가 자신의 잘못을 인정하고 범행 사실을 진술하도록 이끈다.

6장
·
신문 전략

신문 전략의 필요성 ·

사건을 수사할 때 수사관이 수집하는 증거는 크게 물리적(대물적) 증거와 비물리적(대인적) 증거로 구분할 수 있다. 지문, DNA 같은 물리적 증거의 중요성은 많은 사람들이 공감하고 있으며, 이를 바탕으로 과학수사 및 법과학 분야에서 많은 연구가 이루어져왔다. 반면에 비물리적 증거, 특히 참고인이나 피해자, 용의자에게서 획득한 진술 증거는 사건 해결에 있어 상대적으로 '덜 결정적'인 부분으로 여겨져왔다. 심지어 참고인이나 용의자에게서 진술을 이끌어내는 것은 수사관의 감(感)이나 노하우, 자질에 의존하는 비과학적 분야로 간주되어 과학적 연구 대상으로 여겨지지 않는 경우도 많았다.[17]

그러나 현실에서 진술은 사건 수사의 70% 이상을 차지한다 해도 과언이 아니며, 수사의 방향을 결정하는 매우 중요한 요소이다. 사건과 관련된 물리적 증거가 전혀 발견되지 않아 법정에서 목격자, 피해자의 증언이나 피의자의 자백만이 증거가 되는 경우도 있다.

사건 현장에서 용의자의 지문이나 DNA 같은 결정적 증거가 나와 수사관이 '다 된 밥'이라고 생각하는 사건에서도, 용의자가 "집에 들어가서 피해자와 같이 술을 마시기는 했지만 피해자를 죽인 적은 없습니다. 그냥 술만 마시고 나왔어요"라고 부인하면, 그 증거의 가치는 크게 하락한다. 더군다나 수사관의 입장에서는 범죄자에게 자백을 받으면 증거를 찾고 사건을 해결하기가 수월해진다. 그래서 범인의 입을 열게 할 신문 기법이 절실히 필요하다.

그러나 이러한 수사관들의 바람과는 반대로, 최근 경찰 조사에서는 피의자들이 솔직히 시인하는 경우가 드물어지고 있다. 요즘은 누구나 쉽게 방송이나 인터넷 검색 등을 통해 경찰 조사에 대처하는 방법을 접할 수 있다. 심지어 독자들도 지금 당장 포털 사이트에서 '경찰 조사'를 검색해보면 관련 정보를 수십 건 확인할 수 있을 것이다.

이렇게 경찰 조사를 처음 받는 사람이라도 기본적인 수사 정보를 접하고 오는 경우가 많다 보니, 수사관들 사이에서는 피의자 조사가 점점 어려워진다는 볼멘소리도 나온다. 피의자들은 범행을 부인하기 위한 다양한 전략을 사용한다. 범행을 전부 부인하기도 하고, 일부만 시인하고 일부는 부인하기도 하며, 기억이 안 난다고 버티기도 한다. 어떤 피의자들은 아예 입을

---

17 안정은, 「용의자 성격과 신문기법에 관한 연구」, 경기대학교 석사학위논문, 2011.

한국의 프로파일링

범행 부인 유형과 예

유형	예
전체 부인	저는 전혀 그런 적이 없습니다.
일부 부인	때리기는 했지만 밀어서 머리를 부딪치게 한 적은 없습니다.
기억 실패 호소	술집에 들어가서부터는 기억이 안 납니다.
묵묵부답	……

열지 않아서 수사관을 답답하게 만들기도 한다.

범인들이 자백을 하는 이유는? ·

그런데 경찰관이 아니라 범인의 입장에서 생각해보면, 자백을 하지 않는 것이 당연한 선택인지도 모른다. 자백을 하지 않고 버티면 혹여나 처벌을 피할 가능성이 있으나, 자백을 하는 순간 사회적으로도 범죄자라는 낙인이 찍히면서 자존심이나 체면이 상하게 되고, 구금되는 등 신체적 자유가 제한될 수도 있다.

따라서 범인에게는 범행을 부인하는 것이 합리적 행동인 것이다. 그렇다면 신문 기법에 대해 살펴보기 전에, 자백으로 인한 치명적인 결과에도 불구하고 자백을 하게 되는 범인의 심리를 먼저 이해할 필요가 있다. 왜 범인들은 자백을 하는 것일까?

신문 기법 연구의 대가인 구드욘센(Gudjonsson)은 1992년 범행을 자백한 범인들과 인터뷰를 진행한 후, 크게 세 가지 이유로 인해 범인들이 자백한다고 밝혔다. 첫 번째는 '증거를 인식하는 경우'로 경찰이 유죄를 입증할 증거를 가지고 있어 자신이 범죄를 부인해도 유죄 입증에 문제가 없다고 믿게 되어 자백하는 경우이다. 두 번째는 '외부 압력에 의한 경우'이다. 즉 경찰의 압박과 신문 과정에서 내적 불안과 두려움을 느껴 자백하는 경우이다. 세 번째는 죄책감을 느껴 범행을 자백하고 심리적 편안함을 얻기 위한 '내부 압력에 의한 경우'이다.[18]

증거 인식, 외부 압력, 내부 압력. 이 세 가지 중에서도 자백을 하는 가장 큰 이유는 증거 인식이었다. 즉 대부분의 범인은 자신의 자백과 상관없이 증거가 명백하다고 느낄 때 자백을 한다. 여기에서 눈여겨봐야 할 것은 자백 요인이 '증거의 유무'가 아니라 '증거 인식'이라는 점이다.

실제로 DNA나 지문같이 물리적으로 명백한 증거가 존재하는데도, 무작정 잡아떼는 범인들이 있다. 학력이 매우 낮은 범인이나 고령의 범인 중에 당신의 것과 '동일한 유전자나 지문이 발견되었다'고 해도 무조건 부인하는 경우가 있다. 유전자와 지문에 대해 제대로 이해하지 못하기 때문에 증거에 대한 인식이 없는 것이다. 이때는 범인의 눈높이에서 증거의 의미를 설명해줌으로써 증거를 인식시켜 자백을 이끌어낼 수 있다.

이처럼 자백에 있어 증거 인식이 가장 중요한 요인이지만, 불행히도 실제 사건들에서 피의자의 유죄를 입증할 강력한 직접 증거가 없는 경우가 많다. 결국 남게 되는 자백 요인은 외부 압력과 내부 압력이다. 따라서 수사

---

18 Gudjonsson, G. H. & Bownes, I., The Reasons Why Suspects Confess during Custodial Interrogation: Data for Northern Ireland, Medicine, *Science and the Law*, vol. 32, no. 3, pp. 204~212, 1992.

관이 양 방향의 압력을 증가시키는 신문 기법을 적절히 활용하는 것이 자백에 큰 영향을 미친다.

피의자의 성향에 따른 신문 기법의 활용 ·

사람들은 각자 나름의 이유로 범행을 자백하기도 하고, 자백하지 않기도 한다. 그러므로 어떤 사람이 자백하지 않는 이유가, 다른 사람에게는 자백하는 이유가 될 수도 있다. 예를 들어 어떤 피의자는 수사관이 자신에게 반말을 하고 거칠게 대한다며 감정이 상해 자백을 거부할 수 있지만, 다른 피의자는 수사관의 그러한 태도를 남자 대 남자로 자신을 진솔하게 대한다고 느껴 자백할 수도 있다. 이렇게 피의자별로 영향을 끼치는 자백 요인이 다르므로 성향에 따라 신문 기법에 차이를 두어 접근해야 한다.

성격과 자백 요인 간에 관한 연구 결과[19]에 따르면 성격 특성 중 정신증, 신경증, 순응성이 자백 행동의 예측 요인인 것으로 나타났다. 정신증은 타인에 대한 배려, 민감성, 공감의 부족을 의미하며, 흔히 말하는 정신병질적(psychopathy) 특성으로 볼 수 있다. 신경증은 불안과 관련 있는 성향으로, 신경증적 성향이 높으면 외부 스트레스에 의해 생긴 불안이나 긴장에 민감하게 반응할 가능성이 높다. 순응성은 타인을 만족시키거나 대립이나

---

19 Gudjonsson, G. H., The Gudjonsson Confession Questionnaire-Revised (GCQ-R) factor structure and its relationship with personality, *Personality and Individual Differences*, vol. 27, no. 5, pp. 953~968, 1999.

충돌을 피하기 위해 타인의 요구를 비판 없이 수용하는 성격을 의미한다.

순응성과 신경증적 성향이 높은 피의자들은 내부 압력 요인이 자백에 큰 영향을 끼치는 것으로 나타났다. 즉 이들은 본인 스스로 느끼는 후회와 죄책감을 덜어내기 위해 자백하는 경향이 있다. 이와 달리, 정신증적 성향의 피의자들은 높은 외부 압력과 자백 사이에 유의미한 관련이 있는 것으로 나타났다. 따라서 조사 시 불안도가 높거나 동조적인 태도를 보이는 피의자에게는 수사관이 보다 공감적이고 지지적인 신문 기법을 사용하고, 정신증적 성향이 있는 피의자에게는 확인된 증거나 사실을 바탕으로 강하게 압박하는 것이 자백 가능성을 높일 수 있다.

정신증적 성향이 높은 피의자들은 애초에 죄책감이 거의 없고, 범행의 원인을 피해자나 사회의 탓으로 돌리는 경우가 많다. 죄책감을 덜어주는 식의 내부 압력을 증가시키는 신문 전략은 이들에게 역효과를 내게 된다.

정서적 용의자와 비정서적 용의자

앞의 연구 결과는 리드 기법(Reid Technique)에서 용의자를 정서적 용의자와 비정서적 용의자로 나누어, 정서적 용의자에게는 동정적인 접근법을 사용하고 비정서적인 용의자에게는 사실 분석적 접근법을 사용해야 한다고 주장한 것과 일맥상통한다.

리드 기법에 따르면, 정서적 용의자는 범죄 행위를 저지른 것에 대해 수치심과 죄책감을 느끼므로, 이러한 감정을 경감시켜주고 범행에 대한 변명

거리를 제공하는 방식의 신문 기법이 효과적이다. 반면에 비정서적 용의자는 신문을 받는 동안 감정적으로 연루되지 않으려 하고, 신문을 일종의 인내심 테스트로 간주하고 버티려는 자세를 보일 수 있다. 또한 수사관이 도움을 주거나 공감하는 반응을 보여도 진의를 의심하는 경향이 있어, 공감적 신문 기법이 효과를 낼 가능성이 낮다. 다음의 구체적 예를 통해 리드 기법에서 사용하는 세부 기법을 살펴보자.

> **| 사례 |**
> 피의자는 요양보호사로 근무 중인 자로, 새벽에 술에 취해 귀가하던 중 주거지 인근 골목 노상에 주차되어 있던 차량의 시정되지 않은 조수석 문을 열고 불상의 방법으로 불을 붙여 차량을 전소시키고, 계속해서 30분 후에는 근처 상가건물 1층 출입구 바닥 발판에 일회용 라이터로 불을 붙여 열기로 출입구 유리문을 파손하였다.

정서적 용의자의 경우

▸ **공감**: 유사한 조건이나 상황 아래에서는 누구라도 같은 행동을 할 수 있다고 말함으로써 피의자에게 동정하는 태도를 보이는 기법.

　예) "○○ 씨 같은 입장이면 누구라도 그런 생각 안 해보겠습니까. 갑갑한 마음 그렇게라도 풀고 싶지 않았겠어요."

▸ **도덕적 최소화**: 범죄에 대한 도덕적 비난 가능성을 축소하여 죄책감을 줄여주는 것으로 특히 성범죄에 효과적이라고 알려져 있음.

　예) "사실 사람을 해친 것도 아니지 않습니까. 사람한테는 절대 그럴 분이 아니잖아요."

▸ **범행 동기 축소**: 범죄에 대한 동기나 이유가 알려지거나 보이는 것보다는

덜 파렴치하고 인간적으로 받아들여질 만하다는 점을 제시하는 기법.

예) "어떤 사람들은 ○○ 씨가 부자들에게 분노를 품고 그랬다고 하는데, 제가 보기에는 단순히 스트레스를 좀 해소하기 위해 그런 것 같네요."

▸ **칭찬**: 칭찬함으로써 용의자의 자부심을 높이는 기법. 칭찬을 받으면 수사관과의 라포 형성이 용이할 수 있음.

예) "그동안 부모님 모시고 얼마나 성실히 살아왔는지 알고 있습니다. 주변 사람들에게 잘하려고 노력하신 것도요."

▸ **타인 비난**: 피해자나 공범 또는 책임을 지울 만한 대상(국가, 부모 등)에게 범행의 책임을 돌림.

예) "○○ 씨 같은 사람이 잘 살아야 하는데. 어떻게 보면 ○○ 씨야말로 불합리한 사회의 피해자라고 볼 수도 있잖습니까."

▸ **범행 과장 가능성 지적**: 피해자나 목격자의 진술에서 사건 내용이 과장되었을 가능성이 있다는 점을 지적하고, 진실은 피의자 자신이 사실대로 정확히 이야기해야만 드러날 수 있다는 점을 강조하는 기법.

예) "CCTV상에 ○○ 씨가 돌아다니는 모습이 다른 수사관들 눈에는 제3의 범행대상을 찾는 것처럼 보일 수 있습니다. 무조건 아니라고 부인만 하면 본인한테 불리한 쪽으로 해석될 수 있습니다."

▸ **범행 결과 과장**: 범죄 행동을 계속하면 피의자에게 중대한 결과가 올 뿐 아니라 무익하다는 점을 지적하는 기법으로 특히 피의자가 초범이거나 청소년으로 개과천선하려는 의지를 가진 경우에 효과적임.

예) "3건, 4건 더 저지르기 전에 차라리 지금 검거된 게 ○○ 씨 장래를 봤을 때 다행일 수 있습니다. 이번 기회에 털어버리고 새 출발합시다, 우리."

비정서적 용의자의 경우

▶ **거짓말 탐지하기:** 조사 중인 사건의 주요 요소가 아니더라도 부차적이거나 부수적인 측면에 관해 거짓말한 것이 발각되면 피의자는 자신의 심리적 발판을 상실한 듯한 느낌을 받는다. 단 '너는 한 번 거짓말을 했다. 그러니 너는 나에게 또 거짓말을 할 것이다'라는 식의 표현은 지양하고 정중하고 은근한 태도로 피의자가 이전에 한 번 거짓말했다는 점을 상기시킬 것.

예) "그날 회사에서 새벽까지 야근했다고 했지요. 우리가 회사에 확인한 바에 따르면 그날 20시경에 퇴근한 게 확인됐습니다."

▶ **현장에 있었거나 피해자와 연락했음을 자백하도록 하는 기법:** 화제의 초점을 범행 당일 범죄 현장에 맞추어 피의자가 그때 어디서 무엇을 했는지 확인하는 기법.

예) "○○ 씨, 그날 새벽에 어디 있었습니까? CCTV상 그 골목을 지나가는 게 확인됐습니다."

▶ **범죄 의도가 없음을 제안:** 해당 행위가 범죄 의도 없이 저질러졌음을 제안.

예) "사실 차에 불을 지르려고 했던 게 아니지 않습니까?"

▶ **증거 존재 인지:** 피의자에게 유죄라는 사실이 확인되었을 뿐 아니라 현재 가지고 있는 증거로 유죄를 입증할 수 있다는 점을 확실히 인지시킴.

예) "지금부터 일단 ○○ 씨가 말하는 그대로 조서를 받겠습니다. 우리가 가지고 있는 걸로도 충분하니까요."

이러한 접근은 천편일률적인 신문 기법을 적용하는 것이 아니라 용의자의 성향을 구분하여 적절한 신문 기법을 사용한다는 점에서 설득력이 높다. 하지만 현실적으로는 수사관들이 용의자의 성향을 즉석에서 구분하기 어렵고, 어떤 용의자든지 100% 정서적이거나 비정서적이지 않다는 점에서 실무 적용이 간단하지는 않다.

실제 프로파일링에서의 리드 기법 활용 ·

일반적으로 사람들은 어느 정도는 정서적·비정서적인 면을 모두 가지고 있다. 예를 들어 전형적인 비정서적 용의자라 할 수 있는 연쇄살인범 유영철의 경우[20]에도 자신의 범행에 대해 이야기할 때는 비정서적 면을 보였지만, 가족에게 받은 상처를 이야기할 때는 강한 분노를 표현했고 아들에 대해서는 애착을 나타내는 등 정서적 면도 존재했다. 우리 주변을 둘러보더라도 일터에서는 피도 눈물도 없는 비정서적인 사람이 가족에게는 매우 따뜻한 태도를 보인다거나, 인간에게 냉소적이고 계산적인 비정서적 모습을 보이다가도 길고양이 같은 동물에게는 한없는 애정을 쏟는 사람을 발견할 수 있다.

그러므로 프로파일러들은 신문 전략을 수립할 때 리드 자백 모델을 단순히 적용하기보다 용의자의 정서적 면과 비정서적 면을 탐색하고 양 방향의 신문 기법을 모두 활용하는 경우가 많다. 수사관들의 신문 기법 빈도와 성

---

20 사이코패스 성향이 높은 피의자의 경우 자신의 범행에 죄책감을 느끼지 않고 책임을 피해자나 외부의 탓으로 돌린다는 점에서 비정서적 용의자 유형에 속한다.

한국의 프로파일링

공률에 관한 연구[21]에서도 적용한 신문 기법의 수가 많을수록 용의자로부터 자백을 받을 가능성이 높다고 나타났는데, 이와 같이 다양한 신문 기법 활용이 효과적 신문 전략이라 할 수 있다.

그런데 신문 기법을 적용할 때는 정말 조심할 점이 있다. 바로 허위 자백의 위험성이다. 수사관이 고문을 한 것도 아닌데 자신이 저지르지도 않은 범죄를 자기가 범인이라고 자백하는 사람이 있을까 하는 의구심이 들겠지만, 실제로 그런 경우가 있다. 특히나 미성년자 또는 지적 장애가 있는 피의자의 경우, 피암시성이 높아 허위 자백의 위험성이 더 높다. 피암시성이 높은 피의자의 경우에는 수사관의 질문이나 태도에 강하게 영향을 받아 허위 자백을 할 수도 있다. 수사관은 이런 유형의 대상자에게는 자신의 질문이 유도질문이 되지 않도록 특히 주의해야 한다.

신문 전략 수립 단계 ·

신문 전략을 수립하는 단계는 크게 '신문 전 단계'와 '신문 단계'로 구분할 수 있다. 신문 전 단계는 사건과 관련된 모든 정보를 수집하여, 사실관계를

---

21 레오(Leo, 1996)는 182명의 용의자에 대한 신문 녹화 테이프를 보고 수사관들이 적용하는 신문 기법을 크게 부정적 자극(용의자의 행동에 변명의 여지가 없으므로 자백해야 한다고 제안)과 긍정적 자극(자백이 정서적으로 더 편안하고 이득이 된다는 점을 제안)으로 나누어 그 빈도와 성공률을 분석했다. 수사관들은 용의자의 자백 여부와 상관없이 0~15개의 신문 기법을 사용했고, 평균 5.62개의 신문 기법을 이용하는 것으로 나타났다. 자백의 성공률을 높여주는 결정적 신문기법은 확인되지 않았으며, 각 신문 기법은 77~97%의 성공률을 보였다.

분명히 확인하고 신문에서 활용할 증거를 파악하는 ①사건 분석 단계와 이를 바탕으로 사건을 재구성하고 범행 도구 및 피의자 성향 등을 추론하는 ②가설 설정 및 추론 단계로 구분할 수 있다. 이를 바탕으로 실제 피의자를 만나 신문이나 면담을 진행하면서 ③피의자의 특성과 성향을 분석하고 ④증거를 인식시킨 후 ⑤피의자의 정서적·비정서적 면을 적절히 공략하여 자백을 끌어내는 것을 목표로 한다.

신문 전 단계	신문 단계
사건 분석 → 가설 설정 및 추론	→ 성향 분석 → 증거 인식 → 정서적·비정서적 전략 활용

1. 사건 분석

어떤 사람들은 신문 기법을 피의자에게 범행을 자백하도록 설득하는 '대화술' 또는 '대화 기법' 정도로 생각하는 것 같다. 요즘은 그런 경우가 거의 없지만, 프로파일링 초창기에는 정보도 주지 않고 "계속 부인하니까 가서 설득 좀 해봐"라는 식의 요구를 하는 지휘관도 있었다. 이렇게 아무런 준비 없이 프로파일러가 투입되면, 면담을 하면서 피의자의 성향이나 부인 동기 등 추가 정보는 수집할 수 있겠지만, 자백을 획득할 가능성은 낮다.

신문 전략을 수립할 때 피의자와 직접 대화하는 것만큼이나 정성을 들여야 하는 부분이 사건 분석이다. 사건이 얼마나 제대로 분석되었는가에 따라 신문의 성공률이 달라진다. 뿐만 아니라, 현재의 조사 대상자가 범인일 가능성이 어느 정도인지 판단하는 것도 사건 분석 단계의 일로, 애초에 신문 대상이 되는지에 대한 판단도 이때 내린다.

범인에게 자백을 받는 것은 증거 수집과 모든 수사가 어느 정도 완성된 수사의 마지막 단계이다. 그러다 보니 이쯤 되면 수많은 수사 사항들이 산처럼 쌓이게 된다. 분석관은 이렇게 누적된 수사 정보들 사이에서 불필요한 정보를 제거하고 핵심 정보를 추출하여 씨줄과 날줄로 차곡차곡 엮어 거미줄을 만든다. 이 작업은 수백 장의 수사 서류나 사건 사진, 수 시간의 CCTV와 진술녹화 동영상을 돌려보는 지루한 과정이다. 정보를 일목요연하게 정리하기 위해 때로는 수사 내용을 A4 1~2장으로 요약하거나, 타임라인 작성, 피해자 주변 인간관계도 그리기 등 여러 방법을 사용한다. 이렇게 체계적으로 정보를 정리하다 보면, 그전에는 발견하지 못한 중요한 사실이 거미줄에 걸려 떠오른다.

사실을 제대로 분석하면, 피의자의 진술 중 집중적으로 추궁해야 할 부분을 찾을 수 있다. 또한 사건 외 주제라도 피의자와 문답을 주고받을 다양한 신문 화제를 개발할 수 있기 때문에 라포 형성과 신문 전개에 큰 도움이 된다.

2. 가설 설정 및 추론

사건 분석 후에 프로파일러는 분석 내용을 토대로 사건을 재구성해본다. 이때 시간 순서대로 재구성하되 증거가 부족한 애매한 부분은 지나치게 집착하지 말고, 일단 확실한 지지 근거가 있는 부분을 중심으로 큰 그림을 그려보는 데 의의를 둔다.

사건 재구성을 통해 범인의 행동을 추정해본 후 범행 동기, 당시의 정서적 상태, 각 행위의 의미에 대해 세부 가설을 세워볼 수 있다. 이때 가설은 반드시 하나만 세울 필요가 없고, 여러 개의 가설을 세운 후 실제 피의자를

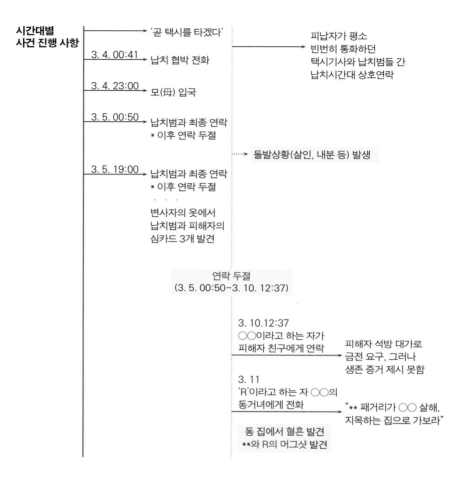

시간대별 사건 진행 사항

'곧 택시를 타겠다'

3. 4. 00:41 납치 협박 전화

피납자가 평소 빈번히 통화하던 택시기사와 납치범들 간 납치시간대 상호연락

3. 4. 23:00 모(母) 입국

3. 5. 00:50 납치범과 최종 연락
* 이후 연락 두절

돌발상황(살인, 내분 등) 발생

3. 5. 19:00 납치범과 최종 연락
* 이후 연락 두절

변사자의 옷에서 납치범과 피해자의 심카드 3개 발견

연락 두절
(3. 5. 00:50~3. 10. 12:37)

3. 10.12:37
○○이라고 하는 자가 피해자 친구에게 연락

피해자 석방 대가로 금전 요구, 그러나 생존 증거 제시 못함

3. 11
'R'이라고 하는 자 ○○의 동거녀에게 전화

"** 패거리가 ○○ 살해, 지목하는 집으로 가보라"

동 집에서 혈흔 발견
**와 R의 머그샷 발견

조사할 때 해당 가설을 확인해보면 된다. 분석뿐 아니라 가설을 설정하는 것 또한 논리적 추론 과정을 거치기 때문에, 신문 전략을 세울 때도 여러 명의 프로파일러들이 공동으로 작업하는 것이 중요하다.

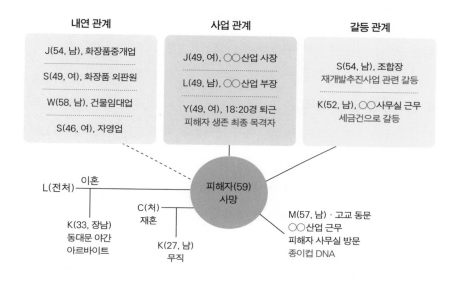

3. 피의자 특성 및 성향 분석

신문에 들어가기에 앞서, 가설 설정 단계에서 분석한 자료를 바탕으로 피의자의 성향을 예측해볼 수 있다. 그리고 가능하다면 본격적인 신문 전에 프로파일러가 면담을 진행하면서 피의자의 특성과 성향을 좀 더 깊게 분석하고, 범죄 행동의 의미를 파악한다. 만약 피의자의 특성상 조현병 등 정신질환이 있거나, 지능이 낮아 피암시성이 높다고 판단되면 허위 자백의 가능성이 있기 때문에 유도질문을 하지 않도록 극히 유의해야 한다.

피의자의 성향은 정서적·비정서적으로 크게 나누며 가능하다면 더 세

부적으로 우울한지, 공격적인지, 히스테리인지, 사이코패시 성향이 있는지, 자기애적 성향이 강한지, 의존적인지 등을 살펴보면서 자세히 분석한다. 또한 주 성향은 정서적이거나 비정서적이더라도 어떤 경우에 다른 성향을 보이는지 관찰한다.

4. 심리적 봉쇄(증거 인식)

수사관들은 피의자가 구속 상태에서 조사받을 때와 불구속 상태에서 조사받을 때의 태도가 확연히 다른 것을 경험한 적이 많을 것이다. 통상적으로 구속 상태의 피의자는 불구속 상태의 피의자보다 경찰 수사에 수용적이건 부인하건 간에 적극적인 태도로 조사에 임한다. 대부분 구속된 피의자는 자신의 혐의가 짙은 상태이고, 묵비권 행사가 전혀 도움이 되지 않는다는 점을 인식하기 때문이다. 신문 기법이 효과를 발휘하기 위해서는 피의자로 하여금 설령 부인을 하더라도 수사관과 적극적으로 대화하고 싶은 마음을 가지게 하는 것이 중요하다.

자백 요인 중 가장 큰 영향을 끼치는 것이 '증거 인식'인데, 증거가 존재해도 막무가내로 부인하거나 신경 쓰지 않는 피의자가 간혹 있다. 이런 피의자들은 현실 회피, 저학력·고령 등으로 인한 인지력 부족, 우울감 같은 감정적 문제 등 여러 동기를 가지고 있다. 따라서 수사관은 세부 성향별 신문 전략을 적용하기 전에, 피의자의 부인 동기를 파악하고 심리적 장벽을 허물어 수사관과 직면하도록 해야 한다. 이 과정이 성공적으로 진행되면, 피의자는 범행을 무조건적으로 부인하던 태도에서 변명하는 태도로 변화를 보인다.

5. 비정서적·정서적 전략 활용

리드 기법에서 사용한 정서적 전략과 비정서적 전략은 세부적이고 구체적이기 때문에 수사관이 실무에 활용하기 편리하다. 어떤 전략을 언제 적용할 것인가는 각 사건별로 다르다. 비정서적 기법을 먼저 사용하여 피의자를 강하게 압박한 후 정서적 기법을 사용하여 부담감을 완화시켜줄 수도 있고, 정서적 기법을 사용하여 피의자의 죄책감을 경감시켜준 후 비정서적 기법으로 피의자의 답변을 논박할 수도 있다.

신문 전략 지원 사례 ·

| 2000년 커피숍 여주인 살인 사건(장기 미제) | 2013년 지원

2000. 10. 29. 15:00경 서울 A구 2층 커피숍 내에서 커피숍 주인(당시 55세, 여)이 살해당하는 사건이 발생했다. 피해자는 목과 오른쪽 눈썹 부위 2개소를 예리한 흉기에 찔려 사망해 있었다. 목격자도 없고, 근처에 설치된 CCTV도 없었다. 수사본부가 꾸려지고 피해자에게 원한을 품은 사람이나 주변 우범자들에 대한 수사를 진행하였으나, 아무런 실마리도 잡히지 않았고, 범인이 검거되지 않은 상태에서 시간이 흘러 결국 사건은 장기 미제 사건이 되었다.

　그러던 중 2013년 '경찰청 중요미제 사건 지문재감정'[22] 결과, 사건 당시 커피숍 카운터에 놓여 있던 물컵에서 발견된 쪽지문이 K(당시 27세, 남)의 것으로 확인되었다. 수사

22　사건 발생 당시 확인되지 않았던 지문이 한참 시간이 지난 후 확인되기도 한다. 첫째로, 지문 감정 기술이 날로 발달함에 따라 과거에는 '감정불능' 판정을 받았던 지문이 이제는 감정할 수 있기 때문이다. 둘째로는 범행 당시에는 지문을 등록하지 않았던 범인이(미성년자나 외국인이라서) 나중에 지문을 등록하면서 '검색 불발견' 판정을 받았던 지문의 주인을 찾기도 한다. 이에 따라 중요 미제 사건에 대해서는 경찰청에서 정기적으로 재감정을 하고 있다.

팀이 K의 소재를 확인해보니, 그는 2006년 저지른 강도 살인미수 사건으로 현재 교도소에 수감되어 있었다. 출소까지는 불과 1년 남짓 남은 상태였다. 수사팀이 한 달 반 동안 4번에 걸쳐 교도소에 찾아가 K를 조사하였으나, 그는 "살인은커녕 그곳에 간 적도 없다"며 끈질기게 범행을 부인하였다.

1. 사건 분석

서울청 행동과학팀이 담당형사의 의뢰를 받고 사건을 분석하게 되었지만, 이 사건은 10년 전에 발생한 살인 사건인 데다 K는 사건 발생 당시에는 용의선상에도 오르지 않았던 인물이라, 과거 수사 자료를 보아도 K에 대한 자료는 찾을 수 없었다. 분석팀이 분석을 하려면 대상자에 대한 자료가 반드시 필요하기에 어떤 자료를 구할 수 있을지 고심하다, K의 과거 범죄 경력을 중심으로 그가 어떤 범죄 행동 특징을 보이는지 분석하기로 했다.

K의 최초 범행은 20대 초 군인 시절부터 시작되었으며, 이후 준강도·강도상해·특수절도미수·강도 살인미수 등의 전력을 가지고 있었다. 모든 사건의 내용을 검토하고 K의 범죄 행동 특징을 분석해보니 다음 표와 같은 행동 패턴이 관찰되었다.

> ▶ 주거지 근처 슈퍼에서 절도 범행을 하거나, 다방 여종업원에게 여관에 차 배달을 오게 한 후 강도 범행을 하는 등 영업점-손님 관계에서 범행을 하는 특성.
> ▶ 대인 범죄의 경우 피해자가 모두 여성.
> ▶ 피의자의 주 범행 동기는 금품 목적으로, 강간 등 성범죄를 할 수 있는

A구 커피숍 살인 사건 분석 *프로파일링 결과

	강도상해 준강도	강도상해	A구 커피숍(미제)	특수절도	강도 살인미수
일시	군복무 중	1995. 10. 24. 18:20	2000. 10. 29. 15:00	2003. 1. 31. 01:05	2006. 5. 9. 13:00
장소		전북 C읍 C읍 여관 201호	서울 Y구 D동 2층	경기도 A시 D구 W동 슈퍼	서울 G구 D동 빌라
피해자		임○○(34세, 여)	손○○(55세, 여)	김○○(남)	김○○(33세, 여)
피해품		현금 53,000원	가방(유족 진술)	현금 35,100원	지갑(현금 6만 원 등)
침입 방법		배달시킨 후 다방종업원 상대	*손님 위장침입	슈퍼 출입문 손괴 후 침입	잠기지 않은 창문으로 침입
침입 목적		금품 목적 (강도 → 강도상해)	금품 목적 (강도 → 살인)	금품 목적(절도)	금품 목적 (절도 → 살인미수)
피해 정도		뒤통수에 병을 던진 후 위에 올라타서 빈병으로 이마 가격	*칼을 휘둘러 오른쪽 눈썹 부위를 베고, 오른쪽 목 부위를 칼로 찌름	보도경계석으로 슈퍼 출입문 손괴	얼굴 1회 가격하여 기절시킨 후 발로 가슴 짓밟고, 칼로 목을 4회 찌름
흉기		음료수병(유리)	불상의 예기 (창구 2.2cm)	보도경계석	양식용칼(폭 2cm, 길이 22cm)
면식		비면식	확인 불가	비면식	면식
당시 주거지		전북 C읍 C읍	서울 Y구 D동	경기도 A시 D구 W동	서울 G구 D동
처분 사항	징역2년 집행유예 3년	징역3년6월	-	징역8월	징역8년
행동 특징		여성 상대, 금품 목적, 흉기 현장물건 사용, 피해자 제압 시 언어적 위험 없이 바로 공격(도구적), 주거지와 가까운 범행지, 범행 계획성 낮음(충동적)			1995년 강도상해건 유사

상황이었음에도 현금 절취 외 추가 기회주의적 강간 등 성범죄는 없음.

▶ 범행 장소는 모두 당시 피의자의 주거지에서 도보로 10분 이내 위치한 가까운 곳으로, 범행 시 도보로 이동하여 범행하는 것으로 추정.

▶ 범행 도구를 사전에 준비해 가지 않고, 현장에 있던 도구를 이용하여 피해자를 제압한 후 범행하는 특성이 있으며, 마스크나 장갑도 착용하지 않고 범행.

▶ 공격 시 강도 범행에서 흔히 관찰되는 언어적 위협(조용히 해, 돈 내놔) 또는 물리적 위협(흉기를 들이밀며 위협) 없이 바로 즉각적인 폭력을 행사. 과도한 폭력 행사에 비해, 피해자가 가지고 있는 돈을 확인하지 않고 범행하다 보니 실제로 범행으로 인한 이득은 얼마 되지 않음.

이를 바탕으로 K의 기존 범죄 행동을 미제 사건과 비교해본 결과, 피해자가 여성이었고, 범행 동기도 금품 목적으로 추정된다는 점, 피해자가 무방비 상태에서 갑자기 범행을 당한 것으로 보아 범인은 손님을 가장하여 자연스럽게 침입했다가 범행하였을 것으로 추정된다는 점, 피해자에게 방어흔이 없는 것으로 보아 위협이나 몸싸움 없이 바로 치명적인 공격을 한 것으로 추정된다는 점, K의 당시 주거지가 ○○커피숍에서 10분 이내 가까운 곳이었던 점 등 연관성이 상당히 높은 것으로 분석되었다.

2. 가설 설정 및 추론
위와 같은 분석을 바탕으로 K가 범인일 가능성이 높고, K의 과거 범죄 경력에서 나타난 범죄 행동이 이번 미제 사건에서 나타난 범인의 범죄 행동과 매우 유사하다는 결론을 내리게 되었다. 프로파일러들은 미제 사건의 현장 사진을 검토하여 침입 → 공격 → 도주에 이르는 범행의 전 과정을 재구성했다.

현장 재구성

○○커피숍 범죄 행동 재구성 추정

① 피해자는 카운터 방향으로 향함. 이때 피의자는 카운터 안에 있었던 것으로 추정.

② 피해자가 카운터 안으로 향하다가 목 부위 및 눈썹 부위에 공격을 당함. 피해자가 달려오는 것을 보고 카운터에서 나와 정수기 근처에서 최초 공격.

③ 1차 공격은 정수기와 카운터 서랍 사이의 통로: 눈썹 부위 자절창. 피해자는 1차 공격을 당한 후 커피숍 입구 방향으로 도주.

④ 2차 공격은 정수기 부근: 목 부위 자상. 정수기 근처에서 목에 치명상을 입고 다방 입구 문 쪽으로 도주하다

가 쓰러짐.

흉기는 돈까스 칼로 추정: 창구 길이 2.2cm.

⑤ 피의자는 다시 카운터 방향으로 이동하여 물색을 마침: 혈흔족적.

피해자가 평소 소지하던 손가방 들고 나옴(가방이 없어졌다는 유족 진술).

⑥ 쓰러진 후 얼굴 부위 공격당함(하악관절 부정교합, 전두부 두피하출혈).

피해자는 얼굴을 천장을 향한 채 쓰러짐.

피의자는 피해자의 하체 부분에 서서(혈흔족적) 발로 피해자 얼굴 가격 후 도주.

3. 피의자 특성 및 성향 분석

현장 재구성에서 추정되는 피의자 행동과 과거 범죄 행동에서 나타나는 피의자 행동을 종합하여 K의 성향을 분석한 결과, 전반적으로 반사회적 성향이 높았다.

K는 사회적 기술이 매우 부족한 편이다. 따라서 가족과의 관계가 좋지 못하고 가까운 친구도 거의 없을 가능성이 높았다. 거의 모든 범행에서 언어적으로 위협하지 않고 바로 폭력을 가하여 피해자를 제압하고 돈을 강취하는 행동을 보이는데, 바꾸어 말하면 이는 피의자가 말로는 피해자를 제압할 자신이 없음을 의미한다. 아마 본인도 스스로 언변이 좋지 못하다는 것을 알고 있을 것이다. 이러한 특징은 조사 초기에 수사관이 ○○커피숍 카운터에서 발견된 지문에 대해 질문했을 때, 대화를 잘 이끌어나가지 못하고 무조건 '안 갔다'고 하거나 대답을 하지 않는 행동을 통해서도 나타난다.

또한 피해자에 대한 정서적 공감능력도 결여되어 있는 것으로 분석되었다. 상식적으로 생각해도 많은 금전을 얻을 수 없는(다방 여종업원의 지갑이나 작은 구멍가게의 금고, 가정집의 주부) 경우에도, 피해자의 머리를 유리병으로 내려치거나 목을 칼로 찌르는 등 치명적인 부위를 공격했다. 피해자가 의식이 있는 경우에도 피해자의 상해 정도에 전혀 개의치 않고 금품을 챙겨 도주했다.

또한 매번 주거지 근처에서 마스크나 장갑도 착용하지 않고 범행하는 것으로 보아, K는 사전에 범행을 계획하지 않고 무심코 이동하던 중에 우연히 범행하기 좋은 장소나 대상을 발견하면 범행하는 것 같았다. 범행 후에도 별다른 증거 인멸 시도도 없이 그냥 도주하는 패턴을 보였다. 자세한 내용은 밝힐 수 없지만, K의 과거 범행 중에는 지인의 집에 갔는데 집이 비어 있자, 충동적으로 절도를 하던 중 귀가한 지인의 가족을 칼로 찌르는 사건도 있었다. 이처럼 K는 상황에 따라 충동적이고 비계획적으로 범행을 저지르는 유형으로, ○○커피숍 사건도 사전에 계획된 것이라기보다는 다소 즉흥적인 범행이었을 것으로 추정되었다.

이런 피의자의 성향을 바탕으로, 프로파일러들은 경찰 조사에서 그가 보일 것으로 예상되는 행동을 제시하였다. 피의자는 사회성이 낮고, 언어적 상호작용 기술이 결여되어 있는데, 이러한 성향의 피의자는 범행을 적극적으로 변명하기보다는 대꾸를 하지 않거나(무응답), 무조건 아니라고 하면서 잡아떼거나(부인), 기억이 안 난다고 할(기억 실패) 가능성이 높다.

지문과 같이 강력한 증거를 제시해도 합리적 설명을 하면서 부인하는 것이 아니라, 증거를 믿을 수 없다거나 모른다는 식으로 나오는 경우가 많다. 조사를 거듭할수록 수사관의 심증을 해소하기는커녕 오히려 심증이 굳어지게 만드는 유형이라 할 수 있다.

4. 심리적 봉쇄(증거 인식)

K의 경우 범죄 행동에서도 나타나듯이 계획적으로 행동하기보다는 상황에 따라 충동적·우발적으로 행동하는 경향이 있어, 본인이 자백을 하지 않겠다고 단단히 마음먹고 수사 접견에 임하더라도 상황에 따라 태도를 바꾸어 자백할 가능성이 있다고 보았다.

또한 자신의 지문이 현장에서 발견된 것에 대하여 합리적 변명을 하는 것이 아니라 '간 적도 없다'며 비현실적인 답변을 하는 것으로 보아 이 증거의 의미를 피의자에게 와 닿도록 설명해줄 필요가 있다고 보았다.

① 처음에는 피의자가 말을 하는 것을 목표로, 사건과 관계없는 내용을 질문하면서 '예, 아니요'가 아닌 긴 답변 유도.
  ▸ 당시 공장에서 일할 때 근무 형태는? 외출이 가능한지?
    (사건 당일은 일요일)
  ▸ 휴일은 언제인지, 공휴일에 쉬는지. 쉴 때는 어떻게 생활했는가?
  ▸ 당시 차량 소유 여부. 이동 수단은 어떻게 했는지?
  ▸ 이성관계는 어떠한지?
  ▸ 과거 범죄 경력에서 범행지의 선택 이유는? 왜 그곳을 골랐는지?
  ▸ 모든 범행이 주거지 가까운 곳에서 이루어진 것에 대해 어떻게 생각하는가?

② 점차 피의자가 대답할 수 없는 질문들을 순차적으로 제시하여 심리적으로 압박, 피의자의 방어적 태도를 자기변호적 태도로 변환시키는 것을 목표로 함.

- ▸ ○○커피숍과 그 당시 거주지가 직선거리로 173m에 불과하다는 것에 대해서 어떻게 생각하는가?
- ▸ 양식용 칼을 범행 도구로 사용할 생각은 어떻게 하였는가?
- ▸ 그 칼로 사람이 죽을 것이라고 생각한 이유는 무엇인가?
- ▸ D동 사건 이전에 그 칼을 범행에 사용한 적이 있는가?
- ▸ ○○커피숍의 경우 피해자 상처는 창구가 2.2cm, 반달형 창상으로 부검 결과 확인되었는데, 무엇이 그런 형태를 만들 수 있을 것이라고 생각하는가? (사진 제시 또는 수사관이 손가락을 이용하여 길이를 표현하는 등 시각 자극 활용)

5. 비정서적·정서적 전략 활용

이번 사건에서 피의자의 주된 성향은 비정서적이지만, 수사에 대한 피해의식이나 수사관에 대한 의심이 강해 신문이 잘 진행되지 않는 것으로 판단되었다. 따라서 먼저 수사관이 정서적 태도를 보이면서 대화를 진행하여 피의자와 라포를 형성한 후, 사건 내용을 질문하는 것이 효과적일 것으로 판단했다.

① 일반 면담을 진행하여 정서 반응 유도 (정서적 신문 전략)

- ▸ 조사적 태도 지양, 공감적 태도, 무조건적인 지지, 적극적 경청.
- ▸ 훈계하거나 가르치려는 태도 금지.

- 최종 목표는 수사관과 피의자의 신뢰관계 형성.
- 어린 시절, 학창 시절, 군대 생활, 이성관계, 사회 생활을 주제로 면담.
- 현재 수감 중인 사건 관련, 전 여자친구 만남, 교제, 이별 자세히 질문.
- 피의자가 정서적 반응을 보이는 (눈물을 보이거나, 화를 내거나, 이야기를 꺼리는, 한스러워하는) 주제를 선정.
- 선정된 주제에 대한 깊이 있는 대화 시도.
- 정서적 반응 경험 후 피의자의 진술 태도가 변화하는지 탐색.
- 눈을 감는 행동, 질문에 묵묵부답하는 등의 행동은 피의자가 정서적으로 동요되었음을 의미.
- 피의자가 방어적 태도에서 다소 자신을 변호하려는 태도를 취하면 자백 단계로 진입.

② 사건에 대한 변명 요구 (비정서적 신문 전략)

- 조사관이 여유롭고 자신감 있는 태도를 일관되게 유지할 것.
- 질문을 던진 후 피의자가 대답할 충분한 시간을 주고, 조사관은 시간 지체에 대해 초조해하지 말 것.
- 피의자가 동문서답할 경우 재차 동일한 질문 반복.
- 본 사건에 대하여 수많은 경찰력이 투입되었고, 모든 수사가 완료되었다. 그 수사 결과가 당신을 지목하고 있다.
- 기소하기 전에 수사 절차에 따라 당신이 스스로를 변호할 기회를 주고 있는 것이고 어떤 것이 당신에게 유리한 선택인지 잘 판단하기 바란다.
- 증거에 대한 막무가내식 부인이 도움이 안 됨을 설명하고, 지문이 어떤

의미인지 설명하여 증거를 인식시킴.

- ▸ 과학적이고 명백한 증거(지문 발견)가 발견되었고 이 부분에 대해 당신의 합리적인 설명이 있어야 한다. (지문에 대한 피의자 진술 유도)

- ▸ 지문 발견에 대해 '모르겠다'와 같은 진술은 비합리적이다. 당신이 판사라면 당신의 진술을 믿겠는가? (객관화. 사건을 타인의 시각에서 보도록 함)

③ 피의자의 심리에 대한 공감과 이해 표명 (정서적 신문 전략)

- ▸ 과거 너의 범죄 경력을 봤을 때, 초범일 때부터 징역을 선고받고 이후에 소액을 훔쳤을 뿐인데도 징역을 사는 등 과한 처벌을 받았다고 느꼈다. 안타깝게 생각한다. 어떻게 생각하는가? (이 주제에 대해 충분히 면담하면서 공감 형성)

- ▸ **비난 축소화:** 내가 여러 가지 사건을 접했지만 이 사건의 경우는 과도하게 피해자를 훼손하거나 미리 계획적으로 현장을 답사하거나 하는 범행은 아니었다. 너는 처음부터 그 여자를 죽이거나 범죄를 하려고 한 것은 아니었을 것이다. 원래 그때까지 한 범죄를 봐도 살인범이 아니지 않은가. 그 커피숍에도 돈을 훔치려고 들어간 것조차 아닐 수 있다. 단지 여주인과 커피 한잔하려 한 게 아닌가?

- ▸ **피의자의 체면 세우기:** 과거에 다방 여종업원을 상대로 강도했다는 사건도, 충분히 성범죄를 저지를 상황인데도 그런 건 안 했지 않은가. 다른 범죄에서도 그렇고, 이번 사건도 돈이 좀 필요해서 돈만 가져가려고 한 것이지 추잡하게 여자 건드리고 그런 건 아니지 않나. 내 생각에 이런

걸 종합해보면 너는 상당히 남자다운 것 같다. 어떻게 생각하는?

‣ **사건을 수사관과 피의자의 개인적 문제로 전환:** 안타깝다. 이것만 놓고 보면 아주 비인간적으로, 인정사정없이 사람 죽이고 돈 뺏은 것밖에 안 된다. 내가 사건을 지금까지 수도 없이 겪었고 수많은 피의자를 만났지만, 여자가 혼자 있고 내 손에 들어온 상황에서 너같이 안 건드리는 놈도 드물다. 솔직히 말해서 질 나쁜 놈은 아니다.

‣ **피의자의 억울함 자극, 감정 분출 유도:** 지금까지 범죄에 비해 과도한 형을 받은 것도 그냥 이렇게 변명도 안 해서 그런 것 같다. 너의 입장을 이야기해주면 판사도 인간이기에 납득을 할 수가 있다. 사정이 있을 것 아닌가.

‣ **최종 지지:** 위 면담 절차를 거쳐서 피의자가 반응하는 주제를 민감하게 포착, 수사관이 개인적으로 도와주려 하고 관심을 가지는 인상을 유지하고, 끝까지 지지할 것.

신문 전략 지원 후 이야기 ·

A구 커피숍 장기 미제 살인 사건의 신문 전략 지원을 요청받았을 때는 마침 서울청에서 다른 살인 사건이 발생하여 수사가 진행 중이었다. 그래서 행동과학팀이 지방에 있는 교도소까지 출장 지원을 하기는 어려운 상황이었다. 고민 끝에 신문 전략 보고서를 작성하여 담당 수사관에게 제공하는 형태로 지원했는데, 보고서를 제공한 지 이틀 만에 담당 형사로부터 K가

범행 일체를 자백했고 그 과정에서 신문 전략이 큰 도움이 되었다는 긍정적 피드백을 들을 수 있었다.

그동안 4회에 걸친 수사 접견에도 피의자가 '모르겠다'며 계속 같은 답변만 반복하여 답답했는데, 신문 전략 보고서를 바탕으로 진행한 5회째 접견에서는 피의자가 범행하게 된 동기와 과정에 대해 전부 자백한 것이다. 더구나 K는 수사관에게 사건과 직접적 관련도 없는 자신의 인생사와 속마음까지 진솔하게 털어놓았다고 한다. 부디 이번 일이 전 생애에 걸쳐 범죄자로 살아온 K가 삶을 되돌아보고 범행을 뉘우치는 계기가 되기를 바란다.

프로파일링에서 활용하는 신문 전략은 용의자의 심리를 교묘하게 조종하여 자백을 끌어내는 기법은 아니다. 그보다는 용의자에게 현재의 수사 상황을 거부감 없이 전달하고, 물리적 증거와 범죄 행동에 나타난 특징을 합리적으로 설명하고, 용의자가 경험하는 심리적 스트레스를 적절히 경감(또는 가중)시켜줌으로써 사실을 직면할 수 있도록 돕는 것이라 할 수 있다.

7장
·
심리 면담

"면담(interview)이란 용어는 서로 마주 본다는 의미의 intervoir에서 유래되었다고 한다. 면담 혹은 면접이라고 번역되는 interview는 원어 그대로 인터뷰라는 용어로 사용되기도 하는데 일반적으로는 얼굴을 마주 대하고 어떤 주제에 대해 협의하거나 상담하는 과정을 의미한다. 즉 면담이란 언어적 · 비언어적으로 교환되는 의사소통을 통하여 면담자와 피면담자 간에 정보와 아이디어, 태도, 감정, 메시지를 교환하는 과정이라고 정의된다(Wines, 1990)."
–박영숙, 1998,『심리평가의 실제』.

프로파일링의 토대, 피의자 면담 ·

범인의 유형을 추론하고 활동 지역 등을 분석하는 것뿐 아니라 검거된 범인을 면담하여 범행에 이르기까지의 과정과 범행 동기 등을 심층적으로 파악하는 것 또한 프로파일러의 일이다. 어떻게 보면 검거된 범인 개개인을 탐색하는 면담이 용의자 프로파일링을 위한 사전 단계라고 할 수 있다. FBI에서도 행동과학팀을 발족하고 나서 가장 처음 했던 일이 바로 교도소에 수감된 살인범들을 면담하는 일이었고 그렇게 수집된 자료를 바탕으로 연쇄살인범 분류의 이분법적 체계를 만들어 실무에 활용하였다.

이는 우리나라도 동일하다. 범죄자를 면담하고 수집된 정보를 기반으로 살인범, 강간범, 방화범 등 다양한 범죄자에 대한 유형화 연구가 많이 이루어져왔다. 또한 특정 사건이 발생했을 때도 과거 유사 사례에서 나타나는 범죄자들의 공통점 등을 뽑아내어 용의자 유형이나 수사 방향 제언을 해주었는데, 이것 또한 면담 자료 없이는 불가능한 일이다. 따라서 면담은 사건 분석과 함께 프로파일러들에게 일상적이고도 중요한 업무 중 하나라고 할 수 있다.

이처럼 프로파일링 업무는 크게 사건 분석과 면담이라는 두 범주로 나누어 볼 수 있다. 사건이 발생하고 범인이 잡히기 전에 하는 것이 사건 분석이라면, 범인이 검거되고 나서 하는 것이 면담이라고 할 수 있다. 사건 분석에는 용의자 프로파일링, 지리적 프로파일링, 진술 분석, 신문 전략 등 사건을 해결하기 위한 분석 기법들이 주로 사용된다면, 면담에는 인터뷰 기법이나 인지 면담, 심리 검사 등 면담과 관련한 기법들을 주로 활용한다.

범죄를 이해하고 예방하기 위한 면담 ·

과거에는 범인의 검거 여부가 이슈였다면 최근에는 국민들의 범죄 지식수준이 높아지면서 범인이 잡힌 후에도 왜 그 범죄가 일어났는지 궁금해하고 구체적인 범행 동기나 과정 등에 관심을 갖는 경우가 많다. 실제로 최근에 벌어진 성동 트렁크 살인 사건, 강남역 화장실 살인 사건, 어금니 아빠 사건(딸의 친구를 유인, 살해) 등을 거치면서 우리는 국민들의 그러한 요구를 직접 몸으로 느낄 수 있었다. 범인을 어떻게 잡았느냐를 넘어 범행 전 과정에 대한 이해와 그 범죄자만의 특성까지도 알려주기를 요구하는 것이다. 따라서 범죄자를 면담하는 것은 프로파일러의 기본 업무인 동시에 사회적으로 범죄에 대한 국민의 눈높이와 알 권리를 충족시켜줄 수 있는 과정이라고 할 수 있다. 물론 수사 기법 노출이나 모방 범죄 등을 감안하여 범행에 대한 세부사항을 모두 다 공개할 수는 없으나 국민들이 범죄를 이해하고 추후 예방 대책 등을 마련하는 데는 도움이 될 것이다.

면담을 하는 이유 ·

검거된 피의자를 대상으로 프로파일러가 실시하는 면담은 수사 면담이다. 해당 사건에 관한 피의자의 범죄 행동, 범행 동기, 피해자 선정 이유, 피해자와의 갈등 내용 등 수사 과정에서 밝혀지지 않은 사건에 관한 보다 구체적이고 상세한 정보를 수집하고, 나아가 심리 검사 등을 통해 성격장애 혹은 정신병질로 인한 범죄 가능성을 평가하여 보다 종합적이고 인과적인 형태의 범죄 특성을 밝히는 데 목적이 있다.

그렇다면 이러한 면담 과정이 왜 필요하며 면담을 통해 얻은 결과가 수사에 어떻게 활용될 수 있을까? 첫째, 면담을 통해 범죄자가 범죄를 행하기까지의 상황적·심리적 상태를 파악하고 범죄의 촉발 요인, 범행의 직·간접적 원인을 밝혀내거나 추론할 수 있다. 둘째, 이러한 면담 자료는 범죄 유형을 구분할 수 있게 해주고 나아가 아직 검거되지 않은 용의자를 분석함에 있어 어느 정도 개연성 있는 범죄 동기와 피해자와의 관계, 범죄 행위 등을 유추하고 사건의 수사 방향 설정에 도움을 줄 수 있다. 셋째, 재판 과정에서 면담 결과 보고서를 통해 범인의 성향과 행동으로 보아 범행 동기가 무엇인지 혹은 그러한 동기가 실제로 있었다고 볼 수 있는지를 평가하여 유죄의 정황으로 고려될 수 있다.

최근에는 사건 관련 참고인이나 목격자에 대한 면담을 통해 사건 관련 정보를 파악하기도 하며 강력 사건 피의자는 아니지만 행동이나 심리가 이상해 보여 수사관으로서 이해가 필요할 때 면담 요청이 들어오기도 한다. 따라서 프로파일러가 실시하는 면담은 사실 검거된 피의자뿐 아니라 사건 관련인 모두에게 열려 있다고 볼 수 있다.

면담의 쓸모 있음 ·

면담 업무와 관련해서 일각에서는 우스갯소리로 범인을 잡기 전에는 안 보이다가 다 잡아놓으면 나타나는 사람이 프로파일러라는 말을 하기도 한다 (드라마 〈시그널〉의 대사로도 인용되었다). 하지만 면담을 통해 축적된 데이터 없이 프로파일링을 한다는 것은 허공 위에 집을 짓는 것과 다르지 않다. 서 말의 구슬도 꿰어야 보배라는 속담에 비유해보자면, 면담은 이 서 말의 구슬을 마련하는 단계라고 할 수 있으며 이제 마련된 구슬을 꿰어 쓰는 일이 프로파일링이다. 그래서 범죄자를 면담하는 일은 매우 중요하다. 이런 기초 작업 없이 용의자 유형을 추정하고 신문할 수는 없다.

프로파일러가 특채된 2006년부터 현재까지 SCAS(Scientific Crime Analysis System, 과학적 범죄 분석 시스템) 내에 입력된 면담 건수는 3,000여 건에 이른다. 이를 바탕으로 2016년에는 한국형 범죄 분석 매뉴얼(KCCM)

을 만들었으며 살인, 강도, 강간, 방화 등 유형별 특성들을 분류할 수 있게 되었다.

또한 앞서 소개한 지리적 프로파일링의 주요 이론 중 하나인 최소 노력의 법칙 또한 실제 절도범들을 면담하여 재차 확인했고 알고리즘 개발 시 적용할 수 있었다. 면담이라는 작업이 아주 중요해 보이지는 않지만 알게 모르게 그 영향이 미치는 곳은 다양하다.

면담을 하기 전 ·

가장 먼저 할 일은 면담 사건을 정하는 일이다. 프로파일러는 매일 전날 올라온 검거 사건 중에서 면담이 필요한 사건을 정한다. 면담 대상 사건은 살인, 강도, 강간, 방화 등 중요 강력 사건 또는 사건 담당자의 요청이 있거나 프로파일러가 분석이 필요하다고 판단한 사건들이다.

이렇게 사건이 선정되면 사건 담당팀과 연락하여 적절한 면담일을 조율하고 관련 수사 서류를 받아 사건 및 피의자에 대한 사전 정보를 충분히 숙지한다. 면담 시기는 사건마다 조금씩 다를 수 있지만 일반적으로 조사가 마무리되고 검찰로 송치되기 하루 전이 가장 적절하다고 본다. 충분한 조사와 수사를 거쳐 경찰이 관련 정보를 가장 많이 수집한 시점이며, 피의자 입장에서도 유치장 생활에 어느 정도 적응하여 조사와 상관없이 한결 편안한 마음으로 면담에 임할 수 있기 때문이다. 위험성 평가나 사이코패스 평가의 경우, 수사 관련 정보가 많이 수집되지 않은 단계에서는 제대로 된 평가가 어렵다는 것 또한 조사가 어느 정도 마무리된 후 면담하는 이유이다.

면담은 검찰로 송치되기 전 피의자 신분에서 만나 경찰서 안 진술 녹화실이나 유치장 조사실에서 이루어지지만, 일정상의 문제로 구치소나 교도소 등을 찾아가 재소자 신분에서 진행하기도 한다.

특별한 기구나 준비 도구는 필요 없지만 대개 면담 동의서, 심리 검사 도구, 면담 시나리오 등을 가져간다. 프로파일러 각자 여건에 따라 노트북, 카메라, 녹음기 등을 준비하기도 한다. 본의 아니게 가지고 다니는 것들이 기자들과 겹치기도 해서 형사 당직실에 들어가면 기자로 오해해 나가라는 형사들도 종종 있었다. 노트북, 카메라 등을 들고 형사과로 직행해 거두절미하고 피의자를 만나러 왔다고 하니 처음 보는 형사 입장에서는 당황스러웠을 것이다.

프로파일러가 1명인 지방청의 경우에는 면담을 이끌어가는 주 면담자가 기록까지 할 수 없어서 녹음기를 사용하기도 한다. 보통 2인 1조로 면담을 실행하는 것이 원칙이고, 주 면담자는 진행, 보조 면담자는 과정 전반에 대한 기록을 책임진다.

면담에 앞서 프로파일러는 피면담자에게 자신을 소개하고 면담의 목적 등을 설명한 후, 동의서를 받아야 한다. 면담이 수사 과정에서 필수 조항은 아니기 때문에 피면담자가 거부하면 면담을 할 수 없다. 의무가 아니기 때문에 많이들 거부할 것이라고 생각하기 쉽지만 거부하는 사람은 많지 않다. 1년에 평균 30~40건 면담을 한다면 거부하는 사람은 한두 명에 불과하다. 유치장 내에 있는 것보다는 우리를 만나 이런저런 얘기라도 나누는 것이 덜 답답하다거나, 어느 누구에게도 보이지 못한 속마음을 털어놓을 수 있었다며 고마워하는 사람들도 꽤 있다.

면담을 마치고 보고서를 작성하기 전에 주 면담자와 보조 면담자가 면담 내용과 피의자의 특성에 대해 의견을 교환한다. 보고서는 주 면담자가 작성하지만, 보조 면담자와 여러 사항을 의논하여 합의된 방향의 보고서를 작성하게 된다.

면담에서 다루는 내용

인적 사항 및 신상 정보 / 외모 및 행동 관찰 / 성장 배경 / 학창 시절 / 교우 및 대인 관계 / 생활 환경 / 성격 / 이성관계 / 치료 경력 / 전과 관계 / 범행 전 상황 / 범행 상황 / 범행 후 상황 등

면담 단계 ·

준비·계획 단계

면담 전에 프로파일러는 해당 피의자나 집단에 대한 넓고 개괄적인 정보를 수집한다. 이렇게 수집된 자료는 사실과, 사실로 추정되지만 확인되지 않은 것으로 구분해야 한다. 그리고 대상자로부터 수집해야 하는 정보와 대상자가 알고 있을 것 같은 정보, 대상자가 제공하기를 원하는 정보와 제공하고 싶지 않아 하는 정보들도 구분해볼 수 있다.

이 단계에서는 알고 있는 정보(확인된 사실), 들은 정보(확인되지 않은 사실), 생각하는 것(기존의 사실을 평가하여 얻은 추론), 할 것(정보를 어떻게 획

득할 것인지). 이렇게 4가지 카테고리로 나누어 정보의 변화에 따라 업데이트하고 팀 내 공유가 필요하다.

또한 면담자 자신의 인상 관리도 준비 단계에서 체크해봐야 할 요소이다. 면담자의 인상 관리라는 것은 대상자가 특정 사람, 물건, 사건에 대해 가지는 생각에 영향을 미치고자 의식적·무의식적으로 하는 목표지향적 행동이다. 환경이나 외모, 상호작용 방식 등을 전략적으로 사용하여 형성할 수 있으며, 이러한 인상 형성은 만난 즉시 시작되어 몇 분 안에 확고해진다. 이후 대상자는 자신이 가진 필터(프레임)를 통해 수사관을 인식하게 된다. 따라서 대상자가 가진 면담자에 대한 인상을 알아차리고 긍정적인 방향으로 인상을 관리해나가는 것이 중요하다. 이 외에도 복장이나 어떤 언어를 사용할 것인지, 조사실 환경은 어떻게 세팅(창문, 그림, 음식, 음료, 책, 잡지 등)할 것인지에 대해서도 준비와 계획이 필요하다.

프로파일러가 피의자를 만나는 장소는 늘 정해져 있다. 이론처럼 완벽한 면담 장소를 준비할 수는 없겠지만 주어진 공간 안에서도 면담에 적합한 환경을 만들어내야 한다. 유치장 조사실이나 교도소 수사 접견실 등은 작은 방에 책상 한두 개와 의자, 컴퓨터 등이 놓여 있는 경우가 대부분이다. 프로파일러가 면담 장소에 들어가서 가장 먼저 하는 일은 책상을 가운데 두고 마주앉았을 때 상대방이 면담자의 얼굴을 잘 볼 수 있도록 중간에 놓인 컴퓨터를 한쪽으로 치우는 일이다.

일반적으로 조사나 신문 단계에서 문답을 할 때마다 컴퓨터 자판을 치며 입력하는 것과 달리 프로파일러는 오로지 피의자를 바라보고 오롯이 집중하여 면담을 진행한다. 옆에서 이 모든 과정을 기록해주는 보조 면담자가 있기 때문이다.

첫 대면에서는 머릿속에서 자연스럽게 되던 것이 입으로 나오면 부자연스러운 경우가 많다. 자신만의 첫 몇 마디는 미리 준비해 사전에 입에 익게끔 연습하는 것이 좋다. 대화의 시작은 위협적이지 않은 포괄적인 주제가 좋다.

대면, 오프닝, 진술 단계

면담은 대면 → 오프닝 → 진술 과정으로 구분할 수 있다. 대면하여 상대방의 첫인상을 평가하는 것은 진화론적 필요에 의해 습득된 자동적 반응으로, 상대의 말이나 제스처, 행동을 통해 판단하게 된다. 그리고 가장 먼저 판단하게 되는 것은 '신뢰할 만한 사람인가'의 여부이다.

첫 대면이 잘못되면 이를 만회하기 위해 이후 몇 분, 몇 시간, 며칠이 걸리기도 한다. 면담이 제대로 이루어지고 있는지 판단하기 위해 5분 단위(thin slicing)로 상황을 평가해보면 좋다. 상황이 좋지 않다고 느낀다면 대부분 실제로도 좋지 않은 것이고, 경멸하거나 싫어하는 감정은 잘 숨겨지지 않으므로 행동 분석의 문외한이라 해도 상대가 자신을 싫어하는 것 정도는 인지하기 마련이다.

눈맞춤은 잘 하는지, 면담에 호의적으로 반응하는지, 외양이나 태도는 어떠한지, 그 사람만의 말투나 특이 행동은 어떤 것들이 있는지 등 이 모든 것들이 언어적 문답과 함께 면담자가 관찰하고 유의 깊게 살펴봐야 할 비언어적 신호들이다. 또한 상대방의 일상 행동, 대화, 청취 행동 등을 관찰하여 기저선(base line)을 설정하고, 면담이 진행됨에 따라 기저선이 어떻게 변화하는지 분석한다. 기저선 변화는 정서적 주제나 거짓말, 조사할 필요가 있는 무언가를 의미하는 지점으로 목소리 톤이 변하거나 말의 속도가 빨라지거나 느려지고 행동이 증가하거나 줄어드는 데서 확인할 수 있다.

그러기 위해서는 상대방이 평소 가지고 있는 언어적 습관이나 행동 습관 등을 짧은 면담 시간 내에 정확히 파악할 수 있어야 하고, 그를 기반으로 말이나 행동을 해석할 수 있어야 한다. 같은 행동이라 해도 원래 있던 버릇 때문인지, 특정 질문에 민감하게 반응한 결과인지 판단할 수 있어야 한다.

지각(perception)은 우리의 모든 감각기관을 통해 세상을 처음 접하는 과정이다. 눈으로 보고 귀로 듣고 코로 냄새를 맡고 피부로 느끼는 것들은 내가 1차로 경험하는 것들이기 때문에 오염되지 않고 순수한 날것 그대로라고 생각하기 쉽다. 하지만 우리가 보고 듣고 느끼는 것들은 정말 고정적일까? 빨간색은 항상 빨간색이고 노란색은 항상 노란색이기만 할까? 그렇지 않다는 얘기를 해야겠다.

다음 그림 (1)은 분명 정지한 그림인데도 움직이는 것처럼 보인다. 그림

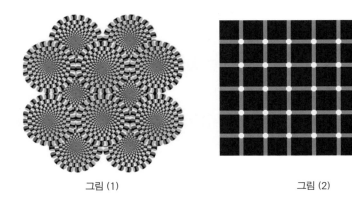

그림 (1)   그림 (2)

(2)는 분명히 격자 안이 흰색인 것을 아는데도 자꾸만 까만 점이 보인다. 일명 착시 현상(optical illusion)이다.

다음 글자도 한번 보자. 여러분은 같은 글자를 어떻게 발음하고 있는가? 수영과 누나, 특허청과 미륵보살이라고 읽었을 것이다. '특허청'으로 읽었다고 해서 옆 글자를 '미특보살'이라고 발음하는 사람은 없을 것이다. 물리적으로 같은 글자여도 그 글자가 놓인 단어에 따라 달리 발음되는 것처럼 우리가 지각하는 모든 것들은 고정적이지 않다. 상황에 따라 맥락에 따라 변할 수 있다.

수영　누나
특허청　미특보살

하물며 복잡한 인지 과정을 포함하는 언어나 행동의 의미를 파악하고 해석하는 일은 그만큼 조심해야 하고 또 조심해야 한다. 프로파일링 전체에 해당하는 말이기도 하지만 특히 면담 과정에서도 이 명제가 적용된다는 것을 염두에 두어야 한다.

백만 번 강조해도 지나치지 않을 라포 ·

작은 조사실 방 안에서 서로 마주 앉은 상태로 만난 피의자와 프로파일러. 무슨 말을 먼저 해야 할까? 피의자와 라포(rapport)를 형성하라는 말은 많이 들어서 알고 있는데 막상 입에서 말이 떨어지는 것은 어렵다. 보통은 간단한 인사와 소개를 거쳐 식사 여부나 현재 건강 상태, 가족들의 면회 여부, 현재 심정 등을 물어보며 시작한다.

물론 같은 재료도 어떻게 요리하느냐에 따라 맛이 달라지듯이 교과서에 나오는 면담이나 라포 형성의 정석은 어디까지나 재료일 뿐이다. 이 재료는 프로파일러 개개인의 성향이나 면담 스타일에 따라 여러 가지 맛으로 요리된다. 정답으로 정해져 있는 하나의 방식은 없다. 단지 범죄자를 대하고는 있지만 인간에 대한 관심과 애정으로 내 앞에 앉아 있는 사람을 이해하고 그의 입장에서 생각하며 면담을 이끌어간다면 충분하다. 섣불리 속이려 하거나 진정성 없는 모습은 보일 필요가 없다. 우리가 그들을 어떻게 대하는지 그들도 다 느끼기 때문이다. 그런 태도는 면담 전반에 대한 신뢰만 떨어뜨릴 뿐이다.

피의자와의 라포는 추후 면담의 성공 여부에 큰 영향을 미친다. 면담은 피면담자가 말을 많이 하게 하는 것이 중요하다. 라포가 형성되지 않으면 기계적인 대답만 듣게 될 뿐 솔직한 이야기를 들을 수 없다. 심지어는 의도적으로 면담자를 속이려는 동기를 갖기도 하고 자포자기해서 될 대로 되라는 식으로 사실과 다른 대답을 하기도 한다. 이럴 경우 그 면담에서 나온 이야기는 분석에 전혀 활용할 수 없다. 맥락상 진실을 말하고 있지 않기 때문이다. 이 모든 것이 라포 형성에 공을 들여야 하는 이유이다.

우선은 입을 닫지 않고 이야기를 해준다면 반은 성공한 면담이다. 특히 자신의 범행을 계속 부인하고 있는 피의자의 경우 이야기를 많이 해줄수록 우리에게 유리하다. 말하는 태도나 내용으로 그 사람의 성향을 파악하여 특정 상황에서의 대응 방식 등을 유추할 수 있으며 더 나아가 신문 과정에서는 많은 말 중에서 오류나 잘못된 부분을 찾아 추가 질문을 할 수 있다. 따라서 상대방이 말을 많이 하도록 질문하는 것이 중요하며, 면담자가 더 많이 말하고 있다면 좋은 면담이라고 할 수 없다. 상대방(용의자)의 성향을 파악하고 그에 따라 상대방이 입을 닫지 않고 대화의 장으로 나오게 이끄는 능력이 필요하다.

심리 검사는 선택, 보고서는 필수! ·

면담에서 다루는 내용은 일반적으로 피면담자의 인구통계학적 정보와 범행 동기·범죄 현장 특성·범죄 수법 등 범죄 행동에 관한 정보, 심리 및 성격 특성, 범죄 예방 및 향후 사건 분석 시 도움이 될 정보, 그 외 면담자가 수사와 관련하여 필요하다고 판단한 일체의 정보 등이다.

면담을 통해 범죄의 동기나 범죄 행동과 관련한 여러 가지 심리적 혹은 상황적 요인들에 대한 정보를 수집하였다면, 최종적으로 심리 평가를 통해 피면담자가 가지고 있는 사고방식과 정서적 특성 등 전반적인 성격적 특성을 파악한다. 피면담자의 취약한 부분은 무엇인지, 망상이나 정신분열 등 정신병질적인 문제는 없는지 등 심리적 원인을 찾아볼 필요가 있다.

주로 사용하는 심리 검사는 성격 특성이나 정신질환을 검사하는 PAI, MMPI 등의 성격 검사, 정서능력을 평가하는 ERT-R 정서반응 검사, 내면의 갈등이나 억압된 무의식을 반영하는 SCT, 그림 검사 등의 투사 검사 그리고 기타 강간통념척도, 분노행동척도 등 다양한 심리 검사 도구를 활용한다. 또한 피면담자 특성에 따라 지능검사나 PCL-R 등의 평가도 실시한다.

객관적 심리 검사 도구	PAI(성격 검사), MMPI(다면인성 검사), K-WAIS(지능 검사), PCL-R(사이코패스 평가), ERT-R(정서반응 검사) 등
투사 검사 도구	SCT(문장완성 검사), HTP(그림 검사) 등

이렇게 종합적으로 한 인물에 대한 면담과 심리 검사가 완료된 후에는 이에 대한 면담 결과 보고서를 작성해야 하며 이 결과를 SCAS 내에 입력해야 한다. 이렇게 한 건 한 건 사례가 모여 현재 SCAS 내에는 3,000여 건에 가까운 면담 사례가 쌓여 있다.

면담 결과 보고서는 전국의 프로파일러가 공통으로 사용하는 표준서식이 정해져 있으며, 이 양식을 기준으로 상세 내용 등은 사건의 특성에 따라 가감하여 작성하고 있다. 또한 면담 결과 보고서를 포함하여 모든 보고서는 분석 결과의 객관성을 유지하기 위해 작성자 외 프로파일러 1인 이상의 검토를 원칙으로 한다.

면담에 대한 오해 ·

직업과 관련하여 주변 사람들에게 가장 많이 듣는 질문 중 하나가 범죄자를 만나면 무섭지 않느냐는 것이다(이 질문은 특히 여성 프로파일러에게 많이 하는 질문이기도 하다). 흉악한 범죄를 저지른 무시무시한 사람을 직접 만나니, 마치 괴물이라도 만나는 것처럼 생각되기 때문일 것이다. 하지만 우리는 범죄 현장에서 지금 범죄를 저지르고 있는 범죄자를 만나는 것이 아니다. 이미 검거되고 구속되어 유치장 안에 있는 범죄자를 만나는 것이고 경찰 신분으로 만나는 것이기 때문에 피의자 입장에서도 자신이 무섭게 나올 상황이 아니다.

또한 면담을 진행하면서 범죄자들이 협조적으로 나오지 않을 것 같다고 생각하는 사람들도 많다. 물론 자신의 죄를 조금 축소하거나 왜곡해서 말하기는 하지만 의외로 우리가 만난 범죄자들은 순순히 얘기를 잘 하는 편이었다. 자신의 범죄에 대해 말하기를 꺼리지 않으며 사적 질문에도 의외로 잘 대답해준다. 물론 그 진의는 면담을 마치고 평가할 부분이기는 하다.

그리고 혹시 범죄자 성별에 따라 면담자 성별도 달리하는 것이 좋다고 생각하는 사람이 있다면 아니라고 말해주고 싶다. 범죄자가 극도의 여성 혐오나 남성 혐오를 보인다 해도 해당 성별의 면담자가 면담할 때 그런 태도를 더 잘 관찰할 수 있기도 하다. 무엇보다 꼭 어떤 경우에는 남자가 또는 여자가 적당하다는 식의 논리는 적절하지 않다. 면담에서 중요한 것은 남녀의 구분이 아니라 성별을 초월해 얼마나 진정성 있게 진행하느냐이다. 면담은 한낱 개인의 궁금증을 해소하기 위한 질문으로 이루어지지 않는다.

남자와 여자, 남자와 남자 등 성별을 매개로 만나는 것이 아니라 인간 대 인간으로 만나는 것이 면담이다.

피의자를 만나 면담하는 것을 상담과 혼동하는 경우도 있다. 엄연히 면담과 상담은 다르다. 앞서도 언급했지만 프로파일러가 피의자를 대상으로 하는 면담은 수사 면담이다. 물론 상대방의 말을 잘 들어주고 호의적인 상호작용 등의 과정이 비슷해 보일 수는 있으나, 상담이 상대방의 문제를 파악하고 함께 해결 방안을 찾는 과정이라면, 수사 면담은 범죄자의 심리 상태와 성격 특성 등을 찾아내 추후 사건이나 용의자 신문 시 활용하기 위한 것이다. 목적 자체가 다르다.

따라서 일반적인 수사 면담을 하는 경우도 있지만 피의자가 계속 부인하는 경우에는 사실 확인 또는 거짓 탐지 형식의 면담이 진행되기도 한다. 다르게 말하면 신문 전략 등을 사용하여 자백에 이를 수 있는 심리적 환경을 만들어주는 것이다.

그렇다면 면담은 아무나 할 수 있는 것일까? 이 직업을 갖기 전에는 피의자를 직접 만나볼 기회가 없었던 우리에게도 처음이 있었고 누구에게나 그런 시간은 있기 마련이다. 필자도 처음에는 경험만 쌓으면 누구나 면담을 할 수 있을 것이라고 생각했다. 그러나 면담은 경험만 가지고 할 수 있는 일이 아니라고 지금은 말할 수 있다. 면담에 대한 기본적 이해와 지식 없이는 힘들다. 면담에 대한 이해나 지식 위에 실제의 제대로 된 경험도 있어야 하므로 단기간에 도달할 수 있는 능력 또한 아니다.

면담에 대한 기본적인 이해 없이 추궁하거나 자신의 궁금증만 해결하기 위한 질문을 나열하는 식으로 흐름이나 맥락 없이 면담한다면 기본을 이해하지 못한 것이다. 이런 식으로는 몇 백 건을 진행해도 소용없는 경험일 뿐이다.

1년 혹은 오랜 시간을 같이 지낸 사람에 대해서도 잘 모른다고 생각할 때가 많은데, 면담자는 2~3시간 만나 이야기를 나눈 피의자가 어떤 사람인지 말해야 한다. 이는 굉장히 위험한 일이다. 그만큼 조심스럽게 접근해야 한다. 한마디로 내가 만난 범죄자가 어떤 유형의 사람이라고 결론내리는 것에 대해 부담감과 책임감을 느껴야 한다. 따라서 프로파일러는 종합적이고 체계적인 사고의 틀 안에서 면담을 진행해야 하며 드러나지 않는 것을 보는 눈도 필요하다.

특히 피의자가 사용하는 단어, 문장 하나하나가 어떤 맥락에서 만들어지고 구사되는지 파악해야 한다. 이를 잘 하지 못하면 아주 단편적인 결과를 낼 수 있고, 보이는 것만으로 왜곡된 분석 결과를 내놓을 수 있다. 면담을 오래 했다 해도 매번 내 추론이나 사고의 흐름에 오류가 없는지, 의심의 여지가 없는지 끊임없이 비판하고 성찰해야 한다.

프로파일러의 면담 보고서를 공개합니다 ·

프로파일러들은 살인, 강도, 강간, 방화 등 중요 강력 사건 또는 사건 담당자의 요청이 있거나 범죄 분석 담당자가 분석이 필요하다고 판단한 사건을 대상으로 면담을 실시한다. 개인의 판단에 따르므로 다소 주관적이라고 볼 수 있으나 우선적으로는 연쇄 사건일 경우와 단일 사건이라 해도 행동의 특이성이 보이는 것들을 대상으로 하는 등 프로파일러들 간에 형성된 공통적 시각을 가지고 채택하고 있다. 따라서 살인 사건이라고 해서 모두 면담하는 것은 아니며 절도 사건이라 해도 속옷만 훔치는 등의 특성이 있다면 면담을 실시하기도 한다.

실제 프로파일러들이 피의자를 면담한 후 작성하는 보고서를 궁금해하는 사람들이 많을 줄로 안다. 여기서는 서울경찰청에서 다룬 면담 중 몇 개를 간이 형식의 면담 보고서로 소개하려고 한다. 간이 면담 보고서는 성장 배경, 생활 환경 및 대인 관계, 범행 계획 및 동기, 심리 상태 및 재범성 평가 등 사건을 이해하는 데 주요한 부분만 요약하여 간략히 작성한다. 주로 면담 후 신속히 보고할 필요가 있을 시 종합 면담 결과 보고서를 작성하기 전 빠른 시간 내에 대략적으로 작성하는 형태이다.

간이 면담 보고서를 소개하는 이유는 통상적으로 작성하는 종합 면담 결과 보고서는 그 내용이 많기도 하거니와 군이 세세한 내용까지 공개할 필요가 없다는 생각 때문이다. 특히 범행 과정이나 검거 과정 등에 대한 내용들은 모방 범죄나 수사 기법 노출에 영향을 줄 수도 있다. 보고서 자체를 그대로 옮기기는 했으나 피해자나 피의자를 특정할 수 있는 최소의 정보들은 ○○로 표시하거나 삭제했음을 알린다.

보고서를 공개한다는 것은 그 자체로도 매우 부담스럽고 힘든 일이다. 이 분야에 관심을 갖고 준비하는 분들에게는 미약하나마 이 일을 느낄 수 있는 기회가 되기를 바란다.

① **노상 살인 사건 피의자(이OO, 20세, 공익요원)**

'14. 3. 22. 23:10경 OO동 빌라 주차장 내에서 귀가 중인 피해자 김OO(여, 27세)를 과도로 위협하여 피해자 집으로 끌고 들어가려 했으나 피해자가 반항하자 과도로 안면부와 목 부위를 수회 찌르고 이를 피해 도망치다 넘어진 피해자의 머리를 벽돌로 수회 내리쳐 살해한 것임.

| 성장 배경 |
– 피의자는 1남 1녀 중 막내로 친부모 슬하에서 성장함.
– 父(부)는 어려운 상황에서도 힘든 내색 없이 식구들을 부양해온 강한 사람, 母(모)는 자식 잘못 낳아서 고생만 한 사람이라고 표현하면서도,
– 父는 자식의 문제를 父 자신의 방식대로만 주입하려고 하였고, 母는 어린 시절 자신에게 심한 체벌을 가했다고 하는 등 **부모의 양육 방식에 비판적인 태도**를 보임.

| 생활 환경 및 대인 관계 |
– 학창 시절 살이 많이 찌고, 지저분한 외모 때문에 친구들로부터 놀림을 많이 받고 학업 등 학교 생활 전반에 걸쳐 적응을 잘 하지 못함.
– 일진 친구들을 따라다니며 인정과 관심을 받기 위해 노력했지만, 함께 어울리지 못하고 놀림거리만 되는 것 같아서 결국 모두에게 무시받는 듯한 느낌을 받았다고 함.
– 학교 부적응으로 인한 스트레스와 분노감을 자신보다 나이가 어린 학생들을 상대로 돈을 뺏고 폭력을 행사하면서 해소함.
– 잦은 가출과 학교 결석으로 고등학교 2학년 자퇴 후 검정고시를 준비하다 중도 포기, 다른 고등학교 3학년 편입 후 졸업함.

| 범행 계획 및 동기 |
– 피의자는 공익요원으로 무단결근 후 이에 대해 母가 나무란 것에 불만을 품고 밖으로 나와 **자신의 분노를 누군가에게 화풀이할 목적**으로 과도를 구입·소지하고 서울 시내

를 이틀간 배회하는 등 불특정인을 대상으로 한 범행을 계획함.

- 범행 도구로 칼과 벽돌을 준비하였고 피해자를 위협하여 집 안으로 끌고 들어갈 계획을 세웠으나 피해자의 반항이 심하여 계획대로 이행되지 않자 벽돌로 무차별 공격하여 살해하는 등 과도한 공격성을 보임.

- 피의자는 여성 대통령이 선출되고 여성 판검사가 많이 배출되는 사회에서 여성을 사회적 약자로 인식하는 것은 잘못된 것이고, 실제로 여자들은 남자들이 쌓아놓은 토대에 기생하는 존재로 별로 하는 일은 없다고 진술하는 등 여성 혐오적인 태도를 보이는 바, 여성을 상대로 한 범행을 계획하였을 가능성이 있음.

  ※ 일기장에 '내 롤모델은 유영철 형님이다', '7명을 죽인다' 등 살인 행동 강령과 범행 대상 (애새끼들, 계집년, 노인)을 계획하는 등 살인에 대한 판타지를 보임.

| 심리 상태 및 재범 위험성 평가 |

- 피의자는 학창 시절 부적응과 남들로부터 인정받고 성공하고 싶은 욕구 좌절로 인해, 자신보다 잘나고 성공한 사람들을 보면 분노감이 치밀고 사회가 자신을 버렸다고 인식하는 등 반사회적인 사고와 생활 양식을 가지고 있음.

  ※ 사건 당일 기자들과 사람들이 몰려와 자신이 주목받고 유명해지는 것 같아 기분이 좋았다고 함.

- 모든 사람이 자신을 비난하고 욕한다는 피해의식과 외모에 대한 열등감으로 인해 자신에 대한 혐오가 극도로 심함.

  ※ 거울을 보면서 자신을 쓰레기라고 생각한다고 진술함.

- 피의자는 사회적 실패가 살인을 하도록 만들었고 살인범들을 불쌍한 사람들이라고 인식하는 등 자신의 범행을 합리화하고 있고, 피해자를 살해할 당시 피를 보고 흥분이 되고 쾌감을 느꼈다고 진술하는 등 향후 자신의 분노감을 불특정인에게 표출하고 해소하는 동시에 살인에 대한 판타지를 실현하는 식의 연쇄 살인 범죄를 저지를 가능성이 높다고 평가됨.

② 중구일대 연속 방화 사건 피의자(정OO, 20세, 무직)

피의자는 일반물건 방화 등 5범(방화 관련 4범)인 자로,

'14. 4. 22. 23:57경 OO식당 창고 앞 쓰레기 더미에 일회용 라이터로 불을 붙여 창고 일부를 소훼케 하는 등 '14. 4. 22. 23:57~4. 23. 01:06 상가건물 외벽 및 가판대 등 5개소에 위와 같은 방법으로 방화한 것임.

| 성장 배경 |

– 母(모)는 피의자가 5세 때 가출하고 父(부)는 피의자가 초6 때 재혼하였으나 중2 때 이혼, 그로부터 일주일 후 피의자와 여동생만을 남겨둔 채 아무 말 없이 집을 나가 피의자가 중2 때부터 여동생을 부양하며 생활함.

– 친구 아버지가 운영하는 음식점에서 아르바이트를 하여 생활비를 벌었고, 통상 하교 후 새벽 2시까지 서빙하고 방학 때는 하루 종일 근무하는 등 주변으로부터 성실하다는 평판이었음.

※ 고등학교 때부터 대학을 목표로 1,000만 원가량 저금, 본 건으로 수감 생활 시 여동생의 대학 등록금으로 지원할 계획이라는 등 가장으로서 책임감 있음.

| 생활 환경 및 대인 관계 |

– 평소 남에게 싫은 소리를 잘 하지 못하고 특히 부정적 정서(분노)를 억압하는 경향이 있으며 여자들에게는 화낼 일이 있어도 직접적으로 화를 내지 않고, 다른 곳에 가서 소리를 지르는 등 스스로 화를 푼다고 진술.

※ 최근 여자친구의 집에서 다른 남자가 나오거나, 여자친구가 다른 남자와 영화관에 가는 모습을 목격했을 때도 아무 말하지 못함.

– 지금까지 장기간 만난 여자친구가 2명 있었지만 성관계 경험 없음. 여자친구 집에서 며칠 지내는 등 관계를 가질 기회가 있었음에도 상대방이 거부하면 더 이상 강하게 요구하지 못하고 성욕을 억누름.

– 사람들과 사귀는 데 어려움은 없고 타인으로부터 '순하다'며 호의적 평가를 듣는 편이

지만, 정작 피의자는 자신의 스트레스나 감정에 대해 터놓고 이야기할 상대가 거의 없다고 느끼고 있음.

※ 여자친구에게 父의 가출에 대해 이야기해보았으나 별 반응이 없었다고 함.

| 범행 계획 및 동기 |

– 범행 촉발 요인: 가정 환경으로 인한 누적된 스트레스, 취업 실패 및 이별.

– 평소 가정적인 스트레스가 어느 정도 있는데 계속적으로 취직을 거절당하는 등 힘든 상황이 되면 父의 가출에 대한 원망이 커지고 자신이 무능력하다는 느낌이 들어 스스로에게 화가 난다고 함.

– 지금까지 여자친구에게 이별을 통보받은 날 방화를 저지름.

※ 2012. 5. 7. ○○방화 사건: 3년 사귄 여자친구로부터 이별 통보받은 당일.
   2014. 4. 22. ○○방화 사건: 2년 사귄 여자친구로부터 이별 통보받은 당일.

– 스트레스 사건이 발생했을 때 원인 제공을 한 대상(여자친구, 가게주인 등)이든 타인이든 사람을 향해 직접적으로 분노를 표현하지 못하고 결국에는 물건에 불을 지르는 형태로 분노를 해소하는 것으로 보임.

– 방화범 유형 분류[23]상 '좌절에 의한 방화'에 해당: 방화를 하고자 하는 의도는 높지만 범행 도구를 준비하거나 대상자를 선정하는 등의 세부적인 준비에 있어서는 계획성이 떨어짐.

| 심리 상태 및 재범 위험성 평가 |

– 父에 대한 원망과 평소 스트레스 수준이 높음에도 불구하고 남겨진 여동생의 생활을 지금까지 뒷바라지한 점 등 책임감과 성실성은 있으나,

– 취업 거절 혹은 여자친구와의 이별과 같은 실패 상황 시, 충격을 완화해줄 만한 부모 등 지지집단의 부재로 크게 좌절하고 마치 벼랑 끝에 내몰린 듯한 느낌으로 방화를 저지

---

23 공격 대상(사람 vs 사물)과 범행 도구(표현적 vs 도구적)에 따라 방화범의 유형은 좌절에 의한 방화, 알콜 의존성 방화, 보복성 방화, 자기과시적 방화, 이익추구형 방화로 분류할 수 있다. 『방화범죄자의 프로파일링을 위한 연구』, 김경옥, 2009.

르게 됨.

- 충동 조절에 문제가 있음(하면 안 되는 줄 알면서도 화가 난 상태에서 라이터에 손이 자꾸만 간다)을 스스로 인식하고 있고, 출소 후 자기 돈으로라도 정신과 상담을 받고 싶다고 진술하는 등 재활의지 있음.
- 본 피의자는 자기감정을 언어적으로 표현하는 데 미숙하고 분노를 참는 경향이 있으므로 정서를 적절하게 배출하는 방법을 배울 필요가 있음. 단, 소속감을 느끼는 경우(취직 혹은 애인 등) 책임감 있게 생활할 가능성이 높으므로 추후 적절한 지원과 관리가 요구됨.

③ **타이어 연쇄 손괴 피의자(백OO, 23세, 무직)**

'15. 4. 11. ○○구 한 주차장에서 송곳으로 차량의 타이어 옆 부분을 찔러 손괴하는 등 총 17대 차량 타이어를 파손한 것임.

※ 단순 재물 손괴 사건이지만 과거 유사한 폭행, 재물 손괴 전력이 진행되어왔고 동기 부분이 일반적이지 않아 분석이 필요하다 판단, 의뢰되었던 사건임.

| 성장 배경 |

– 중 · 고등학교 시절 또래 집단으로부터 폭력(왕따)을 경험했을 가능성 있음.

– 고등학교 같은 반 친구가 1년 동안 매일 뒤통수를 때리고 갔으나 그때는 키가 작아 대응하지 못함.

– 父(부)의 정년퇴직으로 돈이 없어 대학 진학을 포기했다고 하나 학교 생활 부적응, 성적 하락 등의 문제도 있었을 것임.

– 고등학교 졸업 후 혼자 지내면서 **우울증**이 찾아와 2개월 입원 치료 경험.

– 최근 1년간 수면장애를 겪음 → 불면이라기보다는 조증에서 나타나는 높은 각성 수준으로 인한 수면장애 형태.

– 꽤 오랜 기간 정기적으로 복싱, 배드민턴 같은 활동을 해오는 등 집밖 출입을 안 하는 은둔형 외톨이는 아님.

| 생활 환경 및 대인 관계 |

– 고등학교 졸업 후 최근 3년간 가족과의 대화 없고 친구 관계도 없는 등 전반적인 대인 관계가 거의 단절: 스스로 혼자 있기를 선택, 타인과의 관계 형성에 무관심, 그러다 보니 전반적인 사회적 기술(social skill)이 떨어짐.

※ 구직(PC방)이나 게임(오목)도 대인 관계나 사회적 기술이 필요 없는 종류를 선호.

– 2013년부터 폭행, 재물 손괴와 같은 행동이 발현: 과거에 받은 스트레스를 꽤 오랜 기간 내재하고 있다가 사람이나 사물을 향해 해소.

– 1년간 자신을 괴롭힌 동창을 우연히 만나, 라켓으로 1회 때림.

– 며칠 전 누군가에게 안 좋은 소리 들은 게 생각나 화가 난다는 이유로 지나가던 호프집에 쌓아둔 빈 병 박스 4개를 집어던짐.

– 놀고 있는 아이들(4, 6세)에게 고무줄을 이용하여 접은 종이를 새총처럼 쏨.

| 범행 계획 및 동기 |

– 범행 1개월 전 모르는 사람이 때리고 간 것에 대한 스트레스를 느끼고 있던 중 송곳으로 타이어에 펑크를 내면서 해소감을 느끼고 그 후 약 2주 동안 17대의 차량 타이어를 손괴.

⇨ 스트레스에 매우 취약한 유형으로, 스트레스를 받을 당시에는 적절한 대응을 하지 못하고 시일이 지나 다른 사물이나 사람을 대상으로 해소하고자 함.

– 처음에는 압정, 핀, 가위 등으로 차문을 긁다가 타이어를 찔렀는데 잘 되지 않자, 송곳을 준비하여 범행.

– 잘못은 인정하면서도 지금까지의 전과 사실에 대해 모두 남 탓으로 일관.

| 심리 상태 및 재범성 평가 |

– 면담 내내 반항적이고 공격적이며 짜증내는 태도로 단답형의 피상적 답변 많음.

– 평소 감정을 억압하는 성향이 강함: 주관적인 감정이나 생각을 묻는 질문에 답하기를 매우 힘들어 함(한참을 머뭇머뭇하거나 대답을 하더라도 주변 얘기로 대치하고 정확한 답변을 회피).

※ 학창 시절 왕따와 같은 폭력 사건을 경험한 이후 나타난 심리적 외상일 가능성도 존재.

– 최근 2~3년간 삶의 전반적인 영역 모두에서 재미나 흥미, 의욕(성욕 포함) 수준이 매우 낮음.

– 인지기능상의 손상은 보이지 않으나 미성숙한 인지·정서적 특성과 함께 사회적 기능이나 대화 기술의 부족으로 인해 다소 그렇게 보일 수 있음.

– 과거 좋지 않은 경험에 대해 침습적(자동적·반복적)으로 사고하는 경향이 스트레스를 더 키우고 있음.

– 앞으로는 취업도 하고 가족과 대화도 하는 등 남에게 피해를 주지 않고 살겠다고는 하나 진지하지 않고 구체적 계획이 결여되어 있음.

– 최근 2~3년 동안에 집중적으로 나타난 전과 사실과 피의자 특성 등을 종합해볼 때, 추

후에도 재범 위험성은 높을 것으로 보임.

⇨ 범행 대상은 사물, 사람 모두를 향할 수 있으나 사물을 대상으로 하는 경우 방화와
같은 형태로 나타날 가능성도 배제할 수 없음.

④ **일가족 살인미수 피의자(양OO, 45세, 무직)**

'17. 8. 10. 13:05경 주거지에서 잠을 자고 아들(14세), 딸(11세)과 함께 죽기 위해 준비해둔 번개탄을 피워 자살을 시도하였으나, 번개탄 연기에 깨어난 딸이 父(부)에게 도움을 요청하여 미수에 그친 것임.

※ 본 사건은 자살 시도자가 사망하진 않았으나 자살 동기 부분을 좀 더 명확하게 밝히기 위해 의뢰된 건으로, 심리 부검 측면에서 자살자 동기 분석을 위한 면담을 실시.

┃ 성장 배경 및 생활 환경 ┃

- 1남 2녀 중 장녀, 초·중·고 졸업 후 경리, 판매직 등을 하다 남편을 만나 결혼, 슬하에 아들(14세), 딸(11세)을 두고 현재까지 큰 문제 없이 살아옴.

- [여동생과의 역동] 동글동글한 성격의 자신과 달리 야무지고 똑 부러지는 여동생은 항상 비교 대상이었으며 집안의 중요한 결정도 여동생이 하는 편으로, 母(모) 또한 여동생을 더 신뢰하고 선호함 → 여동생에 대한 열등감 존재.

  ※ 여동생은 대학을 나와 대기업에 다니는 등 '나보다 잘난 동생'이라는 인식.

- [채무 관계] '10년 빌라 구입을 하며 부족한 금액(1억)을 여동생에게 빌린 뒤 이자 명목으로 매달 80~90만 원씩 지불해오다 '17년 여동생이 원금 갚기를 요구 → 이 돈을 친구에게 빌려주고 돌려받지 못하게 되면서 여동생과의 갈등 시작.

  ※ 친구에게 투자 명목으로 빌려준 돈이었으나 친구가 갚지 못하는 상황이 되면서 연쇄적으로 여동생에 대한 채무 변제를 자꾸 미루게 됨.

┃ 성향 및 대인 관계 ┃

- 비교적 낙천적 성향으로 현재 친정과의 관계를 제외하고는 가족이나 기타 대인 관계 모두 원만(신경 써주고 위로해주는 친구들이 많음).

- 말을 잘 못하는 편이라 자신보다 말을 잘하는 사람 앞에서는 자신의 의견이 맞더라도 말하지 않고 이때 받은 스트레스를 나중에 혼잣말이나 친구들과의 수다로 푸는 편.

  ※ 특히 여동생과의 관계에서는 주눅든 모습(이번 일은 어쨌든 자신이 잘못한 부분이 있기

때문에 언니를 대하는 여동생의 태도가 잘못된 것임에도 자신은 뭐라 할 수 없음).

| 범행 상황 및 동기 |

– 첫 변제일을 넘긴 후부터 최근 한 달간 매일 여동생과 모친으로부터 비난과 무시, 폭언이 담긴 빚 독촉 전화와 문자 폭탄 등을 받으며 스트레스 고조.

– 빚을 갚기 위해 여러 방법(제부를 통한 대화, 주택담보 대출)을 시도해보았으나 여의치 않았고 더는 미룰 수 없는 변제일에 대한 심리적 압박감이 가중 → 죽고 싶다는 생각으로 발전.

– 범행 전날 궁지에 몰린 심정으로 자살 사이트 검색 후 친정에 내려가 고기를 구워 먹을 생각 반, 자살할 생각 반으로 음식과 숯을 사며 번개탄을 함께 구입.

　※ 범행 당일은 변제일이기도 했지만 원래 인사차 母를 한 번 찾아갈 예정이었던 날.

– 범행 당일 오전 내내 고민하던 중 11:42경 여동생의 빚 독촉 문자가 오기 시작하였고, 너무 힘들어 우리 가족 다 죽고 싶다는 말에 '그럼 죽어, 내 돈이나 빨리 갚아'라는 말에 촉발, 실행.

　※ 인터넷에서 자살 유가족의 고통에 대한 내용을 접하고 남겨진 아이들이 받을 사회적 비난, 놀림 등을 생각하며 아이들만 남기고 가면 안 되겠다는 결심을 하게 됨.

　⇨ [자살 동기] 채무 관계 자체보다는 거기에서 비롯된 여동생 및 모친과의 갈등.

　※ 변제능력 이상의 채무 금액은 아니기 때문에 채무 자체가 직접적 원인은 아니며, 채무 관계에서 받은 여동생과 모친의 무시, 비난, 폭언 등이 주요 원인이었던 것으로 보임.

| 재범 위험 및 종합 의견 |

– 피의자의 경제적 능력상 변제가 충분히 가능한 채무 금액이고 변제만 이루어진다면 최근 한 달이라는 짧은 기간 내에 증폭되었던 스트레스는 바로 해소가 가능하며,

– 피의자 스스로는 이번 사건을 자신이 너무 힘들어서 그냥 한번 해본 '에피소드' 정도로 인식하는 등 피의자가 다시 자살이나 위험 행동을 할 가능성은 매우 낮은 것으로 보임.

8장
·
미제 사건 프로파일링

태완이 사건을 돌아보며 ·

우리가 만나는 사건 중에는 발생 후 수사를 진행하고 범인을 검거하여 검찰에 송치하기까지 일련의 활동이 무리 없이 이어져 마무리되는 경우도 있지만, 범인을 검거하지 못하고 시간이 흘러 미제로 남는 사건들도 있다. '수사'를 개시한 사건에 대해 법령이 정한 원칙은 '검찰 송치'이지만 장차 검거의 가망이 없는 피해 신고 사건 등의 기록은 미제 편철이 가능하다. 이렇게 편철된 미제 사건[24]은 범인이 일체불상이거나, 범인은 있으나 증거가 부족한 경우 등 직접적 물증 등의 부족으로 대부분 '검거'가 어려운 사건들이다.

---

24 미제 사건은 모든 사건을 다 포함하고 있으나 여기서의 미제 사건은 주요 5대 강력 범죄(살인, 강도, 강간, 절도, 방화)를 위주로 설명하고 있다.

특히 공소시효가 만료된 미제 사건들의 경우에는 더 이상의 수사를 해보지도 못하고 종결될 수밖에 없다.

그 대표적 사례가 바로 대구 아동 황산테러 사건(태완이 사건)이다. 1999. 5. 20. 대구시 동구 효목1동 11번지 앞길에서 학원에 가던 김태완(당시 6세, 1993년생) 군이 정체불명의 남성에게 황산테러를 당해 실명했고 전신 약 40%에 심각한 3도 화상을 입어 병원에서 치료를 받다가 사건 발생 49일 만인 7월 8일 사망했다.

당시 범인은 황산을 멀리서 뿌린 것이 아니었다. 김태완 군의 진술에 따르면 검은 봉지에 황산을 넣고 바로 뒤에서 머리카락을 잡아당겨 얼굴에 황산을 쏟아 부은 것으로 알려져 충격을 안겼다. 수사 과정에서 김태완 군과 친구 이 모군(청각장애)이 똑같은 주장을 했으나 사고 후유증으로 인해 기억이 온전치 않을 것이라는 점, 친구의 경우 청각장애인이라는 점, 그리고 어린이라는 이유로 이들의 진술은 증거로 채택되지 못했다.

경찰은 끝내 범인을 잡지 못했고 2005년 전담반을 해체했다. 그러다 2013년 11월 유족과 시민단체의 청원으로 재수사에 착수했지만 7개월간의 수사에도 끝내 객관적인 증거는 확보하지 못했고 수사는 마무리됐다.

공소시효 만료일(2014년 7월 7일)을 사흘 앞둔 2014년 7월 4일 피해자 태완 군의 부모가 유력한 용의자로 판단된다는 이유로 A씨를 고소했으나 대구지검이 증거불충분을 이유로 바로 불기소처분하자, 곧바로 대구고등법원에 재정신청을 내 공소시효가 극적으로 정지된다. 그러나 대구고법은 용의선상에 오른 A씨를 가해자로 특정하기 어렵고 제출된 자료와 수사 기록만으로는 불기소처분이 부당하다고 보기 어렵다며 재정신청을 기각했다. 이에 태완 군의 부모는 이 결정에 불복해 대법원에 재항고를 했다. 2015년 7월 10일 대법원에서는 검찰의 불기소처분이 부당하다며 제기한 재정신청에 대한 재항고를 기각하였고, 사건은 결국 영구 미제 사건으로 남고 만다.

공소시효[25]의 폐지 ·

이를 계기로 살인 등과 같은 주요 강력 범죄에 대한 공소시효에 의문이 제기되었고, 15년인 살인죄 공소시효 폐지를 위해 형사소송법 개정안인 이른바 '태완이 법'이 발의되었다. 이 법안은 2015년 7월 24일 통과되고, 2015년 7월 31일에 공포·시행되었다. 그러나 법안 처리가 늦어져 정작 태완이 사건의 공소시효가 만료된 후에야 시행되었다.

법률 제13454호. 【제정·개정문】 제253조의2를 다음과 같이 신설한다. 제253조의2(공소시효의 적용배제) 사람을 살해한 범죄(종범은 제외한다)로 사형에 해당하는 범죄에 대하여는 제249조부터 제253조까지에 규정된 공소시효를 적용하지 아니한다.

※ 이 법안은 법정 최고형이 사형에 해당하는 살인죄의 공소시효를 폐지하고 아직 공소시효가 만료되지 않은 범죄에 대해서도 적용토록 했다. 또한 13세 미만의 사람 및 신체적

---

25 어떤 범죄에 대하여 일정 기간이 지나면 형벌권이 소멸하는 제도로, 공소시효가 완성되면 실체적인 심판 없이 면소판결을 해야 한다.

인 또는 정신적인 장애가 있는 사람을 대상으로 한 강간죄, 강제추행죄, 준강간 및 준강제추행죄, 강간 등 상해·치상죄, 강간 등 살인·치사죄 등의 범죄를 저지른 경우에도 공소시효가 적용되지 않는데 이는 2013년 6월 19일부터 시행되었다.

미제 사건 수사의 기원 ·

미제 사건의 기원은 미국에서 찾아볼 수 있다. 베트남전에 참전하고 돌아오지 못한 용사들을 송환하기 위한 노력이 시초이다. 언제 돌아올지 알 수 없는 가족을 기다리는 자국민들에게 이들을 찾아주기 위한 일종의 국가적 실종자 찾기 작업이었다. 따라서 모든 용사들이 그 대상이었지만 그중에서도 송환가능성(어느 수용소에 있는지 아는 경우)과 생사 여부 순으로 따져 송환 가능성이 높은 자를 우선했으며, 둘 다 모를 경우에는 실종이 오래된 사람 순으로 위 두 가지를 파악하여 송환하고자 노력했다. 이는 국가 차원의 실종 미제 사건 수사였다고 할 수 있다.

그러다 1980년대 중반부터 1990년대 초반까지 미국 내 살인 발생 건수가 급격하게 증가했다. 특히 워싱턴은 인구 10만 명당 살인 사건 발생 비중이 50.5건으로 살인자의 수도라는 오명을 가질 만큼 미국 내 살인 사건 발생률이 가장 높은 지역 중 하나였다. 강력계 형사들은 거듭되는 살인 사건으로 업무가 과중했고 수사력의 한계를 보이기 시작했다. 그렇게 미해결 사건은 쌓여만 갔다.

또한 살인 사건의 특성 또한 미해결 사건을 증가시키는 요인으로 작용했다. 당시 대부분의 미제 사건이 비면식 관계에서 특별한 동기 없이 무작위로 공격한 사건들이었다. 따라서 살인 동기에 초점을 맞춘 전통적인 수사 방식으로는 사건 대응에 한계를 보였다. 게다가 목격자 선정의 어려움, 목격자에게 확신을 가지게 하는 것, 안전을 보장하는 것, 그들의 증언에 대한 법적 효력을 확고히 하는 것 등에 어려움을 겪었고 사건을 재판에 회부하는 데 너무 많은 시간이 소요되었다. 이외에도 용의자의 살인 동기가 미약한 점, 피해자와 용의자 간의 연관성을 찾기 힘든 점 등으로 인해 수사 기간이 길어지고 수사 방향 설정이 어려웠다. 그러다 보니 이미 구속된 용의자들도 증거불충분으로 구속 기간이 만료, 석방되어 다시금 길거리를 활보하는 경우가 빈번했다.

다른 나라의 미제 사건 수사팀 ·

이러한 문제들에 대응하기 위해 워싱턴 경찰은 미해결 살인 사건을 담당할 새 조직을 구성했고 그것이 바로 살인 미제 사건 전담팀(Cold Case Homicide Squad)이다. 6명의 베테랑 강력계 형사로 구성된 전담팀은 교대 근무를 하지 않았고, 새로 발생한 살인 사건도 배당받지 않았다. 이렇게 업무를 시작한 미제 사건 전담팀은 1992년 이후 157건의 미제살인 사건을 종결시키는 성과를 거두었다.[26]

이후 마이애미시 경찰청, 캔자스시 경찰청 등에서도 미제 사건 전담팀이

---

26 Regini, Charles L., "The Cold Case Concept", *Law Enforcement Bulletin*, 1997(08).

운영되었으며 이들은 장기화된 사건에서 심적 변화를 일으킨 목격자들로부터 새로운 진술을 얻었고, 용의자 또한 자신의 범행 정보를 주변에 흘릴 수 있다는 사실과 최신 과학수사 기법 활용으로 미해결 사건을 성공적으로 해결해오고 있다.

이 외 다른 선진 국가에서도 미제 사건 수사 활동을 하고 있는데 영국 경찰의 경우는 독립된 경찰청이 존재하지 않아, 내무성 산하 경찰 지원 부서에서 에니그마(Enigma, 수수께끼)라는 미제 사건 DB 시스템을 운영하고 있고, 법과학적 분석 내용을 토대로 개별 지방경찰청에 수사 지원 서비스를 하고 있다.

캐나다에서는 온타리오 주립경찰이 수사국 내 CIB(Criminal Investigation Branch)를 두어 살인 등 강력 사건을 담당하는 미제 사건을 관장한다. 밀레니엄(Millennium)으로 명명된 미제 사건 프로젝트를 운영, 기존 과학수사 요원 및 전문 수사 인력을 활용하고 있다. 토론토시 경찰은 살인 사건 수사 전담 부서 내 미해결 살인 사건 전담팀을 설치, 웹페이지를 통해 미해결 살인 사건 발생일, 피해자 이름, 성별, 나이 등의 프로필을 게시, 적극적인 제보 유인 및 보상 제도를 운영 중이다.

한국의 미제 사건 수사: 프로파일링 광역팀 체제 ·

한국은 2015년 살인죄에 대한 공소시효 폐지를 계기로 경찰의 미제 사건 수사에 더욱 박차를 가하게 되었다. 장기 미제 사건 전담팀을 재정비하고 공소시효 만료로 묻어두어야 했던 많은 사건들이 다시 수면 위로 드러났다. 2018년 현재 17개 지방경찰청 강력계 소속으로 장기미제수사팀이 별도로 운영되고 있으며, 전국적으로 간추린 미제 사건 수는 280여 건이다. 프로파일러가 분석에 참여한 사건은 2017년 상반기 동안 30건에 이르며, 그중 충남 갱티고개 살인 사건 및 부산 다방 여종업원 살인 사건 등을 해결한 성과도 거두었다.

2006년 프로파일러 특채 1기를 시작으로 3년간 40명 2006년 1기(15명), 2007년 2기(15명), 2008년 3기(10명)의 특채요원이 선발된 이후 2011년 경찰청 과학수사센터에서는 한정된 인력 범위(서울청 외에는 프로파일러가 각 지방청에 1~2명에 불과) 내에서 프로파일러 간 정보를 원활히 공유하고 유기적인 협조를 통해 사건을 신속히 해결하기 위해 중앙·광역팀이라는 범죄 분석 운영 체계를 개편하여 시행했다.

중앙팀은 경찰청(과학수사센터)에 설치하고, 광역팀은 전국을 4개 권역(수도권, 충청권, 호남권, 영남권)으로 묶어 사건 규모와 발생 지역에 따라 평상시 체제와 비평상시 체제로 운영한다. 평상시에는 각자 소속된 지방청 내에서 발생·검거된 사건 정보를 모니터링·공유하며 분석회의 개최 여부 등을 의논한다. 광역분석회의가 필요하다고 판단되면 광역팀 내 프로파일러 소집을 요구하고 분석회의를 개최한다. 이러한 체제 덕분에 분석 요원들은 주요 강력 사건이 발생했을 때 필요에 따라 광역팀을 소집하여 해당 사건을 집중분석하고 처리할 수 있다. 특히 1명의 범죄분석요원만 있는 경우 주요 범죄 피의자를 면담할 때 근접 지방청 분석요원에게 협조를 구해 2인 1조로 면담할 수 있도록 하여, 사건 분석과 면담 모두에서 동료(전문

가) 간 교차검증이 가능하도록 했다.

2011년부터 광역 체제를 운영했음에도 불구하고 여전히 1명의 프로파일러가 한 지방청을 담당하는 곳이 많다 보니, 면담뿐 아니라 대부분의 분석을 혼자 처리할 수밖에 없었다. 하지만 내 의견과 판단에 오류는 없는지, 또 다른 가능성은 없는지 등에 대해 교차검증의 필요성이 요구되었고 이는 업무 정확도와도 연결되는 일이었기에 한정된 인력의 단점을 보완하고자 2015년부터 다시 범죄분석요원 특채가 시작되었다. 각 지방청별로 최소 2명의 인원은 보장하려는 움직임이었다. 그에 따라 2015년 4기(6명)를 시작으로 2016년 5기(6명), 2017년 6기(4명), 2018년 7기(4명)까지 총 20명을 추가 특채했다.

또한 최근에는 강력 사건 검거율이 90%를 웃돌고 있는 상황으로, 이는 한국의 형사가 얼마나 대단한지 알 수 있는 대목이기도 하다. 범인을 잡기 위한 그들의 집념과 끈기는 타의 추종을 불허하며, 그 노력의 결과로 강력 사건의 경우 과거에 비해 미해결 사건이 거의 없다고 해도 무방할 정도이다. 이에 따라 프로파일러가 관여해야 하는 발생 사건 분석의 절대적인 수요량 자체도 줄어든 것이 사실이다.

이러한 상황 속에서 2015년을 기점으로 살인에 대한 공소시효가 폐지되었고 자연스레 우리의 관심은 미제 사건으로 옮겨갔다. 물론 이전에도 미제 사건에 대한 분석 활동이 없었던 것은 아니다. 단지 미제 담당팀의 의뢰가 있거나 분석 지시가 있을 때 행해지는 것이 전부였으며 현재의 광역 형태라기보다는 해당 지방청에 소속된 분석요원이 분석하는 형태였다.

따라서 팀으로 구성된 지방청에서는 자체 분석이 가능했으나 그렇지 못한 지방청의 경우 타 지방청과 협조하여 분석하기도 했다. 다행히 현재는 미제 사건 분석의 경우 필히 2개 이상의 지방청이 모여 광역 분석을 하도록 지침이 마련되어 있다. 이는 그전부터 광역 체제를 활용하여 프로파일 러들이 자발적으로 모여 미제 사건을 분석했던 움직임이 있었기 때문에 가능했으며, 그 시초는 충남지방경찰청이다.

1명의 분석요원이 근무하는 지방청을 중심으로 함께 모여 미제 사건을 다루면 좋겠다는 생각에서 시작한 충남지방경찰청의 광역분석회의는 점점 더 많은 지방청의 분석요원을 불러 모았다. 그 결과, 미제 사건에 대한 활발한 분석이 이루어졌고 각 지방청의 장기미제수사팀에서도 긍정적인 피드백이 이어지자, 모든 지방청 분석요원들이 참가하여 미제 사건을 다룰 수 있도록 경찰청 차원의 지원이 시작되었다.

그에 따라 광역팀[27] 별로 분석이 필요한 미제 사건을 선정하고 일정을 잡아 2박 3일씩 모여 사건 분석을 진행하게 했다. 사건은 각 지방청 장기미제 수사팀에서 수사하고 있는 사건 중 현재 수사가 진행되고 있는 사건 위주로 선정했으며 광역 분석 시 미제수사팀과도 함께 의논하고 토론하는 시간이 포함되었다.

이렇게 진행된 미제 사건 광역분석회의는 미제 사건을 분석한다는 그 자체만으로도 매력적이었지만, 한편으로는 선임기수와 후임기수 간의 협업을 통해 후임기수가 빠른 시일 내에 업무를 익히고 배울 수 있도록 하여 범

---

27 최근에는 사건 특성에 따라 필요 전문인력을 소집 · 운영하는 추세이다. 이는 지역별로 구분한 '광역'의 의미와 경계가 확대된 것이다.

죄분석요원 전체의 상향평준화도 꾀할 수 있었다. 선임기수(1, 2, 3기)와 후임기수(4, 5, 6, 7기)가 무려 7년의 공백을 두고 뽑히다 보니 후임기수만 덩그러니 혼자 발령받은 지방청의 경우는 답답하고 힘들 수밖에 없다. 이런 사정을 미리 경험해본 선임기수의 아이디어가 빛을 발한 것이다.

미제 사건 광역분석회의 준비 과정 ·

지방청별로 돌아가며 잡힌 일정에 따라 분석회의를 진행하며, 보통은 회의 일주일 전에 관련 자료를 참여 분석요원들에게 송부한다. 미제 사건의 경우 일반 발생 사건과 다르게 과거 수사 기록이 모두 쌓여 있다 보니 송부를 위한 스캔 작업에 며칠이 걸리기도 한다. 500~600페이지에 이르는 두꺼운 사건 편철 자료가 기본 10권에 이르며, 이 중에 반복되거나 굳이 필요 없는 부분은 선별해 제외하는 작업도 포함된다. 이렇게 분석회의를 주최하는 해당 지방청에서는 회의 준비를 위한 기간이 소요되며 타 지방청 분석요원들

회의 참석자 누구나 사건을 한눈에 볼 수 있도록 정리하고 수정하기를 반복한다.

은 받은 사건 자료를 최소 1번은 읽고 전반적인 내용을 머리에 담고 와야 한다.

3일[28]이라는 짧은 일정 안에 분석 결과를 내고 브리핑까지 해야 하기 때문인데, 보통 마지막 날에 브리핑을 한다. 이를 위한 준비 시간을 생각하면 실제 분석에 쏟는 시간은 기껏해야 하루 내지 이틀이다. 그만큼 회의 전 준비가 중요하다.

3일간의 여정: 현장답사, 분석회의, 보고서 작성

보통 첫날에는 수사 자료 내용을 확인하여 내용을 정확히 파악하는 데 반나절을 보낸다. 필요하다고 판단되면 사건 현장도 둘러본다. 타임라인과 사건 재구성을 통해 더 깊숙이 사건을 들여다보고 논쟁이 되는 문제들에 대해 토론식으로 회의가 진행된다. 많은 가설 중 불가능한 것들은 제거해 나가면서 가장 근접한 가설을 찾아나간다.

각 가설을 지지하는 근거와 부정하는 근거 사이에서 얽혀 있는 인과관계를 잘 찾아야 한다. 그러다 보니 공식적으로 회의를 마치는 시간이 새벽 1~2시가 되기 일쑤이고, 숙소에서조차 사건 애기를 나누다 보니 새벽 3~4시까지 이어지는 것과 다를 바 없다. 이러한 과정으로 이 사건이 어떤 사건

---

28 이 기간 설정의 적절함에 대해서도 여러 이야기가 있었지만, 각자 소속된 사무실에서의 일정과 출장 관련 부담감 등을 모두 고려하면 3일이 가장 적당한 시간이라는 의견이 많았다.

인지 모두가 동의하는 하나의 결론에 다다르고, 이제 보고서를 작성하는 중요한 관문이 남게 된다.

우리의 모든 업무는 보고서로 작성되고 수사팀에서는 이를 참고한다. 활동을 종합한 자료이기 때문에 보고서 작성은 매우 중요하다. 왜 그런 결론에 이르게 되었는지, 누가 보아도 합리적이고 논리적인 전개가 뒷받침되어야 하는데, 종종 토론을 하면서 말로 할 때는 술술 연결되던 것들이 보고서 작업으로 넘어가면 또 다른 세상의 이야기가 된다.

보고서 작성은 한 사람이 모두 도맡지 않는다. 광역분석회의 특성상 참가 분석요원의 수가 많은 만큼 보고서도 팀 작업으로 진행한다. 파트별로 팀을 정해 자신이 맡은 내용에 대해 그동안 함께 논의하고 결론 내린 부분을 일목요연하게 정리하여 작성한다. 또한 동시에 한두 팀 정도는 분석요원들이 사용하는 SCAS나 HOLMES 시스템을 이용해 유사 사건 사례를 찾거나 필요한 통계치를 뽑아 분석 내용을 뒷받침할 자료를 보강한다.

기본적으로 보고서의 세부 항목은 분석 개요 및 사건 분석(현장 특징, 피해 상황, 피해자 특성), 범죄 행동 분석(타임라인, 사건 재구성 등), 유사 사례

서울청에서 진행한 미제 사건 광역분석회의의 흔적들

한국의 프로파일링

분석, 종합분석 및 수사 착안 사항 등으로 이루어진다. 미제 사건 특성에 따라 다루는 내용이나 항목은 달라질 수 있다.[29]

미제 사건 해결을 위한 다각도의 노력 ·

장기미제수사팀은 강력계 소속이고 프로파일러는 과학수사계 소속으로, 서로 협조하는 방식으로 진행된다. 범인 검거를 위한 실제적인 수사 진행은 미제 사건 전담팀에서, 검거를 지원하기 위한 각종 프로파일링 기법을 활용한 분석은 프로파일러가 한다.

물론 전체적으로 보면 프로파일러뿐 아니라 과학수사계 내의 각종 최신 기법들이 미제 사건을 해결하기 위한 역할을 한다. 그 배경으로는 법과학 및 과학기술의 눈부신 발전을 들 수 있다. 특히 과거에는 기술의 한계 등으로 쪽지문의 주인을 찾기가 불가능했지만 최근에는 쪽지문만으로 신원을 확인할 수 있으며, 정기적인 지문 재검색으로도 미제 사건 해결에 일조하고 있다. 또한 유전자 감식, 영상분석프로그램(CCTV), 법보행 분석, 장문 분석, 음성 분석 등 더 정교해지고 새로 개발된 기법들도 훌륭한 무기이다. 따라서 발생 당시에는 감정이나 감식에 적합하지 않았다 해도 관련 물적 단서가 남아 있다면 지금의 새 기법들을 이용해 중요한 증거가 될 수 있다.

또한 1기 특채를 시작으로 지난 10년간 프로파일링 분야에도 많은 발전

---

29 구체적인 업무 절차는 본문 250쪽 별첨으로 첨부함.

이 있었다. 초기 용의자 프로파일링 등에 초점이 맞추어져 있던 프로파일링은 그동안 특채요원들이 활약하면서 새로운 기법을 연구하고 적용하여 업무 영역을 확대해왔다. 특히 진술 분석과 용의자 성향별 신문 전략 및 지리적 프로파일링, 사건 재구성 등을 통해 미제 사건을 원점에서 재조명해볼 수 있게 되었고, 이에 따라 당시보다 발전한 사회과학적 방법 및 전략과 그간 축적된 노하우를 적용해볼 수 있다.

미제 사건 수사의 중요한 노하우 중 하나는 미제 사건의 가장 큰 단점이자 장점인 '시간'을 이용하는 것이다. 살인 사건은 발생 후 평균 48~72시간 내에 해결되지 않으면 매우 힘들어진다. 특히 장기 미제 사건은 목격자를 찾거나 그들의 기억을 정확히 회상시키기 어려운 단점이 있다. 그러나 시간은 사건 해결을 위한 훌륭한 요소가 되기도 한다. 시간이 흐르면 용의자와 관련된 사람들의 관계 또한 변화하기 때문이다. 이전에 용의자와 가까웠던 친구도 적대적으로 변할 수 있고, 최초 사건 현장을 목격한 목격자의 두려움이 가라앉고, 언론의 보도 열기도 수그러들어 덜 조명받는다.

게다가 시간은 살인범들에게 자신의 범행을 주변에 떠벌리며 자랑하는 기회를 주기도 한다. 미제 사건에 새로운 목격자가 생겨나는 것이다.[30] 미제 사건 전담팀은 과거의 적대적인 목격자나 알려지지 않은 목격자들로부터 가치 있는 진술을 확보해 진위를 확인하는 일이 중요하며 이때 거짓말탐지검사를 하거나 법최면 등을 통해 기억회상을 높이기도 한다.

프로파일러는 이러한 목격자가 여럿일 경우 우선순위를 정하는 목격자

---

30 Regini, Charles L., "The Cold Case Concept", *Law Enforcement Bulletin*, 1997(08).

평가를 하며, 용의자로 의심되는 인물에 대한 진술 분석을 통해 진술 진위 여부를 가리고, 추후 조사 시 집중적으로 추궁할 부분을 선별한다. 또한 과거 진술과 현재 진술의 차이와 행동의 차이를 분석하여 용의자 유형에 따른 신문 전략 수립을 지원한다.

미제 사건 분석 방법: 귀납적 분석 vs 연역적 분석 ·

미제 사건 분석의 방법을 정리해보자면 크게 귀납적 프로파일링과 연역적 프로파일링으로 나눌 수 있다(물론 이는 미제 사건뿐 아니라 다른 모든 사건에도 적용된다).

귀납적 프로파일링

귀납적 프로파일링은 서로 다른 범인이 유사한 범죄를 저질렀다면 이들 범죄자들에게 공통된 성격 특성이 있다고 전제하는 것이다. 이에 따라 유사 범죄에 대한 축적된 자료를 바탕으로 발생 사건 범인의 특성을 추론한다. 따라서 과거 사건에 대한 정확한 정보 수집이 중요하다. 통계 자료를 바탕으로 대략적 추정을 하고 빠른 시간 내에 수사 방향을 설정할 수 있어서 시간과 인력의 손실을 줄일 수 있다. 그러나 적은 수의 표본을 전체 범죄에 적용하다 보니 일반화의 오류를 범할 위험성이 있고 100% 맞거나 100% 틀리는 결과가 발생한다는 단점이 있다.

귀납적 프로파일링 예시

- ▸ A는 피해자의 애인이었고, 시체를 먼 곳에 유기하였다.
- ▸ B는 피해자와 부부 사이였고, 시체를 멀리 옮겨 유기하였다.
- ▸ 그러므로 피해자와 매우 가까운 관계에 있는 범인은 피해자의 사체를 먼 곳에 유기할 것이다.

연역적 프로파일링

연역적 프로파일링은 어떤 범죄자도 정확하게 동일한 행동을 하지 않는다고 전제하는 것이다. 범죄 현장의 법과학 증거, 검시 보고서, 현장 사진, 가해자 연구, 수사 사항 수집, 참고인 진술 등 가능한 모든 자료를 수집하여 특정 범죄자의 범행을 재구성하고 행동 패턴, 범행 동기, 성격, 범죄자 수, 정서 등을 분석한다. 유사한 범행을 저지른 다른 범인과 구별되는 고유한 특징을 파악할 수 있고 철저한 자료 수집과 평가를 반복하여 보다 정확한 결론에 도달할 수 있지만, 그러기까지 많은 시간과 노력이 소요된다. 더불어 여러 분야에 대한 지식과 이해가 필요하기 때문에 오랜 훈련과 교육이 요구된다는 단점이 있다.

연역적 프로파일링 예시

- ▸ 사이코패스는 거만하고 냉담하며 죄책감이 결여된 사람이다.
- ▸ 이 사건의 용의자는 거만하고 냉담하며 죄책감이 결여되었다.
- ▸ 그러므로 이 사건의 용의자는 사이코패스일 것이다.

지금까지 프로파일러가 실시한 미제 사건 분석회의를 살펴보면 사건 특성에 따라 방법의 차이는 조금씩 있지만 큰 틀에서는 연역적 방법이 골자가 된다. 모든 관련 자료를 수집하여 사건을 재구성하고 특정 용의자의 범행 동기와 용의자 성향 등에 대한 분석을 보고서에 담아낸다. 그리고 우리가 분석한 사건의 특성을 포함하는 과거 유사 사례들을 참고한다.

즉 연역적 방법을 골자로 하여 귀납적 방법을 적절히 혼용한다고 보면 된다. 연역적 프로파일링은 효율성이 떨어지고 개인 역량과 경험에 지나치게 의존하며 전문가 양성에 많은 시간과 비용이 든다는 점이 단점으로 꼽힌다. 하지만 우리는 이를 보완하기 위해 10년 이상 훈련된 선배 전문가와 이제 막 프로파일러로 첫발을 디딘 후배 프로파일러들이 팀을 이루어 광역 분석을 실시한다. 이를 통해 단점 보완과 후배 프로파일러 양성이라는 두 가지 목적을 동시에 달성하고 있다.

2017년 상반기에 분석한 미제 사건 30건 유형 분석[31] ·

미제로 남은 사건들은 어떤 사건들일까? 2017년 동안 30건의 미제 사건을 분석해본 바 용의자만 있는 사건, 증거물만 있는 사건, 용의자와 증거물 모두 없는 사건으로 나눌 수 있었다. 수사 초기에 누가 봐도 용의자로 보이는 인물이 있었지만 물증이 뒷받침해주지 못해 미제로 남았거나, 물증은 있는

---

31 『2017년 미제사건 범죄행동분석 개괄』(경찰청, 2017) 참고.

데 용의자가 없었거나, 이도 아니면 둘 다 없어서 미제가 된 경우로 볼 수 있다. 각 유형에 따라 중점과 분석 방향에 당연히 차이가 있을 수밖에 없다.

용의자만 있는 사건

수법과 절차가 계획적이고 지능화되면서 범죄 현장에서 증거를 수집하기가 쉽지 않으며, 고의적으로 증거를 인멸하여 사건의 진위를 파악하기가 더 어려워지고 있다. 또한 범행 동기, 태도 등 정황적 증거를 바탕으로 판단해볼 때 용의자의 범행 가능성이 높음에도 불구하고 지문, DNA, CCTV 등 물적 증거가 발견되지 않아 기소가 어렵거나, 기소를 하더라도 법원에서 증거불충분으로 무혐의 판결을 받는 경우가 적지 않다.

용의자는 있으나 이를 입증할 만한 직접적 증거가 없는 경우에 용의자의 진술에 의존할 수밖에 없다. 하지만 용의자들은 경찰이 증거가 없다는 상황을 잘 파악하고 오히려 큰소리를 치는 등 최대한 자신의 범행을 숨기고 싶어 한다. 증거가 있다 해도 우선 부인하고 보는 용의자도 부지기수이다. 진술 분석은 이러한 대상자들의 언어적 태도를 분석하여 대상자가 사건에 대해 가진 태도와 심리 상태에 접근하고 추가적 조사가 필요한 부분을 파악하는 데 활용된다.

또한 이를 바탕으로 조사 장면이나 진술 자료를 가지고 용의자 성향을 분석하여, 추후 신문 시 접근할 전략을 수립할 수 있다. 다시 말해, 용의자만 있는 사건은 대부분 원점에서 사건을 분석하고, 용의자 재평가를 거쳐, 진술 분석 등을 기초로 용의자 성향 파악 및 신문 전략 수립에 중점을 둔다.

증거물만 있는 사건

사건 해결에 있어 CCTV, DNA, 지문 등 물적 증거물은 중요한 수사 단서이다. 미제 사건 중 우선 수사할 사건을 선정할 때에도 객관적 증거의 유무는 중요한 기준이 된다. 따라서 증거물이 있는 사건이 상대적으로 해결 가능성이 높다고 보고 우선 수사 대상이 된다. 먼저 증거물과 사건 간의 연관성, 법적 증거물의 신뢰성 등을 재검증하는 단계를 거친다. 증거물의 법적 효용성이 확보되면 증거물을 토대로 범행 재구성을 거쳐 범행 동기, 면식과 계획성 여부 등을 분석하고 유사 사례를 모아 용의자 유형을 추론한다. 그리고 유형에 해당하는 용의자군을 단계적으로 선정하여 우선순위 수사 대상자를 제시한다.

용의자와 증거물 모두 없는 사건

범죄 현장에서 이렇다 할 증거가 발견되지 않고, 사건 초기에 수사 방향이나 용의자 선정이 한 방향으로 편중되어 해결되지 못하는 경우가 있다. 미제 사건 대부분은 용의자와 증거물 모두 없는 사건이 차지하고 있다 해도 과언이 아니다. 이런 사건에서는 당시에는 활용할 수 없었으나 현재의 기술로는 기여할 만한 증거물을 찾는 것이 중요하다. 쪽지문이나 DNA 등이 그런 것인데 잘 보관해두었다면 충분히 다시 꺼내 분석해볼 수 있다. 또한 용의자가 없다고는 하지만 사건 특성에 따른 용의자 유형을 다시 분석해볼 수 있으며, 당시 용의자 선정에 문제점이 없었는지 검토할 수도 있다.

미제 사건이 모두 해결되는 날까지 ·

미제 사건 특성상 1년에 1건만 해결해도 대단하다고 할 만큼 해결 건수 자체는 다른 사건에 비해 미흡하다. 그러나 피해자에 대한 지속적인 관심과 멈추지 않는 수사로 경찰 이미지 제고와 사건 해결에 큰 역할을 하고 있다. 실제 미국의 한 미제 사건 전담팀 사무실에는 아직 해결되지 않은 사건의 피해자들 사진이 벽에 붙어 있고 "우리는 아직 잊지 않았습니다"라는 글이 적혀 있다고 한다. 이런 의지의 표현은 수사관이 수사의 끈을 놓지 않게 하는 자극제가 되며, 피해 가족에게는 수사기관이 아직 피해자를 잊지 않고 힘쓰고 있다는 위안과 함께 언젠가는 억울함이 풀릴 것이라는 희망을 주기도 한다.

우리는 언제나 범죄 예방을 위해 노력하고 있다. CPTED를 이용한 범죄 위험 요소 차단과 환경 정비, 중대 범죄 강력 처벌 등 다양한 분야에서 오래 전부터 예방 노력을 해왔다. 그럼에도 범죄는 발생하고 해결되지 못한 사건들이 생겨난다. 오랜 시간이 지나서 쏟아야 하는 수고와 노력은 배 이상이 든다. 하지만 미제 사건을 포기하지 않고 끝까지 품고 가야 하는 가장 중요한 이유는, 미제 사건이 해결될 때마다 세상에 미제로 남는 사건은 없다는 것을, 죄를 지으면 언젠가는 잡혀서 처벌받는다는 것을 보여주기 위해서이다. 이는 범죄 예방의 또 다른 방법일 것이다.

완전범죄는 고사하고, 미제로 남는 사건은 없다는 것, 그래서 언젠가는 응당 벌을 받는다는 사회적 인식이 형성되는 것이야말로, 장기적으로 이 사회의 범죄를 예방하는 일일 것이다. 그리고 이러한 인식이 더 일반적이

한국의 프로파일링

고 실제적인 상식으로 자리 잡기까지는 아직 더 많은 사람들의 노력이 필요할 것이다. 죄 없는 피해자가 대체 왜 죽어야만 했고 누가 그랬는지 알 수만 있어도 유가족의 억울함이나 답답함은 해소될 것이다. 내가 당한 일에 대해 그 이유는 고사하고 누구에 의해 그렇게 됐는지도 모른다는 것이 사람을 가장 힘들게 하기 때문이다.

사랑하는 가족을 잃었으나 아직도 그 범인을 알지 못하거나, 심증은 가지만 물증이 없어 억울함과 답답함을 안고 살아가는 유족들에게 우리의 이러한 노력이 작은 위로가 되길 바라며 언젠가는 모든 미제 사건이 결실을 맺기를 기대해본다. 우리의 미제 사건 프로파일링은 미제 사건이 없어지는 날까지 계속될 것이다.[32]

---

32 미제 사건 특성상 수사 진행 중인 사건이 대부분이므로 사건 소개를 생략한다.

미제 사건 분석 업무 절차[33]

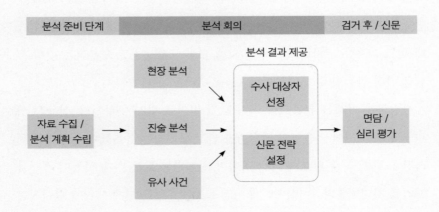

1. 자료 수집 및 분석 계획 수립

- 미제 사건 분석 전 준비 단계로 기존 수사 자료인 수사 보고서, 수사 기록 원본 및 형사 개인 기록 등을 수집하고, 미제 사건에 대한 수사팀의 요구사항을 수렴하는 단계.
- 수사 자료 및 미제 사건 수사팀의 요구사항을 바탕으로 분석 계획 수립.

2. 현장 분석

- 사건 현장 특성 및 증거물에 대한 종합적 분석을 통해 범죄 유형 및 행동 특성을 파악하는 단계.

현장 특성 검토

① 장소적 요소: 발생 지역의 주변 환경, 주변 지역 교통로, 예상 침입로, 도주로, 발생 지역의 노출 정도 등.

② 시간적 요소: 범행 발생 시간, 목격 시간, 범행 예상 시간대 등.

---

33   충남지방경찰청에서 2016. 12. 28. 기획한 「중요미제 사건 분석 TF팀 운영 계획」 참고.

③ 현장 요소: 현장 구조 및 동선 파악(혈흔 패턴, 족적 등), 시체 이동성, 범행 도구(준비성, 현장 유기 여부), 시체 상태(시체 외상, 폭행 정도, 방어흔 등), 사망 원인(법의학 소견), 사건 현장 위장 여부, 증거 인멸 시도, 가해자의 현장 유류물, 현장 특이점 등.

④ 피해자 요소: 위험성 노출 평가, 착의 상태, 피해자 마지막 행동·행적 등.

⑤ 증거물에 대한 법과학적 검토: 현장에 유류된 증거물과 용의자의 관련성 여부 등 효용성 판단.

현장 재구성

① 증거물, 법의학적 검토, 범행 현장 특징 등 현장 특성에 대한 검토 사항을 근거로 범행 과정을 총체적으로 재구성.

② 사건 맥락 이해, 용의자 진술의 신빙성 여부 및 수사 방향 설정을 목적으로 함.

③ 세부적으로 피해자 선택 → 현장으로의 이동 → 침입 → 피해자 제압 → 공격 → 목적 달성 → 살해 → 시체 유기 또는 범행 은폐 → 도주에 이르는 범행 과정 재구성

3. 진술 분석

- 사건 관련자의 말과 글 형태의 진술에 대한 신빙성을 평가하는 과학적 분석 기법.

① 진술 신빙성 평가 외 진술 속에서 나타난 진술자의 의도를 파악하여 향후 수사 시 추가 확인 내용에 대한 제언.

② 분석 대상은 피의자, 피해자, 참고인이 직접 작성했거나, 진술을 기재한 서면 및 녹음·녹화한 자료에 한정.

4. 유사 사건 분석

- 현장 분석 결과를 근거로 미제 사건과 유사 유형의 사건 정보를 수집 및 분석.

- 과학적 범죄 분석 시스템(SCAS), 지리적 프로파일링 시스템(GeoPros) 등을 활용하여 통계적 분석 실시.

5. 분석 결과 도출

- 수사팀 요구사항에 대한 분석 결과 제시: 계획 수립 및 정보 수집 단계에서 확인된 미제

사건 수사팀의 의문사항에 대한 분석 의견 제시.

수사 착안 사항 제시

① 추가 수사가 필요한 사항에 대한 제시.

② 우선수사 대상자 선정.

신문 전략 제시

① 분석 결과를 토대로 수집된 자료를 통해 신문 대상자의 성향, 범죄 관련성, 진술의 모순점, 의도적 생략 등을 파악, 분석하여 신문 전략 및 주의사항을 수사관에 제공.

② 조사실 조명, 수사관과 대상자와의 배치 등 환경 조성 지원.

6. 면담 및 심리 평가

– 미제 사건 분석을 통해 검거된 피의자를 대상으로 범죄 행동(예: 범행 동기, 범죄 현장 특성, 범죄 수법), 심리 및 성격 특성, 범죄 예방 및 향후 사건 분석 시 도움이 될 수 있는 정보 등에 대한 면담.

– 면담할 내용은 범죄 분석 표준질문지를 근거로 하며, 필요 시 PAI, HTP, SCT 등 심리 검사 실시.

FBI 미제 살인 사건 현장 수사 체크리스트

핵심 요소

✓ 사건 정보를 상세히 숙지할 것

✓ 동기, 개인 의견, 용의자에 대한 터널시야를 주의할 것

✓ 거짓말 탐지 결과에 너무 얽매여 용의자를 배제하지 말 것

✓ 유전자, 법과학 증거 없어도 미제 사건 해결 가능성 있음

절차

✓ 모든 사건 자료를 읽고 정리(구조화, 분석)하라

· 서류, 음성 자료, 영상 자료

· 수사 기록

· 목격자, 용의자 진술

· 사건 현장 사진 / 약도

· 검시 보고서 / 검시 사진

· 독극물 검사 보고서

· 연구(실험) 보고서

· 이웃 / 방해 요소(장애물) 조사

✓ 가능하다면 서류는 전자화하여 컴퓨터에 정리하라

✓ 모든 법과학 증거와 연구 보고서를 확인하라

· 보고서 수집 및 기존 자료와 다른 사항들을 확인하라

· 검사 또는 재검사가 가능한 샘플인지 확인하라

· DNA(현재 기준에서 자격이 되는지)

· IAFIS(지문)

· DHS US-VISIT(국토교통부 방문 및 이민자 확인)

· NIBIN(총-탄도학 관련 정보)

· 전자기기(휴대폰, 컴퓨터, GPS, 소셜미디어)

✓ **수사 진행 사항과 사건 시나리오를 축적하라**

· 구별되거나 독특한 수법(MO)은 그 어떤 것이라도 확인하라

· 가능하다면 현장에 다시 가보라

· 사건과 관련된 차량을 확인하라

· 가능한 동기를 모두 고려하라

· 범행 당시 그 지역의 인구통계학적 요소를 확인하라

· 범행 당시 범죄율을 고려하라

· 그 지역의 유사 사건을 확인하라

✓ **피해자에 대한 모든 것을 확인하라**

· 신체적 특징

· 생활 환경 / 직업 / 취미

· 범죄 이전 피해자 행적

· 친구, 가족, 직장 동료

· 이전 범죄 피해 경험

· 위험성 수준

✓ **사건 관련 모든 사람의 정보를 최대한 수집하라**

· 최초 용의자 / 새롭게 추가된 용의자

· 피해자와의 관계

· 범죄 경력 조회 및 카드 · 신용 정보 조회

· 현재 거주지(생활 영역)

· 차량 조사 / 부가 정보

· 생활 환경 변화

√ 인터뷰할 사람과 질문사항을 확인하라
- 범죄 당시 이웃을 재정리하고 재조사하라
- 목격자를 확인하고 순위를 정하라
- 어떤 목격자가 용의자를 확인해줄 수 있는지 판단하라
- 과거 수사 당시 수사관이 어떤 질문들을 했는지 확인하라
- 과거에 하지 않은 질문들과 조사하지 않은 사람들을 확인하라

√ 예비 검사 의견을 들어보라

√ 다시 인터뷰하라
- 과거 이 사건을 담당했던 수사관을 인터뷰하라
- 피해자 가족과 친구들을 인터뷰하라
- 이혼한 배우자, 여자친구, 사교모임 회원 등을 만나 알리바이를 다시 인터뷰하라
  (시간이 오래 지남에 따라 달라진 관계를 확인하라. 이것은 미제 사건의 장점이다.)
- 핵심 목격자를 다시 인터뷰하라

√ 언론 보도 내용을 파악 · 평가하라
- 사건에 대한 언론의 관심 정도를 판단하라
- 이미 보도된 (민감한) 정보들을 확인하라
- 대중 · 언론 지원에 대한 유용성을 고려하라
- 웹사이트 또는 제보를 모니터링하고 확인하라

9장
·
불안정한 상태의 참고인 조사

기억과 오기억 ·

어린 시절 놀이공원에서 길을 잃어본 경험이 있는가? 어제 점심에 뭘 먹었고, 지난주 수요일에 입은 옷은 무엇이었나? 누구든 이런 질문을 받으면 잠시 기억을 더듬어 대답할 것이다. 이렇게 기억은 입력되었다고 해서 바로 출력되지는 않는다. 또한 기억이라는 것이 생각보다 허술하고 정확하지 않다는 것을 누구나 경험해봤을 것이다.

경찰 수사 과정에서도 사건과 관련된 사람들의 기억이 서로 일치하지 않거나 혹은 정반대로 나타나 수사를 진행에 어려움을 겪는 경우가 있다. 특히 물리적 증거가 부족한 사건 현장이라면 목격한 사람의 기억에 의존해 수사의 단서를 찾게 되는데, 목격자 기억의 정확도에 따라 사건 해결의 승패가 좌우된다고 해도 과언이 아니다.

그렇다면 사건이나 사건과 관련된 사실을 목격한 사람의 기억을 최대한 정확하고 구체적으로 인출하는 방법은 무엇일까? 이번 장에서는 기억(memory)의 특성에 대해 살펴보고, 인지 면담을 통한 보다 정확한 기억 인출 기법을 소개하고자 한다.

인지심리학(cognitive psychology)은 인간이 정보에 대해 어떻게 지각하고, 학습하고, 기억하고, 생각하는지를 다루는데, 특히 이번 장에서 살펴볼 기억이란, 우리가 과거의 경험에 대해 그 정보와 지식을 계속 유지하고, 그것을 현재에 되살려 필요한 작업에 맞춰 사용할 수 있도록 하는 수단이다(Tulving & Craik, 2000).

한 번쯤은 들어봤음직한 기억의 구조(단기 기억, 장기 기억, 작업 기억)나 종류(일화 기억, 암묵 기억, 절차 기억 등), 기억의 과정(부호화, 저장, 인출)에 대한 이야기는 인간의 정보 처리 과정을 중심으로 기억을 이해하려는 접근법이다. 초창기에는 이렇게 기억을 측정하는 방법이나 모형, 기억 과정 등에 관심을 가지고 '인간이 얼마나 정확히 또 얼마나 많이 기억하는가'에 대한 연구가 주를 이루었다면, 근래에는 기억의 왜곡 현상(인간의 기억에는 왜 오류가 많을까)에 대한 연구가 많아진 추세이다. 즉 연구의 시류가 'true memory(정확한 기억)'에서 'false memory(오기억)'로 변화한 것이다.

기억의 왜곡, 오기억 ·

일상적으로 사람들은 자신의 기억을 왜곡하는 경향이 있다. 대니얼 섹터

한국의 프로파일링

(Shacter, 2001)는 기억 왜곡이 일어나는 일곱 경우를 다음과 같이 설명했다. 우리는 이를 '기억의 7가지 죄'라고도 부른다.[34]

1. 일시성

기억은 곧 사라진다. 대부분의 사람들이 O. J. 심슨이 자기 아내를 살해한 혐의를 받았다가 무죄로 판명되었다는 것은 기억하지만 어떻게 무죄가 되었는지는 기억하지 못한다. 한때는 모든 사람들이 이를 알고 있었으나 이제는 아니다.

2. 정신없음

사람들은 이를 이미 닦았는데 또 닦는다거나, 무엇인가를 찾으러 방에 들어갔는데 무엇을 찾으러 왔는지 잊어버리는 일이 종종 있다.

3. 차단

분명히 알고 있는 사실인데도 막상 기억이 나지 않는 경우가 있다. 이는 마치 기억이 혀끝에서 맴돌기만 하고 나오지 않는 것과 같다. 어떤 사람과 마주쳤는데 이름이 도무지 생각나지 않는다거나, 어떤 단어와 뜻이 같은 단어를 생각해내려고 하는데 분명히 아는 단어인데도 생각이 안 나는 경우 등이다.

---

34 Robert J. Sternberg, *Cognitive Psychology* 참고.

4. 오귀인

사람들은 때로 자신이 읽거나 들은 내용의 출처를 기억하지 못한다. 때로는 실제로 본 것이 아닌데도 보았다고 생각하거나 들은 적이 없는데도 들었다고 기억하기도 한다. 목격자는 실제로 본 장면이 아니라 보았음직한 장면을 잘못 회상해내기도 한다.

5. 피암시성

사람들은 암시에 취약해서 어떤 것을 보았을 것이라는 암시를 받으면 그것을 본 것으로 기억하기도 한다. 네덜란드에서 비행기 한 대가 아파트 건물에 충돌하는 영화를 본 적이 있는지 물어보면 많은 사람들이 보았다고 응답한다. 하지만 그런 영화는 없다.

6. 편향성

사람들의 회상이 편향되는 일이 종종 있다. 현재 만성적인 고통을 당하고 있는 사람들은 자신의 실제 경험과 상관없이 과거의 고통스러웠던 일들을 더 잘 기억하는 경향이 있으며, 현재 고통을 겪고 있지 않은 사람들은 자신의 실제 과거 경험과 상관없이 과거의 고통스러웠던 일들을 잘 기억하지 못하는 경향이 있다.

7. 지속성

사람들은 크게 보면 하찮게 지나칠 수도 있는 일을 매우 중요한 일로 기억하기도 한다. 계속 성공을 하던 사람이 한 번 실패를 맛보면 여러 차례의 성공 경험보다 단 한 번의 실패를 더 잘 기억한다.

아마 이 7가지 경우를 모두 경험해보았을 것이다. 더 나아가 한 번도 경험하지 않은 가짜 기억이 머릿속에 남을 수 있음을 보여준 실험도 살펴보겠다.

쇼핑몰에서 길을 잃다 :
엘리자베스 로프터스의 가짜 기억 이식 실험(1993)[35] ·

| 실험 과정 |

24명의 참여자 가족에게서 실제 있었던 그들의 어린 시절에 관한 추억 3가지(true memory)와 그들이 쇼핑몰에서 길을 잃었다는 가짜 기억 1가지(false memory)를 적은 소책자를 준비 → 실험실에 온 지원자들에게 소책자를 읽은 후 각 추억과 관련하여 자신이 직접 기억하는 내용을 상세히 적어보라고 요청. (물론 아무런 기억이 나지 않으면 기억나지 않는다고 적으면 됨)

| 실험 결과 |

24명의 참가자 중 75%는 '쇼핑몰에서 길을 잃었다'는 가짜 기억에 대해 기억나지 않는다고 답하였으나 25%는 가짜 기억에 대한 이야기를 꾸며서 답함.

이 실험은 기억이 왜곡될 수 있을 뿐 아니라 한 인간의 두뇌 속에 완전히

---

35 Lauren Slater, *Opening Skinner's Box* 참고.

잘못된 기억이 들어설 수 있음을 증명한 실험이다. 물론 이 실험을 비판하는 자들은 실험자의 75%가 이야기를 지어내지 않았기 때문에 기억은 신뢰할 만하다고 반박하지만, 이 실험의 저자는 통계적 수치가 아닌 나머지 25%의 가짜 기억과 관련된, 너무나 상세한 묘사에 주목해야 한다고 지적한다. 실험 참가자 중 한 명의 가짜 기억을 들여다보자.

"제가 잠시 형제들과 함께 있다가 장난감 가게를 구경하러 들어간 것 같아요. 음, 그리고 길을 잃었어요. 전 주변을 두리번거리며 큰일이 났다고 생각했죠. 다시는 가족을 보지 못할 것 같았어요. 정말 무서웠죠. 그때 파란색 옷을 입은 한 할아버지께서 다가왔어요. 꽤 나이가 드신 분이었죠. 머리는 벗겨졌고요. 할아버지의 주변머리는 희끗희끗한 회색이었어요. 안경을 쓰고 계셨어요."

가짜 기억에서 보이는 이러한 상세한 묘사에는 색상과 같은 감각 정보와 감정 표현까지 포함될 수 있는데, 이는 확신하는 것과 실제로 옳은 것 사이의 관계가 얼마나 허술한가를 보여준다. 이처럼 인간의 마음은 기억을 왜곡시키기도 하지만 전혀 엉뚱한 기억을 만들 수도 있다. 즉 우리 인간의 기억은 그다지 정확하지 않다. 그래서 지금 나의 기억이 진짜 기억이라고 섣불리 확신할 수 없다.

실제와 차이가 나는 기억을 매우 쉽게 만들 수 있다는 사실은 수사 과정이나 법정에서의 목격자 증언을 주의 깊게 해석해야 한다는 것을 일깨워준다. 목격자 증언의 영향력은 특히 목격자가 자신의 증언을 확신하는 모습을 보일 때 더 커진다. 설사 목격자가 별다른 세부사항을 언급하지 않거나 일관성 없는 반응을 보여도 그렇다.

수사 단계에서 만나는 모든 사람들의 진술은 그들의 '기억'에 의존하고 있다. 게다가 수사관은 그 '진술'에 의존하여 수사를 할 수밖에 없다. 따라서 수사를 위해 이 모든 것의 기본이 되는 기억에 대해 정확히 이해해야 한다.

목격자 기억 ·

경찰 수사와 관련하여 많이 연구된 분야가 '목격자 기억'이다. 목격자들은 같은 사건을 목격하고도 서로 전혀 다른 이야기를 하기도 한다. 목격자 진술이 정확하지 않은 이유는 2가지이다. 목격자 자신의 문제와 목격자를 다루는 시스템의 문제이다. 목격자 자신의 문제는 낮은 지능(지적장애), 목격 시간, 주의집중 여부, 조명 여부, 감정 상태 등이 회상에 영향을 주어 기억이 정확하지 않을 수 있다는 것이고, 목격자를 다루는 시스템의 문제는 조사 방법, 질문 유형 등 절차의 표준화와 관련된 문제이다.

목격자 조사 시스템은, 예를 들면 어떤 단어를 사용하여 어떤 질문을 할 것인가에 관한 것이다. 개방형 질문(open question)도 목격자 조사 시스템과 관련된 문제에 해당한다. 즉 목격자 자신의 문제보다는 목격자를 다루는 수사관의 문제를 더 중요하게 보는 것이다(R. Milne, 2006).

또한 영국, 미국 등의 나라에서는 목격자 자체에 대해서도 자격 조건을 규정하고 있다. 목격 기회, 목격 후 시간 경과, 목격자의 확신감, 과거 경험시 정확성 여부, 얼마나 주의를 기울였는지에 따라 목격자 진술의 신빙성을 평가하여 목격자 간 순위를 매긴다. 여기서는 수사관의 질문 구성이나 작은 단어 하나에도 영향을 받을 수 있는 목격자 기억에 대한 실험을 하나 살펴보겠다.

| 실험 과정 |

1. 참가자들에게 자동차 사고 영상을 보여준다.
2. 일주일 후 참가자를 두 그룹으로 나누어 A그룹에는 "쾅!(crush) 소리 들었죠?", B그룹에는 "쿵!(bump) 소리 들었죠?"라는 말을 대화 중 넌지시 들려준다.
3. 그 후 영상에서 본 차의 상태를 선택하라고 지시한다.

| 실험 결과 |

A그룹: "차가 심하게 찌그러졌어요."   B 그룹: "앞부분만 살짝 긁혔어요."

부사 하나만 다르게 질문했을 뿐인데 같은 장면을 보고도 너무나 다른 상태의 차를 선택하는 결과를 가져왔다. 이처럼 우리 기억은 암시나 유도를 가능하게 하는 아주 작은 단어 하나에 의해서도 왜곡될 수 있다. 따라서 범죄 당사자인 피의자, 피해자뿐 아니라 참고인, 목격자 진술을 얻을 때도 질문 구성, 형태, 단어 선택 등에 주의해야 한다.

범죄자 기억 ·

그렇다면 목격자 기억과 달리 범죄자들의 기억은 어떨까? 범죄자들은 모든 것을 잘 기억할까? 무조건 모른다, 기억이 나지 않는다고 주장하는 범죄자의 말을 어디까지 믿어야 할까? 아니, 어디까지가 진실일까?

범죄자 기억(offender memory) 연구[36]에 따르면 범죄자들도 기억상실을 경험할 수 있다. 물론 범죄 유형에 따라 다른데, 여기서 범죄 유형은 크게 반응적 범죄자(reactive offender)와 도구적 범죄자(instructive offender)로 나눌 수 있다. 반응적 범죄자는 자신의 내적 동기, 즉 분노, 화, 두려움 등에 기인하여 범죄를 저지르는 사람을 말한다. 따라서 범행 동안 극단의 부정적 정서를 경험하게 되고 이러한 극도의 흥분 상태는 주의집중을 방해하여 사건에 대한 빈약한 기억을 초래할 수 있다. 반면 도구적 범죄자는 범행 동기가 외적 동기, 즉 돈과 금품, 성욕 등에 맞춰져 있기 때문에 범행 동안 자신의 목적을 위해 사건 자체에 주의를 기울이며 결과적으로 세부사항을 잘 기억한다.

다시 말해, 도구적 범죄자는 높은 수준의 기억회상을 수행할 수 있다는 의미이다. 따라서 경계선 성격장애를 가진 자가 반응적 범죄를 저지른 후 기억이 나지 않는다는 것은 설명 가능하지만, 사이코패스가 큰 만족감을 얻은 도구적 범죄에 대해 기억나지 않는다(poor memory)고 주장한다면 거짓일 가능성이 높다. 더 나아가 반응적 범죄자와 도구적 범죄자를 다룰

---

36 Sven A. Christianson, *Offenders' Memories of Violent Crimes*(2007) 참조

때 이러한 기억 특성에 따라 인터뷰 기법을 다르게 적용할 수 있다.

범죄자와 기억상실 ·

그렇다면 범죄 유형을 떠나 일반적으로 범죄자들이 주장하는 기억상실이 거짓인지 아닌지는 어떻게 알 수 있을까? 기억상실의 꾀병단서 중 첫 번째는 서든 온셋(sudden onset) 현상으로 범행 시각으로 추정되는 그 시간 동안의 기억이 통째로 편집된 것처럼 기억나지 않는다고 주장하는 것이다. 예를 들면 "그 시간 동안은 아무것도 기억나지 않는다. 블랙홀 같다. 모든 게 사라졌다"라고 하는 경우이다. 신기하게도 전후 상황에 대해서는 즉시 회상을 한다. 기억과 망각의 경계 구분이 모호한 것을 생각해보면 이는 임상적으로도 매우 드문 형태이다.

두 번째는 조사마다 기억상실 정도가 다른 것이다. 1회 조사에서는 주요 정보가 기억나지 않는다고 했다가 2회 조사에서는 어떤 것도 기억나지 않는다는 식으로 진술하는 경우이다. 기억을 상실한 부분이 매번 달라지거나 처음에는 기억해서 진술했던 것을 이후에는 모르겠다고 한다면 기억상실에 대한 꾀병을 의심해보아야 한다.

세 번째는 굳이 기억해내려고 하지 않는 태도이다. 보통은 사건과 관련해 조사를 받으러 올 때 자신의 결백을 입증하기 위해서건 다른 이유에서건 자신과 관련된 일을 기억하려고 노력한다. 하지만 기억상실을 가장한 사람들은 생각할 시간을 더 주거나 회상에 도움을 주는 전략들(거꾸로 기억

한국의 프로파일링

해보기 등) 어떤 것에도 반응하지 않고 기억 가능성에 대해 부정적 태도를 취한다.

네 번째는 자신의 기억상실이 술과 같은 약물 때문이라고 변명하는 경우이다. 술 때문이라는 언급 자체는 모든 사건에서 일반적으로 나타나는데, 기억상실을 주장하는 교통사고 가해 운전자들의 혈중 알코올 농도가 그렇지 않은 운전자들과 비교해 크게 차이가 없다는 연구 결과[37]를 고려해보면, 체면을 세우기 위함이거나 책임을 회피하기 위한 전략으로 보인다.[38]

수사관들이 가장 많이 듣는 말 중 하나가 "기억나지 않습니다"일 것이다. 기억은 시간이 흐르면 망각의 과정을 거치기 때문에 어쩌면 이 대답이 당연할 수 있다. 특히 꽤 오랜 시간이 지난 미제 사건의 경우가 그렇다. 하지만 범죄자들이 주장하는 기억상실은 우선 신빙성 여부를 확인해볼 필요가 있다.

살인과 같이 독특하고 감정적이며 일평생 한 번뿐인 경험을 하는데 부분적인 기억상실이 아닌 총체적인 기억상실을 겪는다는 것은 가능성이 너무 낮다. 꼭 살인이 아니어도 계획적이든 충동적이든 범죄라는 특별한 경험에 대해 무조건 기억이 안 난다는 것은 받아들이기에 무리가 있다. 따라서 사건과 관련된 모든 사람들(목격자, 피해자, 피의자 등)의 기억상실 여부에 대해 정확히 탐지해야 하며, 실제 기억상실 가능성이 있을 경우 기억을 향상

---

37 Oorsouw, Merckelbach, Ravelli, Nijman and Mekking-Pompen: Alcoholic blackout for criminally relevant behavior. *Journal of the American Academy of Psychiatry and the Law*, 32, 364~370, 2004.
38 물론 블랙아웃과 같은 알코올성 기억상실이 가능하나 이를 구분하기 위해서는, 먼저 음주량이 임상적으로 블랙아웃에 이를 만한 양이었는지 증명되어야 하고 기억상실과 관련된 기타 다른 꾀병 증상이 배제되어야 한다.

시켜 정확한 정보를 얻는 것이 중요하다. 물론 가짜 기억상실을 주장하는 경우에도 기억을 향상시켜줄 모든 방안을 제시해봐야 한다. 이에 대해서는 '인지 면담'을 소개하며 더 자세히 알아보도록 하자.

인지 면담과 기억회상 ·

인지 면담(cognitive interview)은 기억의 부호화, 저장, 인출과 관련된 인지심리학적 원리를 사용하여 일시적으로 잊은 기억을 되찾도록 하는 면담 기법이다. 경찰 교육 기관, 국방부 직할 부대 및 기관에 관련 커리큘럼이 개설되어 있으며, 프로파일러와 수사관을 대상으로 지속적인 교육이 진행되고 있다. 실제로 수사관들이 사건의 용의자, 특히 피해자나 목격자를 면담할 때 인지 면담이 사용되며 사건의 실체적 진실을 파악하는 데 도움이 된다. 그럼, 수사상 진행되는 면담(interview)이 신문(interrogation)과 어떤 점에서 다른지 살펴보기로 한다.

	면담	신문
개념	자연스럽게 이끌어가는 흐름으로, 범죄 사실을 추궁하지 않는 만남 또는 대화이며 정보를 얻기 위한 것	통제된 환경하에서 수사관이 용의자를 추궁하는 상호작용으로 용의자가 진실을 말하도록 하는 행위 (경찰 · 검찰의 피의자 또는 참고인 조사)
특성	· 유죄 단정 및 추궁은 아님 · 정보를 알기 위함 · 수사 초반에 이루어짐 · 다양한 환경에서 자연스러움 · 순차적인 기록이 효과적임	· 유죄 추궁 단계임 · 적극적 설득 포함 · 실체적 진실을 알아내기 위함 · 통제된 환경에서 용의자의 유죄를 논리적으로 확신할 경우 진행

수사 분야에서 면담은 자연스러운 분위기에서 대상자로부터 최대한의 정보를 이끌어내는 것으로, 기본적인 준비 과정이 있다.

첫째, 수사관은 대상자의 진술을 이끌어내기 위해 라포를 형성할 필요가 있다. 이를 위해 대상자와 공감대를 형성하고 개인적 정보를 편안히 이야기할 수 있게 하는 것이 중요하다.

둘째, 대상자가 면담의 중심이며, 많은 정보를 얻기 위한 중요한 역할을 맡고 있음을 알게 해주어야 한다. 개방형 질문을 함으로써 정신적으로 능동적이 되도록 격려하고 대답하는 중간에 끼어들지 않도록 한다.

셋째, 피해자가 범죄와 관련하여 불안을 갖고 있다면 두려움을 인정하고 그것이 자연스러운 것임을 알려주며, 필요한 경우에 피해가 제3자에게 일어난 것처럼 묘사하게 할 수도 있다.

넷째, 수사관은 일반인보다 좀 더 특별한 인성적 특성(인간 본성에 대한 이해와 여러 종류의 사람과 잘 어울리는 사회성, 총명함, 인내성)을 가지고 있어야 한다.

이렇듯 인지 면담은 피면담자의 심리적 준비 단계가 형성된 후에 진행하는 것이 효과적이고 일반적이다.

인지 면담의 대표적이고 실질적인 4단계는 모든 것 보고하기, 정신적 맥락 회복, 순서 바꾸기, 관점 바꾸기 순이다. 개인의 특성과 상황에 따라서 기억의 흐름을 자연스럽게 이어나가는 식으로 최대한 편안한 상태에서 기억회상을 유도하는 것이 효과적이다. 각 인지 면담 단계에 따라 인지 면담 기술을 어떻게 적용하는지 알아보자.

1. 모든 것 보고하기

대상자가 중요하지 않거나 하찮다고 생각할지라도 생각나는 모든 것을 가감 없이 말해달라고 해야 한다. 물론 꾸며서까지 진술할 필요는 없다는 말도 빠뜨리지 말아야 한다.

많은 대상자들이 수사관은 이미 많은 것을 알고 있다고 생각한다. 결과적으로 시간 낭비가 되지 않도록 수사관이 이미 알고 있거나 중요하게 취급하지 않을 것으로 추측되는 내용은 진술하지 않는 경향이 있다. 따라서 모든 것을 보고하라는 지시는 대상자가 말하지 않으려던 정보까지 보고하도록 만들 수 있다.

사건은 매우 일반적인 것부터 아주 상세한 것까지 다양한 정밀성 수준을 가지고 기억 속에 표상된다. 대상자가 보이는 보고 수준은 과거의 조사 경험, 미루어 짐작한 의사소통 규칙, 조사자가 알고 있을 정보라고 가정하는 것에 따라 달라진다. 따라서 모든 것을 보고하도록 요구하지 않는 한, 대상자는 일반적인 수준으로 보고하는 경향이 있다.

사람들은 확신성(confidence)이 회상된 정보의 정확성을 가늠하는 믿을 만한 지표라고 생각한다. 그래서 확신이 가는 정보만 보고하고, 확신이 없는 정보는 진술하지 않으려 한다. 그렇기에 확실하지 않더라도 모든 것을 보고하도록 격려해야 한다. 물론 꾸며내지 말라는 분명한 지시도 함께 해야 한다. 그래야 회상된 단편적 정보가 사건의 윤곽을 잡아가는 데 도움이 된다.

예시

선생님은 오늘 아침에 사고를 목격했습니다. 중요하지 않아도 상관없습니다. 제대로 기억나지 않아도 괜찮습니다. 떠오르는 게 무엇이든 선생님이 편한 방식으로 말해주십시오.

2. 정신적 맥락 회복

대상자에게 목격한 사건의 물리적·정서적 상태 등을 마음속에 재구성하도록 지시하는 것이다. 이는 털빙과 톰슨(Tulving & Thomson, 1973)의 부호화 특수성 원리를 기반으로 한다. 이론상 사건이 부호화될 때의 모든 환경적 측면은 하나의 맥락 단서로 작용할 수 있으며, 몇몇 연구자들은 인지 면담 구성 요소 중 이 지시가 가장 효과적이라고 주장한다.

다시 말해, 사건을 경험한 당시의 상황을 차분히 떠올리다 보면, 그때의 분위기, 목소리, 물체의 색상, 느꼈던 감정이 생각나게 되고, 이러한 주변 상황과 맥락들이 기억을 활성화시켜 사건과 관련된 중요한 장면이나 단서에 관한 기억 인출을 가능하게 할 수 있다. 그래서 맥락 회복에 관한 지시는 다소 시간이 소요될 수 있다.

즉 각 질문과 지시 사이에 잠깐 동안의 시간 공백을 둠으로써 대상자가 사건을 회상하는 데 보다 많은 노력을 기울이게 할 수 있다. 질문이나 지시들은 유도나 암시적이지 않아야 하며, 느리고 신중한 방식으로 진행되어야 한다. 또한 대상자가 원한다면 눈을 감게 하는 것도 도움이 된다. 그러나 대상자가 원하지 않는다면 주의가 분산되지 않도록 빈 벽이나 바닥을 쳐다보게 유도할 수도 있다.

예시

강도를 보았던 그 장소로 되돌아가보세요. 마음속으로 그 은행을 떠올려보세요. 당신은 은행 안 어디에 있습니까? 어떤 기분이었습니까? 어떤 소리가 들리나요? 냄새도 나나요? 거기에 있던 사람들을 모두 떠올려보세요. 은행 안에 있던 물건들을 모두 떠올려보세요. 마음속으로 충분히 떠올려보세요. 그리고 기억나는 모든 것을 빠짐없이 말해주세요. 불쑥 떠오르는 것도 다 말해주세요.

3. 순서 바꾸기

대상자가 진술했던 내용을 토대로 시간을 거슬러 올라가거나 중요 장면을 중심으로 앞과 뒤를 다시 진술하게 하여 기억을 끌어내는 기법이다. 이것은 바우어(Bower, 1967)의 중다기억흔적 이론(mutiple trace theory)을 근거로 만들어졌다. 즉 사람들은 사건을 부호화할 때 정보의 다양한 특징들을 여러 형태로 저장한다는 가정이다.

따라서 사건에 대한 완전한 정보를 확보하기 위해서는 다양한 형태의 질문을 반복해야 한다. 사건을 자유롭게 회상하게 했을 때 대부분의 사람들은 실제 일어났던 시간 순으로 사건을 보고하는데, 이때 특정 사건에 대하여 가지고 있는 각본 지식을 사용한다. 그러면 각본과 일치하는 정보만 회상하고, 일치하지 않는 정보는 회상하지 않을 수 있다. 순서 바꾸기는 대상자에게 실제 기억 기록을 검토하게 함으로써 각본과 일치하지 않는 부가정보를 보고하게 만든다.

이제 더 잘 기억이 나도록 해볼 것입니다. 무슨 일이 일어났는지 역순으로 말해보는 것입니다. 생각처럼 어렵지 않습니다. 그럼, 기억나는 것 중맨 마지막에 일어난 일이 무엇입니까? 바로 그 전에는 무슨 일이 일어났죠? 그 바로 전에는 무슨 일이 일어났습니까? (이런 식으로 대상자가 기억하는 사건의 맨 처음에 이르기까지 계속 질문한다.)

4. 관점 바꾸기

사건에 있었던 다른 사람의 관점으로 사건을 회상하게 하는 것이다. 사람은 자신의 관점으로 사건을 보고하는 경향이 있다. 이를 극복하는 방법으로 다른 사람의 관점으로 사건을 재조명할 기회를 제공하는 것이다. 이런 방법으로 누락된 정보를 추가로 회상할 수 있다.

단 다른 사람의 관점을 채택하라는 말이 진술을 지어내라는 뜻으로 잘못 해석될 수도 있다. 따라서 대상자에게 추측은 하지 말 것을 분명히 요청해야 한다.

예시

자, 기억에 도움이 될 다른 방법을 써보겠습니다. 다시 사건으로 돌아가서, 거기에 있던 사람들이 분명히 목격했을 정보들을 말해주세요. 추측해서 말해서는 안 됩니다.

인지 면담은 위와 같은 맥락을 걸쳐 잃어버린 기억을 도출하는 과정으로, 인지심리학의 여러 기억 이론들을 토대로 고안된 과학적 면담 기법이다. 그러나 면담자가 의사소통의 중요한 측면을 간과하고 대상자에게 부적절한 질문(강제 선택형, 복수 질문, 유도질문, 부정문, 복잡한 문장, 은어, 속어 등)을 한다면 수사에 도움이 되지 않는 방향으로 진행될 수 있다. 따라서 교육기관에서 최소한의 기본 교육 과정을 이수하는 것이 필요하다.

인지 면담의 실제 사례 ·

2014년 3월 20일 19시 18분경 서울 ○○구 ○○동의 한 빌딩에서 건설사 사장(50대, 남)이 누군가에게 칼로 가슴 등 7군데를 찔려 살해당한 사건이 발생했다. 건설사는 사건이 발생한 건물 3층에 있었으며, 직원들은 평균 18시경 퇴근하고 사장인 피해자는 19시경 퇴근하는 것으로 밝혀졌다.

혈흔이 최초 시작된 지점이 빌딩 1층 계단인 것으로 보아, 당일에도 사장이 사무실을 정리하고 내려오다가 1층에서 범인과 맞닥뜨린 것으로 보였다. 4층에 거주하고 있던 40대 남성은 "건물에서 비명소리가 들려 창문 밖을 내려다보니 어두운 복장의 남자가 인근 지하철역 쪽으로 달려가고 있었다"고 했다. 같은 시각 골목에서 나오던 차량 운전자 40대 여성은 호리호리한 체격에 검정 옷을 입은 범인이 빠른 속도로 차량 앞을 지나갔다고 진술했다.

범인이 피해자를 조우하고 살해 후 도주까지 걸린 시간은 단 3분. 단시간에 벌어진 사건의 경우 피해자와 범인의 상호작용이 거의 없다. 따라서 현장에 남은 단서도 부족한 경우가 많다. 이 사건도 마찬가지였다.

수사팀은 현장 주변의 CCTV 수십 대를 분석했고, 용의자로 추정되는 남

사건 현장 전경　　　　　　　　사건 현장 빌딩 1층 내부

성이 현장 주변을 자전거를 타고 배회하는 모습을 발견했다. 현장에 자전 거를 타고 접근한 이 남성은 사건 발생 36분 전 지하철역 쪽에서 사건 현장 방면으로 다가왔다가, 사건 11분 전과 6분 전에는 자전거를 탄 채 현장 바로 앞을 왔다 갔다 하였다. 또 범행 직후에는 자전거를 사건 현장 옆 노상에 방치해두고 도주했다. 이러한 사실이 확인되자, 문제는 범인이 타고 온 자전거를 확보하는 것이 되었다. 자전거에는 지문, DNA 등 범인을 특정할 생물학적 증거가 남아 있을 가능성이 컸다.

그러나 이미 자전거는 현장에서 사라지고 없었다. CCTV 분석 결과, 사건 발생 5시간이 경과한 시점에 20대 남성이 범인이 버리고 간 자전거를 타고 가는 장면이 확인되었다. 피해자를 찌르고 도주한 용의자의 인상착의가 40~50대로 보였다는 목격자 진술을 보면, 나중에 자전거를 가져간 20대 남성은 범인이 범행 후 길가에 버려둔 자전거를 습득한 사람으로 짐작되었으나 정확한 확인이 필요했다. 수사팀은 이 남성을 찾기 위해 현장 주변 잠복과 탐문 등 수사를 진행하던 중, 사건 발생 4일 만에 현장 주변을 지나가는 동일한 남성을 발견했다.

이 20대 남성은 퇴근 후 귀가 중에 노상에 버려진 자전거를 발견하고 가

자전거를 타고 현장 부근을 지나가
고 있는 용의자(우측 상단)

져갔다고 진술했다. 그런데 현재 그 자전거를 가지고 있지 않고, 언제 어디서 잃어버렸는지, 아니면 팔았는지 기억이 전혀 나지 않는다고 했다. 수사관의 질문에도 제대로 대답하지 못했고 진술이 오락가락했다. 참고인은 사건 발생 5개월 전에 뇌수술을 받은 경력이 있고 얼핏 보기에 지적장애이거나 지능에 문제가 있는 것으로도 보였다. 담당팀은 참고인으로부터 신뢰성 있는 진술을 확보하고자 프로파일러 지원을 요청했다.

인지 면담과 프로파일링 ·

면담에 투입된 프로파일러는 본격적으로 사건 관련 내용을 질문하기 전에 참고인의 나이, 직장, 학교 생활, 취미 등에 대해 대화를 나누며 라포를 형성했고, 참고인의 특성 및 심리 상태를 분석했다. 면담 결과, 참고인은 진술의 논리성이 다소 부족하나 인지능력에는 문제없고, 그보다는 기억을 적극적으로 회상하려 하지 않고 의도적으로 진술을 회피하는 태도를 보이는 것으로 나타났다. 기억에 있어서는 문제가 없으므로 인지 면담 기법 등을 활

한국의 프로파일링

용하여 최대한 자전거에 대한 회상을 유도해보기로 했다.

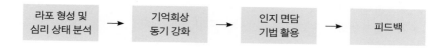

기억회상을 위해서는 기억을 인출하려는 개인의 인지적 노력이 요구된다. 따라서 참고인에게 진술을 얻기 위해서는 수사에 비협조적인 태도를 보이는 이유를 파악하고, 기억회상의 동기를 강화하는 것이 필수이다. 참고인과 편안한 분위기에서 면담을 나눈 결과, 자신의 소유가 아닌 자전거를 절취한 것에 대한 처벌을 두려워했고 불안감을 가지고 있었다.

이미 수사관이 "당신을 처벌하기 위해 조사하는 것이 아니라 다른 사건을 수사하는 것이다"라고 했지만, 스스로 절도죄를 저지른 상태이다 보니 매우 방어적으로 진술한 것이다. 참고인의 태도를 변화시키기 위해 현재 수사가 진행 중인 사건은 '살인'으로 '절도'와는 무관하고, 당신의 진술이 수사에 결정적 도움이 될 수 있다고 말하며 설득했다. 그러자 참고인은 "모르겠어요", "기억이 안 나요"라고 방어적 태도를 보이던 모습에서 "이게 도움이 될지는 모르겠는데……", "잘은 기억이 안 나는데……"라며 어느 정도 기억을 회상해내려는 태도로 변화했다.

참고인의 태도가 변화하면, 프로파일러는 기억 인출을 돕는 촉매제 역할을 해줄 수 있다. 앞서 살펴본 인지 면담의 여러 기법을 활용하여 최대한 기억회상의 양과 질을 높이는 것이다. 이번 사건에서는 참고인이 자전거를 획득한 뒤 마지막으로 어떻게 처리했는지가 쟁점사항이었다. 참고인의 기억회상을 돕기 위해 다음과 같은 기법들을 사용했다.

- **맥락 회복**: 맨 처음 자전거를 발견하고 가져갈 당시로 돌아가서 기억해 보기. 날씨, 생각, 느낌 등.
- **기억 순서 변화**: 가장 최근에 절도한 자전거에서부터 기억을 거꾸로 되살 려보기.
- **특수 정보 회상**: 다른 자전거와 이번 사건의 자전거가 구별되는 점 기억 해보기. 색상, 무게, 친숙성, 가격 등.
- **나에게 있었던 중요한 일을 기준으로 회상**: 최근 참고인이 팔을 다친 적이 있 는데 자전거가 없어진 것이 그 이전인지 이후인지 기억해보기.
- **관점 바꾸어보기**: 훔친 자전거를 친구에게 보여주었다고 진술. 친구 입장 에서 기억회상 시도.

참고인과 같이 달력을 펼쳐보며 약 1시간의 인지 면담을 진행한 결과, 자 신이 팔을 다치기 전에 그 자전거를 분실했고, 마지막으로 그 자전거를 타 고 PC방에 갔고 그 다음 날 자전거를 타고 출근하기 위해 아파트 앞 공원 난간에 묶어둔 자전거를 찾으러 갔지만, 그 자리에 없었다고 기억했다. 좀 더 기억을 더듬어본 결과 참고인은 최초로 그 자전거를 노상에서 발견했 고 집으로 타고 온 그날, 주거지 아파트 계단으로 자전거를 끌고 올라와 2 층 계단에서 공구를 이용해 브레이크 손잡이를 분리한 후, 창문 밖으로 아 파트 현관 지붕 위에 버린 사실을 기억해냈다. 수사팀이 해당 장소를 수색 한 결과, 참고인의 기억대로 현관 지붕 위에서 범행에 사용된 자전거의 브 레이크 손잡이가 발견되었다.

브레이크 손잡이에서 범인의 DNA가 검출되었다면 더할 나위 없었겠지

한국의 프로파일링

| 자전거를 계단으로 가지고 올라가는 모습 | 현관 지붕 위에 유류한 브레이크 |

만, 아쉽게도 어느 누구의 DNA도 확인되지 않았다. 프로파일링이 수사에 대한 심리학적 서비스라고 볼 때, 이 사건과 같이 수사팀의 시간과 노력을 절약해주는 것 또한 그 역할이다. 수사팀이 반드시 확인하고 지나가야 했던 중요 참고인의 진술과 행적을 단시간 내에 효율적으로 확보했고 용의점이 없다는 것을 확인함으로써 다음 수사사항을 신속히 진행할 수 있었다.

인지 면담의 수사 활용 ·

사건과 관련된 기억은 수사에서 가장 중요한 수사 단서 중 하나이다. 현장에 CCTV가 있다면 녹화된 영상이 모든 것을 말해주겠지만, 목격자 기억은 항상 정확한 것은 아니다. CCTV는 여러 번 반복 재생해도 항상 같은 녹화 영상을 보여주지만, 인간의 기억은 시간이 흐를수록 그리고 기억을 인출할 때마다 조금씩 변형되기도 하고 사라지기도 한다. 따라서 수사에서는 기억이 사라지기 전에 최대한 신속하게 정확한 기억을 인출하는 것이 중요하다. 시간이 지난 기억이라도 최대한 오염되거나 변형되지 않은 상태로 인출하는 것이 최대 관건인 것이다. 프로파일러는 다양한 인지 면담 기법을 통해, 목격자의 애매한 기억을 되살려 수사 단서로 제공할 수 있다. 인지 면담 기법이 프로파일러에게 반드시 필요한 이유이다.

10장
·
위기 협상

인질범과 협상을 한다고? ·

협상의 사전적 의미는 '어떤 목적에 부합되는 결정을 하기 위하여 여럿이 서로 의논함'이다. 이처럼 대개 협상은 비즈니스나 외교 상황에서 이해관계가 다른 당사자들이 대화를 통해 서로 동의하는 결과물을 산출하는 과정을 의미하는 단어로 사용된다. 하지만 이와 달리, 경찰이 범인이나 인질범과 협상을 한다는 것은 일반 시민들에게도 낯설고 경찰로서도 별로 달갑지 않은 상황이다. 나쁜 놈들을 혼내주지 않고 대화를 나누라니. 그리고 애초에 그런 사람들과 대화가 통하기나 할까?

  '협상'의 개념을 경찰에 최초로 도입한 곳은 미국 뉴욕경찰청이다. 1970년대 미국에서는 경찰차 등이 보급되면서 경찰이 사건 현장까지 출동하는 시간이 크게 단축되었다. 그러다 보니 범인이 범행을 끝마치기 전에 경찰이 출동하면서 포위된 범인이 안에 있던 사람들을 인질로 잡고 인질극을 벌이는 사건이 증가했다. 당시에는 인질범과의 대화가 경찰의 행동 옵션에 아예 존재하지도 않았다. "항복하라. 불응하면 진압한다. 하나, 둘, 셋!" 하고 특공대를 투입하여 무력 진압을 하는 것이 보통이었다.

그러나 무력 진압에는 부작용이 따랐다. 총격 과정에서 인질범뿐만 아니라 경찰관까지 사망하는 경우가 많았다. 이에 뉴욕경찰서장은 1971년 경찰관 프랭크 볼츠(Frank Bolz)와 심리학자 하비 슐로스베르그(Harvey Schlossberg)에게 무력 사용을 대신할 언어적 대안 개발을 요청했고, 이 둘은 무력이 아닌 협상을 통한 인질 상황 대응 방안을 고안해냈다.[39]

실제로 협상 규칙을 현장에 도입한 뒤 분석해보니 인질 상황에서 전술 작전을 펼칠 경우 관련자(인질범, 인질, 경찰관 등 포함)의 78%가 사상을 입게 되나, 협상을 시도한 경우에는 82%의 사건에서 아무런 사상자 없이 종료되는 것으로 나타났다.[40] 점차 협상 기법은 FBI뿐 아니라 미국 전역으로 확대되었다. 현재는 전 세계 대부분의 경찰 기관에서 협상 교육을 실시하고 있고, 실제로 협상팀도 운용하고 있다.

39 황세웅 · 이주락, 『위기협상론』, 웅진닷컴, 2009, 8쪽.
40 최성재, "경찰 위기 협상팀 도입에 관한 연구", 《경찰학연구》, 제9권, 제2호, 경찰대학, 2009, 272쪽.

한국의 프로파일링

인질 협상에서 위기 협상으로 ·

인질 협상이 인질 사건을 보다 평화롭게 해결해주기는 하지만, 사실 인질 사건은 극히 드물게 발생한다. 아마 퇴직 때까지 한 건도 경험해보지 않은 경찰관이 대부분일 것이다. 경찰관이 일상적으로 접하는 상황은 가정 폭력, 흉기 난동, 자살 기도의 상황들이다. 실제로 FBI의 HOBAS(Hostage Barricade Database System, 인질 및 대치사건 데이터베이스 시스템)의 데이터를 분석한 결과, 협상 전략이 전통적인 인질 상황뿐 아니라 가정 폭력, 자살 기도, 우발적 인질 대치, 정신질환자로 인한 대치 상황 등 다른 위기 상황에도 효과가 있음이 입증되었다. 이에 따라, 인질 협상은 '위기 협상'의 개념으로 확대되었고 교육도 그에 맞게 확대되었다.

우리나라 경찰도 2011년 5월에 경찰청 '대테러 센터'를 '위기관리센터'로 직제를 변경하고, 2009년부터 경찰대학과 경찰수사연수원에서 위기 협상 교육 과정(연 2회)을 통해 체계적인 협상 교육을 실시하고 있다. 위기 협상 교육 과정은 2주 과정으로, 교육 주제는 위기 협상의 개념, 협상 사례 연구, 적극적 청취 기법, 역할극 등으로 구성되어 있다. 이렇게 경찰대학이나 경찰수사연수원 또는 지방청 자체 위기 협상 실무 교육을 이수한 경찰관들을 경찰서 협상팀과 지방청 협상팀으로 편성하여 상황 발생 시 활용하고 있다.

개인적인 의미에서 '위기(crisis)'란 통상적으로 개인이 가진 자원, 역량 및 대처능력이 위협받거나 무력화되어 스스로 해결할 수 없는 어려움에 처한 상태를 의미한다. 심리적으로 건강한 개인이라면 어느 정도의 스트레스는 극복하고 심리적 평형능력을 유지할 수 있으나 죽음, 이별, 이혼 등 관계의 상실이나 실직, 건강 문제처럼 극심한 스트레스나 충격적인 사건을 당한 경우[41]에는 평형능력이 일시적으로 상실되어 상황을 극복하지 못하고 위기를 경험한다. 공공적 차원에서의 위기(public crisis)는 자살 행동, 감금 및 인질 사건 그리고 폭력을 사용한 협박 등과 같이 법집행 기관들이 법적 권위에 도전하는 사람들을 직면하게 되는 상황을 포함하는 개념이다.

인질 상황 vs 비인질 상황 ·

경찰이 접하게 되는 위기 상황은 크게 인질 상황과 비인질 상황으로 구분해볼 수 있다. 인질 상황이냐, 비인질 상황이냐에 따라 협상관의 대응 전략은 달라진다. 여기서 주의할 것은, 단순히 범인이 인질을 잡고 있는지 여부에 따라 상황을 구분하면 안 된다는 것이다. 실제 있었던 다음 사례를 보자.

2014. 3. 1. 서울 압구정동의 한 제과점에 이마에 피를 흘리는 남자가 들어왔다. 남자는 직원에게 119를 불러달라고 요청하더니, 막상 119 구급대원이 현장에 도착하자 갑자기 태도를 바꿔 제과점 주방에서 칼 2자루를 가져 나와 제과점에 있던 손님 1명을 인질로 잡았다. 제과점에 있

---

41 통상적으로 위기는 한 가지 이상의 복합적인 사유로 인해 발생되는 경우가 많다.

한국의 프로파일링

던 모든 사람이 나가고 인질범과 인질만 남은 채 출동한 경찰과 대치를 시작했다. 인질범은 누군가 자신을 해치려 한다며, 쥐도 새도 모르게 끌려가 살해당할까 겁이 나고 괴로우니 경찰에게 제발 자신을 총으로 쏴서 단번에 죽여달라고 부탁했다. 경찰이 함께 경찰서에 가자고 설득했으나, 경찰 중에도 자신을 죽이려는 자들이 있기 때문에 분명 자신을 어디론가 끌고 갈 것이라며 거부했다.

일반적으로 볼 때는 인질 상황처럼 보이겠지만, 아마도 협상팀은 이 사건을 비인질 상황으로 분석할 것이다. 인질 상황과 비인질 상황은 어떤 차이가 있는지 보자. 참고로 이런 상황을 벌이는 사람들을 위기 협상에서는 위기자라고 칭한다.

인질 상황

인질 상황은 범인이 금전, 이동 수단, 수감된 동료의 석방 등을 요구하면서 자신의 목적을 달성하기 위한 수단으로 인질을 잡고 있는 경우이다. 즉 검은 9월단 사건 같은 경우를 말한다. 이 사건은 1972년 독일 뮌헨 올림픽이 한창 진행되던 중 검은 9월단이라는 팔레스타인 무장 단체가 올림픽 선수촌에 침입하여 이스라엘 선수 9명을 인질로 잡고 이스라엘 정부를 상대로 이스라엘에 억류되어 있는 팔레스타인 포로들의 석방을 요구한 사건이다.

은행강도가 안에 있던 사람을 인질로 잡은 채 출동한 경찰과 대치하는 상황 또한 전형적인 인질 상황이라고 할 수 있다. 인질 상황에서는 인질범이 인질을 최대한으로 이용하여 자신이 요구한 사항을 얻고자 하기 때문에, 일단 협상이 진행되는 동안에는 인질의 생명을 해할 가능성이 비인질 상황에 비해 낮다.

인질범의 유형에 따른 범행 동기 및 특성

인질범의 유형	범행 동기 및 특성
정치적 테러범	① 정부가 자국민을 보호하지 못한다는 것을 대중에게 보여주기 위해 ② 왜 이런 행동을 하는지 주목받고 언론에 보도되기 위해 ③ 테러가 반복되면 정부에서 과도한 규제를 하게 되고 이로 인해 정부에 대한 시민들의 불만이 고조되기를 바라면서 ④ 투옥된 같은 집단의 구성원들을 풀어달라고 요구하기 위해
범죄자	· 범죄가 종결되기 전에 경찰에 포위되면서 충동적으로 인질 사건을 벌이는 경우가 이에 해당 · 보통 안전한 탈출을 요구하며, 추가로 금전을 요구하기도 함
정신질환자	① 환각이나 망상에 대한 반응으로 ② 자신이 부적응자도 아니고 이런 일을 저지를 능력이 있다는 것을 증명하려고 ③ 삶은 아무런 가치가 없기 때문에, 가족을 위해 할 수 있는 최선의 선택은 이 끔찍한 세상에서 가족을 벗어나도록 해주는 것이라고 생각해서
재소자	· 흔히 교도관이 인질이 됨 · 감옥 안의 상황을 언론에 알리고 원하는 투옥 조건을 당국과 협상할 수 있는 능력을 얻기 위해서

비인질 상황

반면에 비인질 상황은 위기자가 감정적으로 매우 흥분하여 비이성적으로 행동하면서, 타인이나 자기에게 위해를 가하려는 상황을 말한다. 자살 기도, 가정 폭력, 정신질환자에 의한 위기 상황이 해당되는데, 우발적으로 인질 상황이 연출되기도 한다. 그러나 이때의 인질은 인질 상황에서처럼 요구사항을 관철시키기 위한 도구가 아닌 위기자의 일방적 감정 분출에 의한 '범죄의 피해자'로 봐야 한다. 비인질 상황에서는 위기자의 요구사항이 아예 없거나("혼자 있고 싶다. 경찰은 가라"), 터무니없는 요구사항을 제시하기도 하고("대통령을 불러와라", "100억을 달라"), 때로는 자해를 하는 등 자기 파괴적 행동을 저지르기도 한다.

앞의 사건에서는 남성이 인질을 잡고 있기는 하지만, 인질을 통해 무엇을 얻기 위해서가 아니라 자신이 살해당할 것 같은 극도의 불안감으로 인해(일반인이 보기에는 터무니없지만) 일종의 자기보호 목적에서 이런 행동을 하는 것으로 보인다. 게다가 자신을 죽여달라는 말도 안 되는 요구를 하는 것으로 보아 정신질환도 의심된다. 이때 피해자는 범인의 불안감 또는 정신질환으로 인해 일방적으로 잡혀 있는 범죄의 희생양이다. 인질을 잡고 있지만 딱히 요구사항은 없다는 점, 감정적 혹은 정신적 문제로 이런 상황을 벌이고 있다는 점에서 위 사건은 전형적인 비인질 상황이다.

차별적 대응 전략 ·

그렇다면 경찰의 대응은 어떠해야 하는가? 인질 상황과 비인질 상황 모두 협상관이 차분히 인내심 있는 태도를 유지하면서 위기자와 협력 관계를 형성하고, 시간을 지연하는 것은 협상의 공통된 기본사항이다. 그러나 인질 상황과 비인질 상황은 그러한 행동을 벌인 동기가 완전히 다르기 때문에, 현장에 출동한 협상관은 가장 먼저 어떤 유형의 위기 상황인지 구분하고 차별적인 대응 전략을 세워야 한다.

인질 상황에서는 경찰이 확실한 포위망을 구축하고 전술팀이 배치되어 있는 모습을 은연중에 보이면서 인질범에게 어느 정도 심리적 압박을 가할 필요가 있다. 또한 사소한 요구사항에도 대가를 요구하여, 결과적으로 범인의 기대치를 낮추어야 한다. 예를 들면 협상이 장기화되면서 범인에게 식사를 제공하게 된다면, 그 대가로 인질의 석방이나 인질과의 전화 통화를 요구하는 것이다. 따로 범인에게 도주가 불가능하다는 것을 명시적으로 말하지 않더라도, 사소한 요구사항도 수용이 쉽지 않음을 반복적으로 경험하다 보면 범인 스스로 도주가 불가능하다는 것을 깨달을 가능성이 높다.

또한 계속 시간을 지연하면서 범인에게 계속 저항하는 경우와 투항하는 경우의 이익을 비교해 제시한다. 협상이 어느 정도 진전되고 협상관과 범인 사이에 라포가 형성되어 범인이 나오려는 의사를 보이는 경우, 범인이 신뢰할 수 있는 지역사회 인물이나 종교인의 도움을 받아 체면을 유지하면서 투항할 수 있는 방법을 제시하는 것도 좋다.

반면에 비인질 상황은 위기자의 감정이 극단으로 고조된 상황이다. 불필요하게 자극하는 일이 없도록 보이지 않는 곳에 전술팀을 배치하는 것이 좋다. 위기자를 진정시키고 감정을 해소하도록 도와주는 것이 가장 중요하므로, 협상관은 인내와 이해심을 가지고 대화를 해나간다. 또한 인질 상황과 달리 원활한 신뢰 관계를 형성하기 위해 대가 없이 물, 담배와 같은 작은 편의를 제공한다. 비인질 상황에서는 대화가 아주 중요하다. 협상팀에서 활용하는 적극적 청취 기법이라는 대화 기법을 살펴보자.

말 한마디가 뇌관을 건드릴 수 있다 ·

협상관으로서 위기 협상 현장에 출동하는 일은 수십 회를 반복해도 익숙해지지 않는 것 같다. 살인 사건 현장에 출동하는 것보다 훨씬 부담스럽고 두

렵다. 이미 사건이 발생한 후가 아니라, 현재 사건이 발생 중이기 때문이다. 자살기도자이든, 인질을 잡고 흉기 난동을 벌이는 사람이든 간에 나와 대화를 나누는 상대방이 삶과 죽음의 경계에 있고, 결과적으로 둘 중 하나로 끝맺을 것이라는 사실. 마음이 무겁지 않을 수 없다. 가끔 협상팀 동료들에게 농담처럼 "어차피 살 사람은 살고, 죽을 사람은 죽을 겁니다. 부담 갖지 말고 협상합시다"라고 말하지만, 막상 위기자와 일대일로 마주보는 상황에서 느끼는 어깨를 짓누르는 부담감은 도저히 떨쳐낼 수 없다.

과연 자살을 하려는 사람, 가족을 인질로 잡은 사람, 환청을 듣고 있는 정신질환자를 대화로 설득하는 일이 가능할까? 기억할 점은 이런 사람들이라고 해서 항상 경찰이 출동해서 대치하는 극단적인 상황을 만들지는 않는다는 것이다. 대개 문제가 누적되어오다가 스트레스 요인이나 촉발 사건으로 인해 빵! 하고 터지면서 큰 사건을 벌인다. 다행히 협상은 이러한 사람들의 인생을 개조하거나 치료하는 것이 아니다. 단지 위기자가 현재의 극단적 정서 상태에서 이성을 회복하고, 행동을 자발적으로 수정하게 하는 것이 목표이다. 즉 큰 사건이 터지기 전의 상태로 돌리는 것이다. 예를 들면 가족을 인질로 잡고 있는 위기자를 '성격이 나쁘고 가족에게 폭력을 휘두르기도 하지만 가족을 인질로 잡는 정도는 아닌' 상태로 돌려놓는 것이다.

상대방의 행동을 변화시키는 데는 흔히 생각하는 것처럼 강한 설득력으로 압도하는 방법은 효과적이지 않다. 오히려 위기자의 이야기를 들어주고 힘든 것을 인정해주고 감정에 공감해주는 것이 훨씬 효과적이다. 협상에서 주로 사용하는 대화 기법 중 적극적 청취 기법(active listening skill)에는 감정 상태 정의하기, 바꿔 말하기, 끝말 따라하기, 요약, 개방형 질문, 최소한의 고무, 효과적인 정지, 1인칭 메시지 기법이 있다.

감정 상태 정의하기

감정 상태 정의하기 기법은 '외로워 보인다', '화가 많이 난 것 같다', '좌절감을 느끼겠다'는 식으로 대화 내용에 내포된 상대방의 감정을 읽어주는 기법이다. 위기 상황에 처한 사람은 대개 사고가 마비되어 극히 단순한 감정 상태로 자신의 의지를 표현하거나 혹은 감정을 직설적으로 표현하지 않는다.

> 위기자: 젠장! 마누라도 떠나고, 애들도 떠나고, 인생 아무것도 없어.
> 협상관: 그동안 많이 외로우셨겠습니다.

위의 대화에서 위기자가 하는 말의 내용적 측면만 보면 단순히 가족들이 모두 집을 나갔다는 내용이지만, 그 안에 위기자의 감정이 들어 있다. 가족이 가출하자 인생이 아무것도 없는 것처럼 느껴진다는 것인데, 이 감정은 외로움, 슬픔, 배신감 등으로 해석할 수 있다. 때로는 위기자 자신도 자신의 감정을 제대로 알지 못할 수 있다. 대화 중에 자신의 감정에 대해 협상가가 이야기해줄 때, 위기자는 자신의 상태를 협상가가 이해해주고 관심을 가진다고 느낀다. 이것이 라포 형성의 시작이 될 수 있다.

바꿔 말하기

위기자가 한 말을 협상관이 자신의 말로 다시 바꾸어 표현하는 기법이다. 내용을 명확히 하고, 주제를 분명히 정리하며, 대화를 주고받는 형태로 유지하게 해준다. 또한 위기자가 지나치게 감정적일 경우에 효과적인데, 상대방이 격한 언어로 표현한 말을 협상관이 순화시켜 표현함으로써 감정의 수위를 낮출 수 있다. 특히 위기자는 자기가 말한 내용을 상대방으로부터 다시 들으면 분노가 좀 가라앉기도 한다.

> 위기자: 제대로 되는 게 하나도 없어요. 내 인생은 완전히 꼬였다고요.
> 협상관: 선생님이 의도한 대로 일이 잘 풀리지 않으셨나 봅니다. 인생의
> 실패자처럼 느껴진다는 말씀이시죠.

끝말 따라하기

끝말 따라 하기 기법은 위기자의 맨 마지막 말 또는 핵심 구절을 반복하는 기법이다. 간단한 기법이지만, 상대방의 말에 대한 관심과 이해 모두를 표현해줄 수 있다.

> 위기자: 내 뜻대로 되는 것이 없어 정말 우울합니다.
> 협상관: 정말 우울하시군요.

협상의 초기 단계에서 아직 위기자와 대화할 화제를 개발하지 못했을 때, 위기자에 대한 기초 정보를 얻고 심리적 거리를 완화하는 데 특히 유용하다. 예를 들어 자살을 기도하는 청소년이 협상관에게 "엄마도 몰라! 아저씨도 뭘 안다고 그래요? 학교에서 뭔 일이 있었는지 알기나 해요?"라고 한다면 "학교에서 뭔 일이 있었는지 아냐고? 나한테 좀 얘기해줄래?"라는 식

으로 위기자가 한 말의 마지막 문장에 대해 그대로 질문함으로써 더 많은 정보를 얻을 수 있다.

요약

대화가 어느 정도 진행되었으면 협상관은 그동안 나눈 이야기를 요약하여 위기자에게 말해준다. 그러면 협상관이 대화 내용을 주의 깊게 기억하고 의미를 충분히 이해하고 있다는 인상을 줄 수 있다. 위기 협상 교육의 역할극 실습에서 있었던 일이다. 위기자 역할을 맡은 배우가 자발적으로 걸어 나와 상황이 종료되었다. 그 후 평가를 하면서 투항을 결심한 동기를 질문하자 "협상관이 자신과 나눈 이야기를 죽 말해주면서 도와주겠다고 하자 신뢰가 갔다"라고 대답했다. 적절한 요약은 협상관을 믿고 나와도 되겠다는 신뢰감을 줄 수 있다.

> 위기자: 내가 나가면 진짜로 문제가 해결됩니까? 당신이 보장해줘요?
> 협상관: 선생님, 좀 전에 저와 얘기 나눈 것 중에, 나오시면 저와 같이 개인 파산 신청 자격이 되는지 확인해보고, 구청에 일자리 관련해서 문의해보기로 한 것 기억나시지요?

개방형 질문

위기자의 감정이 해소되기 위해서는 말을 길게 하도록 유도할 필요가 있다. '네' 또는 '아니요'라는 짧은 대답을 이끌어내는 폐쇄형 질문보다는, '누가', '무엇을', '어떻게', '어디에서'와 같은 의문사를 사용하여 개방형 질문을 할 때 위기자는 더 많은 말을 한다. 그럴수록 협상관은 더 많은 정보를 위기자로부터 얻을 수 있고, 위기자 또한 감정을 분출할 수 있다.

단 이때 '왜'나 '어째서'라는 의문사는 지양하자. 사건 발생의 원인을 따지면서 비난하는 모습으로 보일 수 있기 때문이다. 사건의 원인이 궁금하다면 "왜 이런 일을 벌이셨나요?"보다는 "무슨 일이 있었나요?"나 "일이 어떻게 된 건지 말씀해주실 수 있으세요?"가 낫다.

협상관: 무슨 일이 있었는지 말씀해주실 수 있으신가요?
협상관: 우울증이 있다는 말을 들었는데, 좀 어떠신가요?

최소한의 고무

이 기법은 간단하지만 협상관이 대상자의 말을 적극적으로 청취하고 있음을 나타내는 가장 기본적이고도 유용한 방법이다. '네', '그렇군요', '아', '음', '그런가요?' 등 상대방의 말에 맞장구를 치는 것이다. 손뼉도 마주쳐야 소리가 나는 것처럼 대화도 일방적으로 진행할 수는 없다. 협상관이 대화에 추임새를 넣어주면 위기자는 의욕을 가지고 계속 말할 수 있게 된다.

협상관: 아, 그렇군요.

효과적인 정지

침묵도 협상관에게 유용한 대화의 수단이 될 수 있다. 위기자를 진정시키고 차분하게 만들기 위해 협상관은 되도록 천천히 느긋하게 동요 없는 태도를 유지해야 한다. 만약 상대방이 너무 흥분한 상태에서 혼자 장황하게 이야기를 하려고 할 때, 협상관이 침묵을 지킨다면 결국 위기자도 협상관이 자신의 이야기를 듣고 있는지 확인하기 위해 대화를 그치게 되어 있다. 이처럼 침묵은 위기자의 흥분 상태를 어느 정도 가라앉히는 효과가 있다.

또한 중요한 이야기를 전달하기 전에 잠깐 침묵하면 위기자는 협상관의 말에 더 집중하고 앞으로의 말을 기대하게 되므로, 대화에 무게감을 더해 주기 위해 침묵을 적절히 활용하는 것이 좋다.

1인칭 메시지

1인칭 메시지 기법은 위기자의 상황이나 행동을 1인칭 주어, 즉 협상관의 입장에서 말하는 것이다. '너' 혹은 '당신'으로 시작하는 2인칭 주어 문장은 듣기에 따라 비난처럼 들리기도 한다. 특히 위기 상황에 처한 사람들은 피해의식에 빠져 있기도 해서 비난조의 말에 매우 예민한 반응을 보이기도 한다. "(당신은) 술 때문에 문제가 있군요"라고 말하기보다 "제가 보기에는 술이 문제인 것 같네요"라고 말하는 편이 훨씬 덜 공격적으로 들린다.

이 기법은 "제가 보기에 지금 화가 많이 나신 것 같네요"처럼 감정 상태 정의하기 같은 다른 기법과 함께 사용해도 효과적이다. 또한 라포가 충분히 형성되었다고 판단되면 협상관이 위기자에게 자신의 감정을 표현하기도 하는데, 이때도 1인칭 메시지로 표현한다.

위기자: 저리 꺼지시라고요. 경찰이 한가해? 내가 낸 세금이 아깝다, 아까워.
협상관: 저는 도와드리려고 왔는데 그렇게 말하시니 서운한 기분이 드네요.

한국의 프로파일링

위기 협상 용어의 선택과 표현 방식[42]

부적절한 표현	적절한 표현
인질은 몇 명이나 되는가?	당신 말고 다른 사람들도 있습니까?
내가 협상가인데 우리 특공대가 결국 너희를 체포할 것이다.	나는 ○○○라고 하는데 얘기 좀 합시다. 우리는 누구도 다치기를 원치 않습니다.
무기를 소지했는가?	※ 무기에 관한 언급은 회피
무엇이 옳은 일인지 모르는가?	우리는 모두에게 최선인 방법을 찾고 있습니다.
우리는 당신의 요구사항을 절대로 받아들이지 않을 것이다.	내가 할 수 있는 일이 무엇인지 알아보겠습니다.
그렇게 하시오. 하지만 약속대로 하지 않는다면 당신은 끝이오.	매우 어려운 일이지만 같이 해결할 수 있을 것 같습니다.
나는 그럴 수 없다.	내 생각에는 그들(상관)이 동의하지 않을 것 같습니다.
내게는 그런 권한이 없다.	난 당신과 얘기하도록 부탁받았을 뿐입니다.
당신은 거짓말을 하고 있다.	내 생각에는 당신이 나에게 솔직하지 않은 것 같습니다.
사방에 경찰이 배치되어 있다.	경찰들 중 몇 명은 여기 있습니다.
못한다. / 할 수 없다.	알아보고 알려주겠습니다.
당신이 어떤 범죄를 저질렀는지 알고 있는가?	아직까지 크게 다친 사람이 없으니 심각한 상황은 아닙니다.
왜 욕을 하는가, 말조심하라.	당신을 돕고 싶은데 그렇게 고함을 지르니 제대로 얘기할 수가 없습니다.
어떻게 이런 일을 저지를 수 있는가.	누구나 실수할 수 있습니다.
우리는 시간이 있다. 시간은 우리 편이다.	해야 할 일이 있지만 서두르지 않을 것입니다.
그건 절대 불가능하다.	국가 정책상 곤란합니다.
장관이 당신을 만날 필요가 없다.	지금 장관이 부재 중입니다.
당신에게 돈을 줄 수는 없다.	지금 당장 그런 큰돈은 없습니다.
헬기를 제공할 수 없다.	여기에 헬기가 착륙할 수는 없습니다.
그런 조건은 절대 들어줄 수 없다.	함께 얘기해서 최선책을 찾아보도록 합시다.

---

42 고선영 외, 『심리유형별 위기협상 대응방안』, 서울청 과학수사계, 2010, 35쪽.

위기 상황에서 범인과 인질이 느끼는 감정 ·

협상관이 현장에 출동해 처음 위기자와 맞닥뜨렸을 때 대부분의 위기자는 흥분, 분노, 좌절, 우울 등 극단적 감정 상태에 빠져 있다. 협상관이 인내심을 갖고 대화를 진행하다 보면 위기자는 어느 정도 평정심을 되찾게 되고, 자신의 이야기를 들어주는 협상관과 유대감을 형성하게 된다. 그제야 행동 변화를 기대할 수 있다.

흔히 높은 곳에서 뛰어내리려는 자살기도자를 마주하게 되면 급한 마음에 "그러지 마세요. 내려오세요, 제 손을 잡고 이쪽으로 오세요"라는 말이 먼저 나오게 되는데, 감정이 해소되어야 행동 변화가 일어난다. 먼저 "힘들어 보입니다", "무슨 일이 있었나요?"부터 시작해 어느 정도 대화가 진행된 후에야 "내려오세요"라는 말이 효과가 있다.

실제로 2016년까지 서울청 위기 협상팀이 출동한 약 30건의 위기 협상 사건 중에서 출동 즉시 협상관의 요청에 행동을 바꾼 위기자는 한 명도 없다. 오히려 협상관과 라포가 형성되고 감정이 해소된 뒤에는 요구하지 않아도 자진해서 평화적으로 경찰에 투항하거나 자살 기도를 멈추었다.

FBI 위기 협상팀(Crisis Negotiation Unit)에서 개발한 행동 변화 단계 모델은 심각한 상황에서 평화적으로 해결책을 찾기 위한 협상가와 협상 대상자 사이의 관계 형성 과정을 보여준다.[43]

다음 그림에서 보듯이 행동 변화 단계는 적극적 청취(active listening),

---

43 최성재, 앞의 논문, 270쪽.

한국의 프로파일링

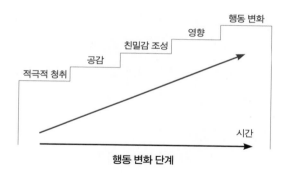

행동 변화 단계

공감(empathy), 친밀감 조성(rapport), 영향(influence), 행동 변화(behavioral change)로 구성되어 있고, 단계마다 계단식으로 이루어져 있어 이전 단계 과업을 성취해야 다음 단계로 진행된다(Vecchi, Van Hasselt, & Romano, 2005: 542). 공감을 진행하기 위해서는 적극적 청취를 선행해야 하고, 친밀감을 조성하기 위해서는 적극적 청취와 공감이 모두 선행되어야 한다. 마지막 행동 변화는 성공적으로 위기를 해결했음을 의미하는데, 전 단계들 역시 성공적으로 진행·유지되었을 때 이룰 수 있다.

스톡홀름 신드롬 ·

인질로 잡힌 피해자들이 경험하는 심리적 증상 중에 '스톡홀름 신드롬'이 있다. 인질이 인질범에게 동화되어 긍정적 정서를 느끼는 반면, 자신을 구하려는 경찰관에게는 적대적 태도를 보이는 현상이다. 스톡홀름 신드롬은 일종의 신생아적 퇴행 현상으로, 자신의 생명을 좌지우지하는 사람에게 의존하는 일차적 적응 행동으로 볼 수 있다. 인질의 입장에서 보면, 인질범은 자신을 죽일 수도 살릴 수도 있는 절대적 인물인데 그가 자신을 해치지 않는 것만으로 은혜를 입은 것처럼 여기게 되고, 인질범을 좋은 사람이라고 여기게 되는 것이다.[44]

스톡홀름 신드롬이 발생하기 위해서는 몇 가지 조건이 필요하다. 인질 대치 상황이 발생하고 어느 정도 시간이 경과되어야 하고, 인질범과 인질이 접촉하고 있어야 하며, 인질범이 인질을 해하지 않아야 한다. 만약 인질이 인질범과 분리되어 다른 방에 격리되어 있거나, 인질범이 인질에게 폭력을 행사하면 스톡홀름 신드롬이 나타날 가능성은 낮다.

만약 현장에서 인질이 스톡홀름 신드롬을 보이는 것으로 의심된다면 협상에 몇 가지 주의할 점이 있다. 인질이 경찰에게 협조할 것이라고 기대해서는 안 된다. 또한 인질이 석방되어 나온 경우에도, 그가 제공하는 내부 상황에 대한 정보가 정확하지 않을 수 있다. 그리고 이후 수사나 재판 과정에서 인질이 인질범에 대한 부정적 진술을 거부할 수도 있다. 그러나 인질이 인질범에게 우호적이고 경찰에게 적대감을 가질지라도 스톡홀름 신드롬 자체가 나쁘지는 않다. 인질과 인질범이 상호 긍정적 감정을 발전시키면 종국에 둘 모두의 생존 가능성이 높아지기 때문이다.

---

44 Symonds, M., *Victimization and rehabilitative treatment*, 1983; Fuselier, G. D., *Hostage Negotiation Consultant: Emerging Role for the Clinical Psychologist*, p. 178, 1988.

인질 사건 생존자의 4가지 유형 ·

인질 사건을 경험한 뒤 피해자는 어떤 기분일까. 인질 사건의 생존자들을 크게 네 가지 유형으로 분류된다. 첫째로, 인질 사건 이후에 오히려 더 잘 적응한 유형이다. 이들은 인생의 가치를 재평가하고 중요한 인간관계들을 다시 살펴볼 기회가 되었다며 인생을 새로 시작하는 느낌이라고 했다. 둘째는, 별다른 영향을 받지 않은 유형이다. 이 유형의 사람들에게는 인질 사건이 별 영향을 끼치지 않았고, 별다른 삶의 변화를 보이지 않았다.

나머지 유형들에서는 인질 사건 후 심리적 증상이 나타났는데, 대개 인질의 절반에서 1/3이 해당된다. 이들이 보이는 심리적 증상에는 악몽, 놀람 반응 등의 불안 증상이나 약물이나 알코올 중독, 망상 같은 정신증적 반응, 지연된 우울증(특히 언론의 주목이 끝난 뒤), 편집증 등이 포함된다. 그중 세 번째는 이런 심리 증상에도 불구하고 치료를 거부하고, 네 번째는 심리 증상이 나타나자 주변에 도움을 요청한다.[45]

협상에 관한 심리학 논문이 많지는 않은데, 그중 많은 부분을 차지하는 것이 인질로 감금되었던 피해자에 대한 사후 상담이나 스톡홀름 증후군 관련 논문이다. 협상과 관련해 심리학 전공자들이 할 수 있는 역할에 무엇이 있는지 살펴보자.

---

45 Ochberg, F., Victims of Terrorism, *Jounal of Clinical Psychiatry*, vol. 41, no. 3, pp. 73~74, 1980.

협상과 심리학 ·

심리학자는 협상팀에 어떤 도움을 줄 수 있을까? 일부는 형사사법 시스템에 익숙하지 않은 심리학자가 별 도움이 되지 않는다며(심한 경우, 오히려 해를 끼친다며) 부정적으로 본다. 심리학자가 협상에 대한 정식 교육을 받은 적도 없고, 직관적으로 대답할 수 있을 만큼 현장 경험도 없기 때문에 인질범의 행동을 예상하기 어렵다고 본다. 특히 심리학자에게 현 상황에 대한 위험성 평가를 맡기거나, 전술과 협상 중 어떤 전략을 활용할지 결정하도록 하는 것은 최악이라고 여기기도 한다.[46] 그러나 심리학자가 인질범과의 특정 상호작용을 어떻게 다룰지에 대해 제안하거나, 협상팀 멤버들의 스트레스 상황에 대한 반응을 모니터링하는 데는 도움을 줄 수 있다고 인정한다.

협상 상황의 심리학자 개입을 환영하는 입장에서는 심리학자가 인질범의 성격과 범행 동기를 평가하고, 협상팀에게 면담과 의사소통 기술을 알려주고, 협상팀의 스트레스와 피로를 적절히 해소하도록 도와줄 수 있으며, 스톡홀름 신드롬을 이해하는 데 강점이 있다고 본다.[47] 심리학자가 인질 협상에 대한 개념을 훈련받아야 한다는 전제하에, 협상팀의 지원 멤버나 자문가로서 활동할 수 있다고 본다. 심리학자는 주 협상관이 아닌 자문가로 활동하도록 하는데, 그렇게 함으로써 객관적 입장에서 협상팀의 심리

---

46 Powitsky, R. J., The use and misuse of psychologists in a hostage situations, *The Police Chief*, vol. 46, no. 6, pp. 30~33, 1979.

47 Reiser, M., Crime specific psychological consultation, *The Police Chief*, vol. 49, no. 3, pp. 53~56, 1982.

한국의 프로파일링

상태와 활동을 평가할 수 있다고 보기 때문이다.

협상 사례 ·

① 2013년 서울 A구 고시원 인질 사건

2013. 2. 22. 10:40경 서울 A구에 위치한 고시텔에서 신 모씨(남, 57세)가 인질 2명을 데리고 시너를 뿌려 불을 지르겠다며 자살 소동을 벌인다는 신고가 들어왔다. 신 씨는 자신을 도박 피해자라고 주장하며, 카지노와 스포츠 토토를 국가 차원에서 운영하는 것은 나라에서 도박을 조장하는 것과 마찬가지라고 주장했다. 그는 자신과 같은 피해자의 자활을 돕기 위해 '도박 피해 방지법'을 실행해야 한다며 국회의원을 불러줄 것을 요구했다.

경찰은 진압 작전을 고려했지만, 고시원 현관문이 쇠로 되어 있는 데다 신 씨가 철사로 감아 열지 못하도록 해놓아 작전 수행이 쉽지 않았다. 게다가 고시원 내부에는 신 씨 외에 거주자 2명이 빠져나오지 못한 상태로 있었고, 신 씨가 시너 2통을 소지하고 있다고 하여 더 신중할 수밖에 없었다.

사건 현장

협상 진행을 위한 공간 확보

따라서 현장 지휘관은 협상을 통해 신 씨를 설득해보기로 결정하고 협상팀에게 도움을 청했다. 11시 30분경 연락을 받은 협상관이 12시경 현장에 도착하여 신 씨와 전화로 협상을 시작했다. 다음 대화 내용은 협상이 종료된 후, 협상관이 기억하는 대로 작성한 통화 내용이다.

> 협상관: 안녕하세요, 저는 서울지방경찰청 협상요원 ○○○이라고 합니다. 선생님을 도와드리려고 왔습니다.
>
> 신 씨: 예? 뭐라고요? 어디서 나왔다고요?
>
> 협상관: 서울지방경찰청에서 나왔습니다. 협상관입니다.
>
> 신 씨: 난 다른 거 도와줄 필요가 없어요. 국회의원 ○○○ 불러오라고 해요. 나도 이러고 싶지 않아요.
>
> 협상관: 저는 선생님을 도와드리려고 왔고요. 도착해서 방금 지휘관들에게 선생님이 무슨 사정이 있었는지 대략적으로 들었어요. 저랑 대화 좀 해주실 수 있나요?
>
> 신 씨: 말해봐요.
>
> 협상관: 제가 여기서 듣기로는 시너가 있다고 하셨는데…… 실제로 지금 가지고 계세요?
>
> 신 씨: 그거는 밝히고 싶지가 않아요. 비밀로 합시다. 강제적으로 진압을 하면 나도 어떻게 할지 몰라요.
>
> 협상관: 그건 전혀 걱정하지 마세요. 제가 선생님이랑 얘기를 하기 전에 지휘관들이랑 다 얘기가 된 부분이고, 저랑 얘기를 하시는 동안에는 경찰에서도 선생님한테 위협이 되는 행동은 절대 하지 않을 거예요.

그 점은 제가 장담할 수 있어요. 옆에 계시는 분들은 괜찮으세요?

신 씨 : 예.

협상관: 선생님이 ○○○ 국회의원을 오라고 하셨다고 들었어요.

신 씨: 안 와요. 지금 벌써 2시간째예요. 내가 말이지, 아까 10시 넘어서 국회의원 비서관 몇 명한테 전화를 했는데.

협상관: 아, 오늘 국회의원 비서관이랑도 통화를 하셨어요?

신 씨: 몇 군데를 전화했는데, 그중 한군데는 뭐라고 하는지 압니까? "그렇게 하시면 경찰에서 처벌받으시면 되죠." 이러더라고. 내가 그동안 수없이 비서관들 찾아가도 만나주지도 않았어.

협상관: 화가 많이 나셨겠네요.

신 씨: 국가가 말이야, 대통령도 그러는 게 아니야. 서민들 포용한다고 대통합 정치를 한다고 하면서요, 사행 산업을 국가에서 지원을 해주고. 대통령도 나를 알 거야. 내가 몇 번을 찾아갔는데.

(중략. 사행 산업으로 인한 피해자들에 대해 국가적 대책이 필요함을 토로.)

협상관: 네, 선생님이 어떤 사정이신지 전해 들었어요.

신 씨: 우리나라 사행 산업이 1년에 70조예요. 이게 말이 됩니까? 나도 이런 사람 아니야. 국회의원들이 하도 내 말을 안 들어주니까 이러는 거예요. 나도 ○○○당 국회의원 사무실에도 가고 몇 년을 쫓아다녔어. 내가 시너를 들고 이렇게 인질극을 벌이는데도 국회의원이라는 사람들이 오지도 않고.

협상관: 그런데 사실 저도 지금 이렇게 전화통화를 하고 선생님 사정에 공감이 가는데도 시너 말씀을 하시니까, 경찰이라도 다가가기가 어

렵거든요. 어떻게…… 나와서 말씀을 하시는 건 어떠세요?

신 씨: 국회의원 ○○○ 안 올 거예요. 벌써 2시간 넘게 이러고 있는데도 코빼기도 안 보이잖아. 거기 밑에 기자들이 와 있지요? 내가 기자들한테 말을 해야겠어요. 비서관들이 내가 분신자살한다고 해도 "그러려고 그러세요." 이러고, 나라가 어떻게 돌아가고 있는지. 나는 내 할 말만 하면 이런 행동 안 할 거요. 그런 사람도 아니고. 내가 지금 나가면 어차피 감옥살이나 징역 가거나, 나 죽는 거 아는데, 이거라도 알리고 죽어야…….

협상관: 아니에요. 무슨 감옥이에요. 지금 이거 아무 일도 아닌데요. 지금 누구 하나 다친 사람도 없고 그냥 소동이 좀 난 정도인 거예요.

신 씨: …….

협상관: 선생님이 생각하시는 것처럼 이게 형법상에 무슨 죄가 아니에요. 아까 여기 지휘관들도 선생님이 스스로 나오시면 선처해서 좋게 처리한다고 얘기했어요.

신 씨: 지금 전화하는 분이 경찰서에 따라가 줄 수 있습니까?

협상관: 네, 제가 같이 따라가 드릴게요.

신 씨: …… 내가 지금 나가면 기자들한테 말을 할 수 있어요?

협상관: 네, 가능할 거예요. 제가 지금 바로 지휘부와 상의해서 그렇게 할 수 있도록 물어볼게요.

신 씨: 저도 이런 사람 아니에요.

협상가: 제가 결과 나오는 대로 바로 다시 전화 드릴게요.

신 씨: 알았어요.

한국의 프로파일링

(지휘부와 상의. 인터뷰 관련 요구를 수용하기로 함.)

협상가: 여보세요, 선생님 2층에서 여기 소방관들 물러난 것 보이시죠? 제가 선생님 나오기로 하셨으니까 뒤로 빼라고 했어요.

신 씨: 보여요.

협상관: 기자랑 인터뷰하기로 한 거 그렇게 하기로 했어요. 1층까지 내려 오실 수 있죠?

신 씨: 좋아요. 근데 하나 부탁이 있어요. 내가 스스로 내려갈 테니까 내 려가면 수갑 채우거나 하지 말아요.

협상관: 네, 걱정하지 마세요. 제가 지금 얘기할게요.

신 씨: 알았어요.

협상관: 선생님, 그럼 기자들을 1층 계단 앞에 모아야 해서, 제가 준비 다 되는 대로 다시 전화할게요. 전화 드리면 나오시면 돼요.

(인터뷰 장소 준비 후 협상관, 소방관, 강력팀 함께 2층 고시원 문 앞으로 이동)

협상관: 선생님, 제가 지금 여기 2층 앞에 있어요. 형사들이랑 소방관 분 들은 만일을 위해 계시는 건데, 저 있으니까 걱정하지 말고 나오세요.

신 씨: 지금 나가요.

독자들이 보기에 대화 내용이 실망스러울지도 모른다. 사람을 휘어잡는 언변이나 마음을 움직이는 감동적인 말을 기대했을 것이다. 그러나 협상 현장에서 위기자를 실제로 움직이는 것은 상대방의 말을 경청하고 공감해 주는 것이다. 실제로 앞의 대화 내용에는 몇 가지 협상 전략이 숨어 있다.

첫째는, 협상 초기 대화 내용에서 주로 나타나는데, 차분한 태도로 대상자의 말을 경청하고 감정선을 쫓아가는 것이다. 예를 들면 비서관과 통화가 되지 않았다고 할 때 "화가 많이 나셨겠네요"라고 하는 데서 이런 협상 전략을 확인할 수 있다.

둘째는, 협상관이 먼저 섣불리 대상자에게 행동 변화를 요구하지 않는 것이다. 협상관이 간절히 원하는 것은 신 씨가 자발적으로 투항하는 것인데, 대화 내용을 보면 단 한 번도 협상관이 먼저 나오라는 식의 말을 하지 않는다. 시간을 끌고 감정에 공감해주면, 대부분의 위기자는 스스로 해결책을 찾아간다. 앞의 사건에서도 처음에는 국회의원을 불러오라며 막무가내로 요구했지만 어느 정도 이성을 찾자 "기자와 인터뷰를 하게 해달라"며 스스로 실현 가능한 요구 사항으로 수정했다.

셋째는, 협상관은 거짓말을 하지 않는다는 것이다. 협상관이 신 씨에게 형법상의 죄가 되지 않는다고 한 것은 그가 나오도록 유인하기 위해 거짓말한 것이 아니다. 협상 진행 중에 위기자에 대한 정보는 계속 업데이트되는데, 고시원 내부에 있는 2명은 인질로 잡혀 있는 것이 아니라 신 씨와 친분이 있는 사람들로 아마 자발적으로 함께 있는 것 같다는 진술이 있었기 때문이다. 또한 지휘관과 수사팀과 논의한 결과, 만약 신 씨가 자발적으로 상황을 종료하고 아무런 문제없이 밖으로 나오면, 경찰 조사는 받아야 하지만 누구를 해친 것은 아니기 때문에 경미한 범죄로 처벌될 가능성이 높다고 했다. 이렇게 논의된 내용이 있었기 때문에 신 씨가 "인생 끝"이라고

했을 때, 협상관이 말한 것이다. 뿐만 아니라, 기자와의 인터뷰와 경찰서 이송 시 수갑을 착용하지 않는 것도 사전에 언론, 담당 형사팀과 얘기가 된 후에 신 씨에게 확답을 준 것이다.

넷째는, 위기자가 나오려는 신호를 보내면 놓치지 않고 포착하고, 이후로는 협상관이 태도를 바꾸어 자신감 있게 위기자를 설득하는 것이다. 앞의 사건에서도 신 씨가 "어차피 내가 나가면 감옥살이나 징역 간다"면서 무슨 일을 벌일 것처럼 갑자기 흥분했지만, 그런 어조와 달리 실제로 그가 보내는 메시지는 '나갈 일을 생각하니 걱정'이라는 것이다. 그러니 협상이 잘 진전되었다는 긍정적 신호로 해석할 수 있다. 특히 이번 사건처럼 인명 피해가 없었던 사건은 협상이 보다 유리하다. 협상관이 아무도 다친 사람이 없으니 괜찮다고 위기자를 안심시킬 수 있기 때문이다.

다섯째는, 위기자가 자발적으로 나오더라도 끝까지 방심하지 말고, 투항 과정이 어떻게 진행될 것인지 사전에 알려주어야 한다는 것이다. 경찰관에게는 의례적인 몸수색이나 검거 과정이라 할지라도 일반인에게는 낯설고 무서울 수 있다. 특히나 위기자는 예민해진 상태이므로 예상하지 못한 상태에서 형사팀이 자신을 둘러싸는 경우, 흉기를 휘두르는 등의 행동을 보일 수 있다. 그러므로 위기자가 문을 열고 나왔을 때 벌어질 상황에 대해 미리 알려주어야 한다.

② 2016년 서울 B구 OO대교 아치 자살 기도 사건

2016. 4. 19. 14시경 'OO대교 교각에 남성이 앉아 있다'는 내용의 112 신고가 접수되었다. 119 구조대가 현장에 출동하여 에어매트를 설치하고 OO대교 4개 차로 중 3개 차로의 교통을 통제했다. 경찰서 협상팀에서 사다리차를 타고 김 씨에게 접근해 대화를 시도했으나, 그는 대화를 거부하고 아치 위를 위태롭게 걸어 다녔다. 또한 "아는 형이 인세를 떼어 먹었다", "대통령을 불러오라"고 소리치며 출동한 경찰관과 소방관에게 침을 뱉었다. 지방청 협상팀은 15시 30분경 연락을 받고 16시경 현장에 도착하여 김 씨와 협상을 진행했다.

자살 기도 현장에 도착하면 협상팀은 가장 먼저 자살기도자에 대해 파악된 정보를 수집하고 분석한다. 김 씨는 가족과 오래전부터 연락을 끊고 혼자 지내던 것으로 확인되었다. 또한 사건 당일 오전에는 ○○대교 근처 지하철역 대합실에서 소란을 피우다 인근 지구대로 임의동행되기도 했다. 지구대 경찰관이 지방에 사는 김 씨의 여동생과 통화했는데, 여동생은 김 씨가 오랜 기간 사법고시를 준비하다 합격하지 못하고 이혼도 하게 되자 정신적으로 문제가 생긴 것 같다고 진술했다. 김 씨는 마른 체격에 위생 상태도 불결해 보였고, 맨발에 슬리퍼를 착용하는 등 노숙자 같은 모습이었다. 다음은 김 씨와의 대화 내용 중 일부를 발췌한 내용이다.

> 협상관: 안녕하세요. 저는 서울지방경찰청에서 나온 협상요원 ○○○입니다. 선생님을 도와드리려고 왔습니다.
>
> 김 씨: (묵묵부답)
>
> 협상관: 선생님, 실례지만 성함이 어떻게 되세요?

김 씨: 지랄하고 있네. 내가 누군지 모른다고?

협상관: 저는 방금 도착했는데 선생님이 누구신지 모르겠어요.

김 씨: 거짓말하고 있네. 내 영화가 작년에 수백만이 봤는데 모른다고?
저 밑에 있는 것들 다 거짓말쟁이야.

　협상 초기에 위기자는 매우 흥분한 상태였다. 협상관이 말을 걸면 대부분 다른 곳을 쳐다보면서 못 들은 체하고 무시하거나, 욕설을 하기 일쑤였다. 사실 대부분의 위기 상황에서 이런 반응은 일반적이다. 협상관은 위기자가 대답하지 않거나 막무가내로 욕하더라도 흥분하지 않고 차분한 태도를 유지하면서 계속 말을 걸어야 한다. 계속 대화를 시도하다 보면 어느 순간 위기자가 화를 내거나 분노를 하더라도 협상관을 보면서 말을 하기 시작한다. 사람들은 대화를 서로 주고 받는 패턴에 익숙해져 있고, 위기자도 마찬가지다. 따라서 계속해서 말을 거는 협상관을 무시하다보면 위기자도 심리적 불편감을 느끼고, 결국 협상관과 대화를 시작한다.

협상관: 많이 화가 나신 것 같아요.

김 씨: (묵묵부답)

협상관: 여기에 올라올 정도면 정말 많이 답답하셨나 봐요.

김 씨: (혀를 차거나 못 들은 체함)

　위기자가 소리를 지르거나 욕을 하면, 협상관은 그가 화나 있고 힘든 감정 상태라는 것을 읽어준다. 위기자의 감정에 공감을 표현하다 보면, 위의 대화처럼 어느 순간 욕하는 빈도가 줄고, 흥분된 목소리가 차분해지는 등 협상의 진전 표지를 확인할 수 있다. 협상을 시작한 지 25분 정도 지났을 때, 김 씨는 자신이 왜 화가 났는지 이야기하기 시작했다.

김 씨는 자신이 소설을 썼는데 전 세계적인 베스트셀러가 되었고, 영화화되어 할리우드까지 진출했으나 출판사에서 중간에 모든 인세를 가로채어 갔다고 호소했다. 물론 자신도 '가난한 예술가'의 이미지를 유지하는 것이 좋다고 생각했기 때문에 출판사의 만행을 눈감아왔으나 이제는 집도 없이 노숙을 할 정도이니 참을 수 없다고 했다. 또한 모두가 자신이 누구인지 알고 있으며, 지나가면 뒤에서 "멀쩡하게 젊은 사람이 일을 왜 안 하냐"며 수군거린다고 했다.

김 씨는 자기가 공사장에 가서 노동을 할 수도 있지만, 그렇게 되면 글을 쓰는 데 전혀 집중할 수 없기 때문에 작가의 자존심을 지키는 것이라고 울분을 토했다. 작년 겨울에는 4개월간 ○○산에서 노숙을 했는데 헬기가 머리 위를 빙빙 돌며 자신을 감시했고, 평소 걸어갈 때도 뒤에서 순찰차가 따라와 자신을 스쳐가며 빵빵거리는데 그것도 거슬린다고 했다. 협상을 진행할 때도 한강 둔치의 텐트를 가리키며, 텐트가 저기 있는 것은 자신을 감시하기 위한 목적이 아니냐며 협상관에게 반문했다.

대화 내용으로 미루어보아, 위기자가 정신질환을 앓고 있는 것으로 의심되었다. 이런 경우 협상관은 망상 내용을 반박하고 수정하려들거나, 위기자를 설득하지 않는다. 하지만 동시에 망상 내용에 동의하거나 맞장구도 치지 않아야 한다. 예를 들어 만약 환시 증상을 경험하는 위기자가 '저기 악마가 웃는 게 보이지 않냐'라고 말한다면 협상관은 '악마는 없어요. 당신이

헛것을 보는 겁니다'라고 하거나 '정말 그러네요. 무섭군요'라고 하지 않아
야 한다. 바람직한 반응은 '제 눈에는 보이지 않네요. 악마가 당신을 위협하
는 건가요?'라는 식으로 객관적 태도를 유지하면서도 위기자의 감정에는
공감해주는 것이다. 김 씨가 호소하는 망상 증상에 협상관은 다음과 같이
답했다.

> 김 씨: 저 밑에 있는 경찰관들도 다 내가 누군지 알면서 모르는 척하는 거
> 야. 당신도 내가 누군지 모른다고?
>
> 협상관: 성함이 어떻게 되신다고 하셨죠?
>
> 김 씨: 김○○.
>
> 협상관: 아…… 성함은 어디서 들어본 것 같기도 한데…… 제가 잘 몰랐
> 어요. 저는 서울청에서 근무하는 경찰관이라 이 근처는 자주 오지 않
> 아서요. 또 무슨 일이 있었는지 저에게 말씀해주시겠어요?
>
> (중략)
>
> 김 씨: 내가 그동안 판 소설이 몇 부인데 내 손에 떨어지는 돈이 하나도
> 없어.
>
> 협상관: 그동안 힘드셨겠네요.
>
> 김 씨: 나도 출판사 사정을 이해는 하는데…… 최소한 먹고살게는 해줘
> 야 할 거 아냐.
>
> 협상관: 많이 참으셨던 거네요. 먹고살 돈도 없는데 그래도 이해해주신
> 것 보면 선생님은 착하신 분 같아요. 아마 저라면 그렇게 못했을 텐
> 데요.

이렇게 개인적인 피해 경험에 대해 진지하게 들어주다 보니, 협상 시작 약 45분이 지나자 위기자의 태도도 많이 달라졌다.

> 김 씨: 작년 9월에 월세방에서 나온 뒤에 계속 노숙했습니다.
>
> 협상관: 그러셨어요. 오늘 식사는 하셨어요?
>
> 김 씨: 한 끼도 못 먹었습니다.
>
> 협상관: 아이고 저런…… 선생님 몸 상하시면 안 되는데. 선생님 같은 분이 식사도 못 하셨다니 제가 마음이 아프네요.

가장 눈에 띄는 변화는 반말이 아닌 존댓말을 쓰면서 협상관과 대화화기 시작했다는 점이다. 또한 상대방이 듣든 말든 욕을 하거나, 다소 일방적으로 자신의 괴로움을 호소하던 대화가 확연히 서로 주고받는 대화로 바뀌었다. 앞의 대화에서 협상관이 자연스럽게 식사 얘기를 꺼낸 것은 위기자로 하여금 생리적 욕구를 느끼게 하기 위한 협상 전략이기도 하다.

사람은 매우 화가 나거나 슬프거나 괴로울 때는 배고픔이나 화장실에 가고 싶은 생리적 욕구를 느끼지 못하기도 한다. 그런데 어느 정도 감정이 가라앉고 나면 불현듯 배가 고프고, 목이 마르고, 담배를 찾는 등 생리적 욕구를 다시 강하게 느낀다. 혹시 죽을 것처럼 마음이 힘든데 갑자기 배에서 꼬르륵 하는 소리가 나 머쓱해지면서 '그래, 밥이나 챙겨 먹자' 하고 정신을 차린 경험이 있는가? 협상관은 위기자가 이런 생리적 욕구를 삶에 대한 욕구로 연결시키도록 의도적으로 대화를 진행하기도 한다. 협상 시작 1시간이 경과하면서 협상관과 김 씨 사이에 라포가 형성되었고, 김 씨도 어느 정도 진정된 것으로 판단하여 협상관은 자연스럽게 식사 얘기를 하면서 위기자에게 행동 변화를 권유했다.

> 협상관: 선생님 얘기를 지금까지 들으니까 제가 마음이 아프네요. 더군다나 식사도 못하시고 그러다 어지러워 떨어지기라도 할까봐 많이 걱정됩니다. 내려와서 저랑 얘기하시면 어떨까요?
>
> 김 씨: …… 제가 내려가면 경찰관님이 밥 사주실래요?
>
> 협상관: 그럼요, 뭐 드시고 싶은 것 있으세요?
>
> 김 씨: 그러면 경찰관님이 저 불고기백반 사주십시오. 제가 나중에 인세 받으면 비싼 걸로 쏠게요.
>
> 협상관: 그래요. 그럼 내려오셔서 저랑 같이 불고기 먹어요. 다음에 인세 받으시면 저 스테이크 사주세요.
>
> 김 씨: 알았어요.
>
> 협상관: 선생님, 그럼 저는 일단 내려갈 거예요. 사다리차는 안전 문제 때문에 2인 이상 탈 수가 없어서요. 저는 아래에 있을 거니까 소방대원이 올라오면 그 사람들이 하라는 대로 따르시면 돼요. 밑에서 기다리고 있을게요.

과연 위기자는 불고기 때문에 내려왔을까? 협상팀은 그렇게 생각하지 않을 것이다. 대부분의 위기자가 소동을 벌일 때는 '눈에 뵈는 게' 없어서 저지르지만, 상황을 종료할 때가 되면 자존심과 체면을 생각하게 된다. 혹은 그렇게 난장판을 벌였는데, 출동한 경찰관 보기가 민망할 수도 있다. 이

때 위기자들은 쉬운 요구사항을 제시하고 그것을 들어주면 나가겠다는 식의 체면 유지 행동을 하기도 한다.

예를 들면 '커피 한잔 들여보내 주면 마시고 나가겠다', '우리 교회 목사님을 불러달라. 목사님이 오셔서 나를 데리고 나갔으면 좋겠다'는 식이다. 위 사례에서도 김 씨는 이미 내려올 의사가 있는 상태에서 체면 유지를 위해 불고기라는 쉬운 요구조건을 제시한 것으로 보인다.

사건 초기에는 경찰관과의 대화를 거부하고 욕하고 침을 뱉던 위기자가 불과 1시간 만에 자발적으로 사다리차를 타고 아치에서 내려왔다. 협상은 이렇게 비이성적인 상태에 있는 위기자를 대화를 통해 원래의(정신적 문제가 있지만 심각한 문제를 일으키지는 않는) 상태로 돌리는 것이 목적이다.

프로파일링과 위기 협상 ·

프로파일링과 위기 협상은 모두 인간 심리에 대한 이해를 바탕으로 한 경찰의 대응 전략이다. 단지 프로파일링은 이미 발생한 행동을 통해 과거를 추정해 범인을 검거하는 데 목적이 있다면, 위기 협상은 현재 위기자의 말과 행동을 통해 가까운 미래에 발생할 수 있는 상황을 예측하고 위험을 통제하는 데 목적을 둔다.

현재 대부분의 지방청 협상팀에는 프로파일러가 협상 요원으로 포함되어 있다. 위기 상황이 발생하면 프로파일러들은 현장 경험 및 심리학 지식을 바탕으로 대상자를 평가하고 협상을 직접 진행하기도 한다. 또한 사건이 마무리된 후에도 사건 평가를 통해 앞으로 더 나은 협상 전략을 수립할 수 있도록 지원하고 있다.

때로는 성공적으로 구조된 자살기도자가 다시 자살을 기도하기도 한다. 이는 자살 기도 사건에 대한 현재의 응급조치적인 개입에서 한 발 더 나아가, 대상자의 자살 위험성에 대한 2차적 분석과 접근이 필요함을 보여준다.

너무나 당연한 이야기이지만, 범죄나 자살의 예방은 하나의 기관에서만 할 수 없으며 입법, 사법, 소방, 보건 등 관련 부처 모두의 공조가 필요한 대목이다. 최근에는 업무와 관련하여 동료의 죽음을 직접 목격한 수사관에 대한 트라우마 관리 차원에서 외부 기관의 심리학자에게 반드시 상담을 받도록 한다. 같은 맥락에서 협상에 실패한 협상관이 받는 스트레스나 충격에 대한 관리와 상담도 필요하다고 본다. 이에 대해서는 경찰 내부의 또 다른 심리학 전문가인 피해자 심리요원(CARE)의 도움을 받는다면, 협상관의 트라우마나 위기자에 대한 사후 상담에 더 총체적 접근이 가능할 것이다.

11장
·
법정에서의 프로파일링

법정에서의 증거능력과 증명력 ·

법정은 소송 절차에 따라 사건을 심리하고 판결하는 곳이다. 살인 사건이 발생하면 경찰이 수사를 통해 피의자를 검거하고, 검사가 이 피의자를 재판에 기소하면, 법관은 해당 사건에 대해서 피의자, 피해자, 참고인의 진술 자료와 제출된 사건 증거가 합법적인 절차에 의해 수집된 증거인지, 그 증명력은 어떠한지 등에 대해 면밀히 검토하고 피의자가 피해자를 살해한 동기가 무엇인지, 범행 동기가 명확한지 등 사건 전반에 걸쳐 피의자가 해당 사건의 범인이 맞는지 심리하고 유·무죄를 판단한다.

  즉 범인이 유죄인지 무죄인지는 법관의 판결에 의해 결정되는 것이고, 법관은 소송 과정에서 제출된 여러 가지 심증과 물증에 대해 최종적으로 그 증거능력과 증명력을 부여하며 합리적인 의심이 들지 않을 정도로 증거가 충분하고 명확하다면 피고인에게 유죄를 선고하는 것이 마땅하다. 하지만 제출된 증거가 빈약하고 사건 관련자들의 진술에 일관성이 없는 등 합리적인 의심의 여지가 다분하다면 법관은 무죄를 선고하게 될 것이다.

그렇다면 법관에게 증거능력과 증명력을 인정받는 증거는 어떤 증거인가? 앞서 언급했듯이 법정에서 증거로 인정받기 위해서는 증거 자체가 합법적이어야 하고, 그러려면 증거 수집이 합법적인 절차에 의해 이루어져야 하며, 그 절차가 투명하고 공정해야 한다. 결정적인 증거를 확보했다 해도 절차가 합법적이지 않다면, 독수독과 법칙(독 묻은 나무에서 딴 과일은 당연히 독이 있다는 뜻으로 증거 수집 방법이 위법이면 그 결과로 수집된 증거도 증거능력을 상실한다는 형사법 원칙)에 따라 그 증거는 법정에서 인정받지 못한다.

과학수사에 있어서 관리 연속성(chain of custody)[48]이 중요한 이유이다. 증거 수집, 이동, 보관, 분석, 감정, 증거 제출 등 전 과정이 단절 없이 합법적으로 관리되어야 한다. 특히 살인 사건과 같이 복잡하고 증거 가능한 것들이 많은 현장에서는 최초 현장 보존이 가장 중요하다. 최초 현장이 보존된 상태에서 일시, 장소 등 정확한 기록을 유지하고 증거물이 발견된 장소, 증거물의 형태와 상태 등을 상세히 기록하고 사진이나 영상자료로 채증하는 것이 반드시 필요한 이유이다.

이렇게 정밀하게 채증된 증거만이 법정에서 증거로서 채택될 수 있다. 채증이나 합법적인 절차 없이 수집된 증거는 법정에서 '조작된 증거'라는 의심을

---

48 기록이 생산된 이래 그것을 보유한 개인 또는 기관들의 연속적 승계. 관리의 단절이 없음을 보여주는 것은 기록의 진본성을 판정하는 중요한 기준 중 하나이다. —『기록학용어사전』, 2008

피할 수 없을 뿐 아니라 합법적인 증거로서의 증거능력도 인정받기 어렵다.

증거를 둘러싼 공방 ·

프로파일러는 용의자 프로파일링, 진술 분석, 지리적 프로파일링, 연관성 프로파일링, 신문 전략 등 다양한 수사 기법을 통해 용의자 유형을 특정하고, 용의자 진술의 신빙성을 분석하며, 최종적으로 자백의 단계에 이르기까지 사건을 지원한다. 다시 말해 프로파일러는 사건 발생부터 범인 검거, 송치에 이르기까지 사건 전 과정에 참여한다. 이렇게 공을 들여 사건을 지원하는 이유는 당연히 범인에게 마땅한 벌을 주고, 범죄로부터 사회를 보호하려는 경찰 존재의 목적뿐 아니라 프로파일러의 직업적·사회적 책임을 다하기 위함이다. 하지만 수사 단계에서 수집한 증거가 법정에서 증거 가치를 인정받지 못한다면 이는 그동안의 수사적 노력이 한순간에 물거품이 되어버리는 일이다. 물론 아홉 사람의 죄인을 풀어주더라도 한 사람의 억울한 사람을 옥에 가두지 말라는 것이 법의 정신임을 모르는 바는 아니다. 범인을 검거하고 기소하여 재판을 통해 유죄를 선고받게 하고 처벌하는 것 이상으로 중요한 것이 어떠한 경우라도 무고한 사람이 누명을 쓰고 죄인이 되는 일이 없도록 하는 것임을 잘 알고 있다.

하지만 이러한 법의 정신을 악용하고 교묘하게 법과 수사망을 빠져나가는 범죄자들도 있다는 것을 명심해야 한다. 오히려 이런 교활한 범죄자들은 수단과 방법을 가리지 않고 처벌을 피하기 위해 범행을 부인하고 부정

한다. 특히 상습적인 범죄자의 경우 자신의 위치를 추적하는 경찰의 수사

망을 피하기 위해 범행 전 미리 휴대폰 전원을 꺼두거나, 아예 집에 두고 가

는 식으로 자신의 알리바이를 조작해놓기도 한다. 또한 수임료가 비싼 유

능한 변호사를 선임하거나 주변 사람들을 포섭하여 자신에게 유리한 진술

을 부탁하기도 한다.

이러한 사건일수록 검찰 측과 피고인 측의 법정 공방이 치열해지고 검찰

측이 제시한 증거에 대한 변호인 혹은 변호인단의 공격도 다양한 수준에서

이루어진다. 물론 변호인 측은 어떻게 하든 검찰 측 증거에 대하여 의심과

의문을 제기하여 법관으로 하여금 그 증거가 믿을 수 없고, 검찰 측이 주장

하는 범죄의 시나리오가 논리적으로 모순이라는 것을 강조하려 할 것이다.

이에 검찰 측은 증거의 증거능력과 증명력을 높이고 법관으로 하여금 확신

을 주기 위해, 그러한 증거가 수집된 절차와 과정 그리고 증거의 내용에 대

해 최대한 상세히 설명할 것이고, 전문가의 감정서나 보고서 등을 정황 증

거 자료로 제출하여 범인의 범죄 사실을 다양한 증거물과 증거자료로써 입

증하려 할 것이다.

1994년, 미국 O. J. 심슨 사건 ·

20세기를 떠들썩하게 만들었던 O. J. 심슨 사건에서 심슨은 전 부인과 그녀

의 남자친구를 살해한 유력한 용의자였고, 경찰과 검찰 수사 단계에서 각

종 증거물과 증거자료를 통해 피의자로 특정되어 재판에 넘겨졌다. 그러나

결국 법정에서 배심원단이 무고를 선고하여 석방되기에 이른다.

심슨의 차에서 발견된 혈흔, 범죄 현장에서 수거된 가죽장갑에서 발견된 심슨의 혈흔, 이후 경찰 조사 출석일에 출두하지 않고 자신의 차량을 타고 도주한 범행 이후의 행동 등 여러 가지 사건 증거물과 정황이 그가 범인임을 가리키고 있었지만, 법정에서의 유죄 선고에 이를 정도로 검찰의 증거 자료가 증거능력과 증명력을 인정받지 못했다.

당시 심슨의 변호인단은 '드림팀'으로 불릴 만큼 능력을 인정받는 사람들이었다. 유대인 출신 로버트 사피로와 흑인 최고의 변호사 조니 코크린이 이끄는 최고 중의 최고였다. 심슨의 변호인단은 경찰이 영장 없이 심슨의 주택과 차량을 수색했다는 것을 이유로 차량에서 발견된 혈흔 증거가 합법적 절차에 의해 확보된 증거물이 아니라는 것과 결정적 증거물인 심슨의 혈흔이 묻은 가죽장갑을 수거한 최초 경찰관 마크 퍼먼의 과거 인종차별적인 인터뷰 자료를 공개하여 백인 경찰관이 흑인에 대한 증오심으로 증거를 조작했을 가능성을 강력히 제기했다. 결국 배심원단은 검찰이 제출한 증거물의 증거능력을 인정하지 않았고, 합리적 의심이 없을 만큼 명백하게 범인으로 볼 수 없다고 판단하여 심슨의 무죄를 결정했다.[49]

---

49 심슨 사건에 전문가 증인으로 법정에 선 법과학자 헨리 리 박사는 최근 심슨이 진범이 아니라 심슨의 아들이 진범일 것으로 추정한다. 주요 증거로 논란이 있었던 피 묻은 장갑은 심슨의 손에 들어가지 않을 정도로 작았다. 심슨은 흑인 전처와 사이에 20대 아들이 있었으며, 현장의 족적은 심슨 아들의 운동화와 일치했고, 장갑과 모자 모두 심슨 아들의 그것과 크기가 같았다. 심슨의 아들이 일하던 레스토랑에 심슨이 와주기로 했는데 니콜(피해자)이 그 약속을 일방적으로 취소시킨 것으로 확인되었다. 그래서 헨리 리 박사는 심슨의 아들이 칼을 들고 들어갔고, 심슨이 달려와 말렸으나 실패했고 그 과정에서 손을 다쳐 피를 흘린 채 비행기 시각 때문에 서둘러 돌아온 것으로 추정한다. —표창원·유제설, 『한국의 CSI』, 북라이프, 2011

1995년, 한국 치과의사 모녀 살인 사건 ·

1995년 서울에서 발생한 치과의사 모녀 살인 사건의 경우에도 법원은 유력한 용의자인 남편에게 최종적으로 무죄를 선고했다. 경찰 수사팀은 치과의사인 부인의 외도로 부부가 갈등을 겪어왔고, 이로 인해 외과의사인 남편이 부인과 한 살배기 어린 딸을 살해한 후 수사에 혼선을 주기 위해 욕조에 뜨거운 물을 받아서 시신을 물에 담근 다음, 서서히 불이 타도록 장롱에 불을 지르고 출근한 것으로 보았다.

하지만 법원은 최초 사건 현장에서 살해 시점을 추정할 수 있는 시체와 욕조 물의 온도가 측정되지 않았고, 부인의 사망 시간에 대하여도 법의학자들 간에 차이가 있어 남편이 출근하기 전에 사망했음을 입증하기 어렵다고 판단했다. 또한 모의 화재 실험에서도 화재가 남편이 출근한 후 일어났을 가능성이 높음을 지지했고, 이런 정황들이 모두 인정되어 8년간의 공방 끝에 최종적으로 남편이 무죄 판결을 받았다. 이 사건은 한국판 O. J. 심슨 사건으로 회자되기도 하는데, 간접 증거와 정황 증거 등으로 볼 때 남편이 범인이라는 심증은 충분하지만 직접적인 증거를 확보하지 못해 무죄로 풀려난 O. J. 심슨과 유사한 사건이기 때문이다

이 두 사건은 최초 사건 현장에서 증거 수집 절차와 채증 그리고 합법적인 절차 및 단계에 의한 수사의 중요성을 함의하고 있으며, 이는 과학수사에 있어 증거물과 관련하여 관리 연속성(chain of custody)이 필요한 이유이다. 관리 연속성은 증거물 수집 단계부터 그것을 보유한 개인 또는 기관들의 연속적 승계로, 관리의 단절이 없음을 보여주는 것이고 이는 증거물

의 진본성을 판정하는 중요한 기준 중 하나이다.[50]

법정에서 검찰이 제시한 결정적인 증거물의 증거능력만 인정받는다면 강력한 변호인단의 그 어떤 변론이나 논리에도 불구하고 유죄는 입증될 것이다. 따라서 유력한 용의자가 범인이든 아니든, 중요한 것은 법정 단계까지 고려한 완벽한 증거 수집과 치밀한 수사이다. 이것이 모두 합을 이뤄 진행된다면 진범을 찾고 수사의 궁극적 목적인 실체적 진실을 밝히는 것이 가능하다.

그러나 많은 형사 사건은 직접 증거가 없다! ·

O. J. 심슨 사건과 치과의사 모녀 살인 사건과 같이 현실에서는 관리 연속성이 끊어져 직접 증거가 있음에도 증거능력을 인정받지 못하는 사례가 심심찮게 나오고 있다. 또한 최근에는 전 국민의 범죄지식 수준이 높아져 범죄 현장에서 피의자를 특정할 만한 물증을 찾기 어려운 경우가 많아지고 있다.

직접 증거 또는 물증이 증거능력을 잃거나 존재하지 않을 경우 우리에게는 정황 증거만이 남는다. 정황 증거는 주로 직접 증거와 대비하여 설명되는데, 직접 증거가 목격하거나 알고 있는 사실에 대한 증거라면 정황 증거는 요증사실(입증을 필요로 하는 사실)과 관련된 증거를 의미한다. 예를 들어

---

50 『기록학용어사전』 참고.

살인 사건에서 직접 살해 장면을 목격한 증인의 증언은 직접 증거가 되고, 살해 현장에서 발견된 범인의 DNA나 지문, 족적 등은 간접 증거가 된다.

많은 형사 사건을 보면 직접 증거가 없다. 그 이유는 대부분의 증거를 피고인이 장악하고 있기 때문이다. 살인 사건에서 범인이 시신을 숨겨버린다던가, 범행 현장을 누군가가 목격하지 못하는 경우가 많으므로 정황 증거에 의한 입증이 필요하게 되는 경우가 많다. 시신이 없고 살인 현장을 목격한 사람이 없다고 해서 범인을 수사하지 않을 수는 없기 때문이다. 따라서 직접 증거와 같은 정도의 충분한 증거를 통해 범행을 추론할 수 있다면 정황 증거를 허용해야 한다는 중론이 다수이다.[51]

실제 미국 연방대법원과 테네시 주대법원은 직접 증거와 정황 증거는 '본질적으로 차이가 없다'라고 판시하고 있으며, 미국뿐 아니라 영국이나 독일의 다수 법원에서도 정황 증거만으로 피고인에게 유죄를 선고할 수 있다고 보고 있다.[52]

정황 증거가 제출되면 법원은 절차에 따라 이를 판단한다. 이때 몇몇 정황 증거는 매우 강력하여 거의 직접 증거와 가깝다고 평가된다. 이러한 정황 증거에는 범행능력, 의도나 동기, 유죄라는 의식, 피해자의 관련성, 피해자나 피의자의 성격과의 관련성 등이 있다.[53]

우리나라도 정황 증거만으로 공소를 제기하여 화제가 된 사건이 있다.

---

51 영미법에서도 대부분의 경우 직접 증거와 정황 증거의 신빙성에 큰 차이를 두지 않는다. 일찍이 위그모어(Wigmore)도 직접 증거가 정황 증거보다 크게 우월하지 않다고 보았다. —John Henry Wigmore, *Evidence*, 3rd ed., 1940. 권영법, "정황 증거에 의한 유죄의 인정"(2015)에서 재인용.

52 권영법, "정황 증거에 의한 유죄의 인정", 《형사법의 신동향》 통권 제46호, 2015.

53 John L. Worral et al., op. cit., at 73ff. 권영법, "정황 증거에 의한 유죄의 인정"(2015)에서 재인용.

2010년 부산에서 한 여성이 사업 실패 등으로 형편이 어려워지자 거액의 생명보험에 가입한 다음, 연고가 없는 여성 노숙인을 살해해 자신으로 위장, 보험금을 타내려던 사건으로 일명 '시신 없는 보험 살인 사건'으로 알려져 있다. 그 여성은 1심에서 무기징역을 선고받았지만 재판부는 2심에서 자살 가능성을 완전히 배제할 수 없다는 이유로 사체 은닉죄만 유죄로 인정해 징역 5년을 선고했다. 그러나 대법원은 원심을 파기하고 무기징역을 선고했다.[54]

프로파일링 보고서와 법정 증언 ·

거의 모든 프로파일링 기법과 결과 보고서 또한 수사와 마찬가지로 '법정' 이라는 최종 목표를 향하고 있다. 사회정의 실현과 실체적 진실의 발견이 라는 대명제 앞에, 프로파일링 역시 법정에서 인정받을 수 있는 과학적 수 사도구로 활용되기 위해 끊임없이 발전해오고 있다.

앞서 살펴본 것처럼 프로파일러가 생산하는 보고서는 피의자를 면담한 후 작성하는 면담 보고서, 각종 사건을 분석한 후 작성하는 사건 분석 보고 서, 진술 분석 보고서, 신문 전략 보고서, 지리적 프로파일링 보고서 등 주 요 기법에 따라 다양하다. 보고서의 특성이나 내용은 사건에 따라 모두 다

---

54 민일영 · 김능환 편집대표, 『주석 민사소송법』(V), 한국사법행정학회, 2012. 강성 「전문가 감정 및 전 문심리위원 제도의 개선 방안에 관한 연구」(2016)에서 재인용.

르지만 지금까지 작성된 프로파일링 보고서를 관통하는 하나의 명제는 분명하다. 사건과 관련한 모든 증거를 기반으로 합리적 추론을 통해 사건을 분석하고 평가한다는 것이다. 특히 정황 증거만 존재하는 경우에는 이러한 정황 증거가 모여 하나의 명제가 합리적 의심 없이 입증 가능하도록 끊임없이 추론하고 분석한다.

이러한 프로파일링 보고서는 경찰 내부에서 그 전문성에 있어 전문가 보고서로 간주되고 있으나 검찰로 넘어가는 송치서류에 첨부해야 하는 서류는 아니다. 의무사항은 아니라는 것이다. 그러나 가끔 사건의 특성에 따라 필요하다고 판단될 시 형사의 재량에 따라 프로파일링 보고서를 첨부하기도 한다. 또한 때로는 검찰에서 관련 보고서를 요구하기도 한다.

이렇게 검찰로 넘어간 프로파일링 보고서는 검사나 판사가 참고만 하기도 하지만 프로파일러를 증인으로 불러 관련 내용에 대한 증언을 듣기도 한다. 피고인, 참고인 등의 진술을 내용으로 하는 경찰관 증언은 전문 법칙이 적용되는 전문 진술임에 반해 프로파일러의 법정 증언은 전문가의 과학적, 기술적, 전문 직업적 지식에 근거하여 자신의 의견을 증언하는 것으로 전문가 감정에 더 가깝다고 볼 수 있다. 전문 진술은 자신이 경험한 사실을 보고하는 것인 반면, 증거물 관련 감정서 등을 작성하고 증언하는 전문가 증언은 전문가로서 자신의 판단을 피력할 수 있다는 차이가 있다.

법정에서의 프로파일링을 생각하다 ·

한 사건의 피의자에 대해서 거짓말탐지 검사에서 거짓 반응이 나오고, 사건 현장과 범인 행동을 면밀하게 분석한 프로파일링 보고서상에서도 범인의 범행 후 행동과 진술이 일치하지 않는 것으로 밝혀진다면 범인은 거짓을 이야기하고 있을 가능성이 매우 높다.

프로파일링은 사건의 이러한 단서를 계속 추적하고 발견하고 분석해 사건과 관련된 피의자의 거짓 행동과 진술을 찾아 분명히 밝히고, 흐트러진 사건의 조각들을 조합해 사건의 총체적 실체를 구성해서 보여주는 데 그 의의가 있다. 결국 이러한 프로파일링 결과는 법정에서 법관이 사건을 심리하는 데 적지 않은 역할을 하게 될 것이다. 또한 프로파일러는 법정 전문가 증언을 통해, 입체적이고 총체적인 사건 분석 자료를 제공함으로써, 사건에서 간과할 수 있는 여러 정황 증거들을 논리적 연결고리로 결합, 사건과 관련된 각 정황 증거에 더 강력한 증거능력을 부여할 수 있다.

또한 경찰 수사 단계에서 프로파일러가 사건 현장에 임장하고 증거물과 관련자들의 진술을 분석, 범인의 범죄 행동을 분석하고 평가하는 일련의 모든 과정과 결과물은 법정에서 판사가 사건을 심리하고 판결을 내리는 데 여러 가지 형태로 활용될 수 있다. 특히 정황 증거들은 발견되었지만, 결정적 증거가 부족하고 피의자가 범행을 부인하고 계속 결백을 주장하는 경우라면 더욱 그러하다.

살인 사건의 경우 피의자가 피해자를 살해할 만한 동기가 있었는지, 그러한 동기가 살인을 할 만큼 충분한 것인지, 범행 당시 피의자와 피해자 간

갈등이 최고조에 이르렀는지, 강도 살인과 같이 어떠한 이익이나 목표가 분명한 계획적인 범행이었는지 등 사건과 관련된 모든 정황과 증거 그리고 피해자와 피의자의 관계를 종합적으로 분석함으로써 사건을 전체적이고 포괄적으로 파악하는 것은 법정에서 사건의 유·무죄를 판단하는 데 필수 요소이다.

법정에서 현장 증거로 제출된 증거물에 대해 국립과학수사연구원의 약독물 분석 전문가를 증인으로 요청하여, 그 결과에 대해 질문하거나, 피의자에 대한 거짓말탐지 검사를 실시한 경찰 검사관이 보고서 결과에 대해 설명하는 것 모두, 법관이 사건과 관련된 정황 증거에 대한 전문가 의견 청취를 통해 해당 사건을 심리하고 판결하는 데 영향을 미친다.

온 국민을 분노와 안타까움으로 사로잡았던 세월호 사건과 관련된 유병언의 죽음을 두고도 수많은 루머와 진실 공방이 있었지만, 당시 발견된 시신이 유병언의 DNA와 일치한다는 국립과학수사연구원의 부검 결과 발표를 통해 실제 사망 사실을 확인할 수 있었던 것처럼, 이러한 전문가의 소견과 감정 보고서는 법관의 사건 심리 과정에 많은 영향을 준다.

만삭 의사 부인 사망 사건 ·

2011년 1월 14일 서울의 한 오피스텔에서 의사 부인 박 모씨가 욕조에서 부자연스러운 상태로 사망한 채 발견된 사건이 발생했다. CCTV 분석 등 경찰 수사 결과 외부 침입 흔적 및 정황은 전혀 발견되지 않았고, 신고자인

의사 남편은 당일 오전 6시 40분경 오피스텔을 나와 출근한 것으로 확인되었다. 따라서 부인인 변사자와 마지막으로 함께 있었던 사람은 의사 남편으로 추정되었고, 당일 부인이 다니던 직장에서 부인이 출근하지 않아 여러 번 남편에게 전화통화를 시도했고, 장모 역시 사위에게 여러 번 통화를 시도했으나 계속 연결되지 않다가 나중에서야 연결된 점 등, 변사자의 남편은 여러 가지로 의심스러운 행동을 보였다.

수사팀 역시 외부 침입 흔적이 없고 변사자의 부검 결과 타살 의견으로, 본 사건을 살인 사건으로 판단했고 동시에 변사자의 남편을 가장 유력한 용의자로 보고 수사를 이어갔다. 부인의 손톱에서 남편의 DNA가 발견되었고, 국립과학수사연구원 부검 결과 목졸림에 의한 타살 가능성에 무게를 두었기 때문에 수사가 진행될수록 남편에 대한 의심과 용의점은 커져갔다. 하지만 용의자 남편은 변호인을 선임하고 자신의 결백을 강하게 주장했고, 부인과 어떠한 갈등이나 다툼도 없었고 부인을 살해할 어떠한 동기도 없음을 계속 피력했다. 또한 외국의 저명한 법의학자를 증인으로 요청하여 부인이 욕조에서 미끄러지는 과정에서 목이 꺾여 사망하는 사고사 가능성을 제기하여 법의학자들 간 법정 공방이 화제가 되기도 했다.

따라서 본 사건 역시, 앞서 언급한 치과의사 모녀 살인 사건이나 미국 O. J. 심슨 사건과 같이 유력한 용의자와 정황 증거는 있지만, 불분명한 범행 동기나 결정적 증거 부족으로 범인을 찾지 못하고 미궁에 빠질 수 있었다.

사건의 진실을 밝혀줄 CCTV 증거도 범인의 자백도 없었고, DNA 증거역시 범인을 지목하지는 못했다. 이러한 상황에서 경찰 수사팀은 정황 증거들에 주목하기 시작했고, 용의자인 남편의 범행 후 행동을 CCTV 자료를 통해 분석했고, 남편의 불필요한 행동, 어색한 행동, 본인의 진술과 다른 행동들을 철저히 찾아냈다. 또한 범행 동기를 밝히기 위해 변사자의 유족 진술, 평소 부인과의 관계에 대한 주변인 진술 등을 확보하고 최대한 용의자의 진술 중 거짓되거나 일관성이 없는 부분을 집중적으로 수사하고 분석했다.

물론 진술 분석 전문가를 통해 남편의 진술에 대해 신빙성 평가를 실시하기도 했다. 이 과정에서 서울청 프로파일링팀은 남편의 진술과 행동이 일치하지 않는 점, 부인과의 관계 악화 및 최근 스트레스 요인 등을 확인하고, 최종적으로 용의자인 남편을 상대로 전략적 면담을 통해 그의 성격 및 성향을 분석하여 이를 토대로 남편의 범행 가능성이 높다는 사건 분석 보고서를 수사팀에 전달했다.

수사팀이 이렇게 여러 가지 정황 증거들을 찾고 시간과 노력을 들인 것은, 수많은 정황 증거가 일관성 있게 남편이 범인이라는 수사 결과를 지지하고 있다면, 그러한 정황 증거들 역시 법정에서 증거로 받아들여질 수 있다는 믿음이 있었기 때문이다. 또한 이러한 다수의 정황 증거들이 국립과학수사 연구원의 부검 결과에서 나타난 '타살'이라는 결론과 맞아 논리적이고 합리적으로 받아들여질 때, 법정에서의 증거능력은 배가 될 것이기 때문이다. 수년간에 걸친 법정 공방 끝에 본 사건은 파렴치한 남편의 살해극으로 최종 막을 내렸고, 만삭 부인을 살해한 냉혈한 범죄를 저지른 그에게 대법원은 징역 20년형을 선고했다.

이 사건은 서울청 프로파일링팀에게 법정 공방에서의 프로파일러의 역할을 더 구체적이고 실제적으로 모색하게 해주었고, 차후 사건에 대해 더 적극적이고 선제적으로 대응할 수 있도록 해주었다. 본 사건 이전까지 프

한국의 프로파일링

로파일링이 용의자의 범행 동기를 발견하고 범죄자의 심리 분석과 범죄의 원인론적 관점에 주력했다면, 이후에는 프로파일링 활동을 수사 단계와 법정 공방에까지 활용하고 기여하도록 하기 위해 과학적 기법들을 접목시키고 체계화시키는 데 주력했다.

프로파일러의 법정 증언 사례: 청산가리 소주 살해 사건 ·

2015년 1월 서울의 한 아파트에서 부인이 청산가리 중독으로 사망한 사건이 발생했다. 회식 후 밤늦게 귀가한 남편이 사건의 신고자로 쓰러져 있는 부인을 발견하고 황급히 병원으로 옮겼지만 이미 사망한 후였다. 사망 전 부인을 마지막으로 찾아온 사람은 남편의 초등학교 동창인 내연녀였고, 이 사건의 가장 유력한 용의자 중 한 명이었다. 경찰 수사팀은 본 사건을 청산가리를 이용한 사망 사건으로 보았고, 국립과학수사연구소의 부검 결과도 청산가리 중독에 의한 사망으로 나타났다. 하지만 자살인지 타살인지 여부는 수사를 통해 판명되어야 할 사안이었다.

당시 경찰 수사팀은 유력한 용의자로 변사자의 남편과 내연녀를 수사선상에 놓았다. 둘 중 누가 범인인지 혹은 두 사람이 공모한 것인지를 두고 한창 수사 중이었다. 서울청 프로파일링팀으로 누구의 진술이 더 신빙성 있는지에 대한 의뢰가 들어왔다. 서울청 프로파일링 팀은 최초 현장 사진, 변사자의 사망 상태 및 부검 보고서, 수사팀의 수사기록 등 사건 기록 일체를 검토하였고, 용의자인 남편과 내연녀를 여러 차례 심층 면담했다. 또한 이들이 수사관으로부터 조사받는 과정을 모니터링하면서 진술 분석과 행동 분석도 동시에 실시했다. 또한 수사 단서가 나올 때마다 프로파일링 결과와 부합하는지 검증하는 과정을 거쳤다.

용의자 두 사람 모두 범행을 부인했고 결백을 완강히 주장했다. 물론 변사자에게 먹인 청산가리도 범인에 의해 이미 현장에서 사라진 상태였고, 범행 과정이 녹화된 결정적인 CCTV나 범행 계획을 입증할 수 있는 명백한 단서도 발견되지 않은 상태였다. 수사팀은 우선 범행 동기를 밝히고 범인을 색출하기 위해, 변사자와 남편 그리고 내연녀 이 세 사람의 관계와 그동안의 행적을 찾기 위해 최대한의 수사력을 동원했다. 결국 변사자가 남편과 내연녀의 관계를 알고 자신의 가정을 지키기 위해 내연녀에게 남편과 헤어질 것을 조건으로 거액의 금전까지 제공한 사실을 밝혀냈다. 물론 부인과 남편 그리고 내연녀 사이의 심각한 갈등 관계도 확인할 수 있었다.

자녀와 자신의 가정에 강한 애착을 가지고 있던 변사자에게서 자살의 동기는 전혀 존재하지 않았고, 살해의 동기는 충분했다. 본 사건이 단순 변사 사건이 아닌 살인 사건으로 전환되는 시점이었다. 확실한 물증이 나타나지 않는 상태에서 프로파일러는 범행 동기, 용의자들 간의 관계, 진술과 행동 분석을 통해 누가 범인일 가능성이 높은지, 즉 누가 우선 수사 대상자인지에 대해 의견을 제시해야 한다.

당시 수회에 걸친 심리 면담과 수사 모니터링을 통해, 변사자의 남편은 진술의 일관성이 높고, 적절한 정서를 보이는 것으로 평가된 반면, 내연녀의 경우 진술 내용과 행동의 불일치가 높고, 부적절하고 과장된 정서를 보이는 것으로 분석되었다. 따라서 프로파일링 팀은 내연녀를 가장 유력한 용의자로 판단, 남편과의 공모 없는 내연녀의 단독 소행으로 보고했고 이후 수사를 통해 확인된 단서들 역시 프로파일링 분석 결과를 지지했다.

　수 년간의 법정 공방 끝에 대법원은 피의자인 내연녀에게 무기징역을 확정 선고했다. 피의자는 피해자가 이혼을 결심하도록 하기 위해 두 사람의 내연 관계를 피해자에게 고의적으로 알려왔으나 피해자가 가정을 지키기 위해 이혼을 해주지 않았다. 피해자를 살해하기 위해 여러 방면으로 청산가리 구입을 문의하는 등 범행 동기가 분명한 점, 범행 이후 행적과 진술에서 불일치와 모순점이 많이 드러난 점 등 여러 정황 증거가 내연녀가 범인임을 지목했다. 그러나 재판이 끝날 때까지도 정작 본인은 죄를 뉘우치기는커녕 오히려 사망한 피해자를 비난하는 등 그 죄질이 최악이었다.

　법정은 현장 증거물을 분석하고 결과를 회보한 국립과학수사 연구원들과 함께 프로파일러를 전문가 증인으로 출석시켰고, 그동안 수사의 도구로만 활용되었던 프로파일링팀의 보고서 역시 법정 공방의 참고자료로 채택되어, 법정 전문가 증언을 통해 재판 과정에 기여할 수 있었다. 수사 초기에 결정적인 증거와 범인의 자백조차 없었지만 본 사건에서 범인을 밝혀내고 사건의 진실을 규명할 수 있었던 것은, 다양한 정황 증거들을 놓치지 않았던 수사팀의 집요하고도 면밀한 노력 덕분이었다.

프로파일링 보고서, 증거로 채택되다![55] ·

지금까지 프로파일링 보고서는 증거능력을 인정받지 못했다. 그러나 2018

년을 기해 프로파일링 보고서가 법정에서 증거로 채택되기 시작했다. 그 첫 사례가 '충남 아산 갱티고개 살인 사건'으로, 미제로 남아 있다 15년 만에 범인이 잡힌 사건이다. 2002년 발생한 이 사건은 노래방 여주인을 살해하고 돈을 빼앗은 사건으로 공범이었던 일당들은 재판에서 자신들이 노래방 여주인을 살해한 것은 인정했지만 형량을 낮추기 위해 '우발적 범행'을 주장했다. 그러나 검사는 이들이 돈을 빼앗으려는 목적으로 계획적으로 노래방 여주인을 살해했다고 보았다. '범인들이 범행을 위해 흉기, 마스크 등을 미리 준비한 것으로 보인다'는 내용이 담긴 프로파일링 보고서를 증거로 채택했고 재판부는 이를 참고해 계획살인으로 판단, 무기징역을 선고했다.

프로파일링 보고서를 증거자료로 삼은 재판부의 판단은 물증이 부족한 장기 미제 사건의 속성이 영향을 미친 것으로 보이지만, 법조계에서는 매우 전향적인 조치로 받아들이고 있다. 법원은 그간 증거 채택에 높은 수준의 증명력을 요구해 최면수사로 얻은 진술 등을 인정하지 않았고, 거짓말 탐지 검사 결과도 극히 예외적인 경우에만 채택해왔다. 프로파일링 보고서가 증거 목록에 올랐다는 것은 지금까지 수사 실무에서 활용됐던 프로파일링이 법원 공판 단계에까지 영역이 확장되었다는 의미이다. 약 10여 년간 축적된 프로파일링 경험의 결과라고 할 수 있다.

55　연합뉴스, "미제살인 사건 실마리 프로파일링 보고서… 법원 증거로 채택", 2018. 1. 5.
　　한국일보, "[단독] 프로파일링 보고서, 법정서 증거능력 첫 인정", 2018. 1. 5.

법정에서의 프로파일링 ·

이제 범죄 프로파일링은 수사의 영역을 넘어서 법정에까지 그 역할을 확장하고 있다. 그동안 축적된 수많은 범죄와 범죄자에 대한 데이터를 근거로 사건의 계획성, 범행 동기, 피의자의 심리 상태 및 성격 등을 추론하는 일은 수사관뿐 아니라 사건을 다각적이고 종합적으로 심리하는 법관에게도 매우 유용할 수 있다. 또한 국민 참여 재판에서와 같이 배심원단이 사건을 일차적으로 평결하는 경우, 프로파일링 보고서는 짧은 시간 내에 사건 관련 인물, 증거물 간의 관계, 피의자 진술의 일관성과 신빙성 등 사건을 입체적으로 검토하고 판단하여 국민 배심원들에게 종합적인 사건 정보를 효율적으로 전달할 수 있다.

이러한 의미에서 프로파일링은 수사 단계에서는 수사 컨설팅 역할을 하고 법정에서는 전문가 증언과 더불어 사건을 판단하는 종합적 분석 자료가 된다는 점에서 의의가 크다. 또한 최근 정황 증거로서의 가치를 인정받는 사례가 생기면서, 법정에서의 프로파일러의 역할은 가까운 미래에 더 확대될 것이고, 법정 공방에서 사건의 진실과 범인의 유 · 무죄를 판단하는 데 있어 더욱 그 가치를 인정받을 것이다.

『한국의 프로파일링』
출간에 부쳐

· 이수정(경기대학교 범죄심리학과 교수)

유영철 연쇄 살인 사건이 벌어지고, 우리나라에도 범죄분석팀이 제도화되어야 한다는 이야기가 나왔다. 이제는 〈추격자〉라는 영화를 통해 사건의 실상이 잘 알려졌지만 2000년대 초반만 해도 연쇄 살인이 왜 발생하는지, 이유 없이 사람을 죽이는 것이 가당키나 한지, 연쇄살인범의 정체는 무엇인지에 대해 제대로 알지 못했다. 막연히 이 같은 살인 사건이 반복되지 않도록 해야 한다는 고민 끝에, 그야말로 한순간에 FBI의 BAU(행동분석팀)를 한국에도 도입해야 한다는 목소리가 힘을 얻었다. 그렇게 태어난 것이 이 책의 세 저자들이 현재 속한 한국의 프로파일링팀이다.

민간 전문가를 특채하는 현행 제도가 도입되기 전에는 현장 수사로 잔뼈가 굵은 베테랑 형사 두서너 명이 이들 업무를 대신했다. 그때부터 헌신적으로 프로파일링(당시에는 가칭) 업무를 수행하던 이가 지금은 퇴직한 권일용 형사이다. 이 책의 원고를 받고 가장 먼저 떠오른 사람이기도 하다. 그의 헌신이 이 같은 의미 있는 성과를 산출하는 데에 무관하지 않았을 것이다.

우리나라에도 프로파일링이나 범죄심리학을 주제로 한 책들은 많다. 하지만 현직 프로파일러가 쓴 프로파일링 책은 없었다. 이 책은 그런 차원에서 가히 '최초'라는 수식어로 불려도 지나치지 않다. 더욱이 내용면에서 볼 때 학술 정보와 실무 경험을 적절히 조합해 보여주고 있어, 전공자가 아닌 독자가 프로파일링에 대한 궁금증을 푸는 데 도움이 되리라 생각한다.

또 한 가지 칭찬하고픈 점은 영어가 없다는 점이다. 국내에 충분한 학문 체계가 구축되지 않은 탓에 범죄심리학 영역의 도서들은 대부분 외국 연구물들을 설명하는 데에 급급하며 영문이나 그 표기를 나열하기 일쑤이다. 하지만 이 책은 일일이 내용을 국문화하여 굳이 영어에 대한 이해가 없어도 그 전문적인 내용을 잘 전달한다. 수록된 그림과 도표 역시 내용을 쉽게 풀어 설명하는 효력을 발휘하니 가독성 면에서도 뛰어난 서적이다.

다만 저자들도 머리말에서 밝혔듯이 이 책은 저자들만의 결과물이 아닐 수 있다. 우선 사건과 직접 관련된 자들의 이야기를 담고 있으며, 초동단계에 투입된 수사 실무진의 노고로 수거된 초기 정보가 있을 것이며, 더욱이 같은 일을 하며 같은 생각을 나눈 동료들이 이바지한 바가 컸을 것이다. 그렇게 많은 사람들의 소중한 노력이 종합된 결과물일 가능성이 존재한다. 필자뿐 아니라 저자들 역시 이 같은 공동의 노력으로 지금도 이 분야에서 의미 있는 성과를 내고 있다는 점을 상기한다면, 이 책은 이 분야에서 '최초'라는 수식어가 지나치지 않다.

· 권일용(대한민국 1호 프로파일러)

"악마는 늘 평범한 모습으로 우리와 함께 잠을 자며, 같은 모습의 식탁에서 밥을 먹는다." - 위스턴 휴 오든(Wystan Hugh Auden)

유영철과 면담을 마친 후 나는 구치소 앞에서 혼자 비를 맞으며 한동안 서 있었다. 누구와도 공유할 수 없는 한 범죄자의 이야기를 충분히 듣고 나온 충격 때문이었다. 악의 내면을 너무 깊이 들여다보지 말라는 니체의 말이 어떤 심오한 의미를 가졌는지 모르겠으나 그 순간 가장 먼저 떠올랐다. 악을 쫓는 우리 프로파일러들에게는 의미심장한 말이 될 수밖에 없다. 이제 세월이 흘렀지만, 지금 이 순간에도 후배 프로파일러들은 악의 내면을 들여다보는 고통스러운 일을 꿋꿋이 겪어내고 있다.

프로파일러로 살면서 가장 많이 받는 질문이 "과연 스트레스를 어떻게 해소하는가?"이다. 그때마다 질문한 사람에게 되묻는다. "누구와 함께 일하고 계시는가? 나는 함께 일하는 동료들과 고통을 나누고 서로를 치유하는 법을 배웠다"고 답변한다. 이것이 범죄자와 경찰 프로파일러의 가장 큰 차이점이 아닐까 싶다. 같은 곳을 바라보는 사람들이 존재하고 함께한다는 것.

수사본부 철제 의자에 앉아 함께 많은 밤을 지새우고 컵라면을 먹으며 서로 의지하던 프로파일러들이 시간을 쪼개어 소중한 책을 만들었다. 이 책은 프로파일링을 알고 싶은 많은 사람들에게 한줄기 빛과 같은 초석이 될 것이다.

늘 힘들고 어려운 길에 서 있는 프로파일러, 고독을 오직 자신의 몫으로 받아들여야 하는 프로파일러들이 범죄 현장을 모르는 사람들의 말에 상처받아 포기하고 쓰러지지 않기를 바란다. 오직 제복의 힘으로 범죄와 싸워라. 그것이 진정 프로파일러의 숙명이다.

범인은 한 명이지만 프로파일러들은 영원히 동료와 함께한다는 것을 결코 잊지 말기를 바란다.

· 서종한(사이먼프레이저대학교 정신건강법정책연구소 연구원)

숨 가쁘게 달려온 한국 프로파일링의 역사. 저자들과 함께했던 시간들이 머릿속에 파노라마처럼 지나간다. 해결되지 않는 사건들을 붙들고 밤낮으로 치열하게 살아온 저자들의 가쁜 숨소리가 아직도 귓가에 생생하다. 20여 년의 세월 동안 현장에서 몸으로 뛰고 있는 이들의 열정과 땀으로 한 장 한 장 벽돌을 쌓아올렸다. 이제 우리에게 너무나 생소했던 프로파일링은 형사사법 분야에 없어서는 안 될 중요한 역할을 담당하고 있다.

이 책은 현장에서 체득한 경험적 실체와 지난 과정을 이제 온전히 글로 표현한 결정체이다. 향후에는 프로파일링 발전에 중요한 토대가 될 밑거름이 될 것이다. 프로파일링은 판단자의 추상적 추론과 경험에 근거하지 않는다. 오로지 객관적 사실을 근거로 합리적 의사결정 과정을 거쳐 판단이 이루어지는 실증적 과학이다. 그리고 과학의 중요한 부분 중 하나가 전문가들을 안내해줄 구체적 가이드이다.

결국 저자들이 말한 불투명한 유리벽을 깨기 위해서는 다양한 책을 통해 비판과 검증이라는 과정을 거쳐 이루어지는 발전이 필요하다. 이 책이야말로 프로파일링이라는 그간의 의심과 불투명성이 신뢰와 믿음으로 바뀌는 계기를 제공할 것이다.

지금껏 우리가 궁금했던 프로파일링이란 것이 무엇인지, 어떤 과정을 통해 이루어지는지, 어떻게 활용되고 있는지를 폭넓게 다룬 국내 최초의 책이다. 바이블처럼 일반인뿐 아니라 학계 전문가들의 편견과 오해를 충분히 풀어줄 수 있는 구체적 정보를 담고 있다. 이 책이 앞으로 우리에게 미칠 영향에 기대가 크다.

· 정세종(조선대학교 경찰행정학과 교수)

오만과 편견: 나는 범죄자 프로파일링에 대해서 부정적인 선입견을 가지고 있었다. 그 이유는 첫째, 강력팀장으로 근무하면서 나름 국내외 관련 서적들을 탐독했으나 사건 해결에 별 도움을 얻지 못했고 둘째, 자칭타칭 프로파일러들이 형사들의 처절한 노력을 폄하한다고 생각했으며 셋째, 개인적으로 성폭력범죄자들을 대상으로 한 면담 조사에서도 만족할 만한 성과를 얻지 못했기 때문이다.

프로파일링 효용성 평가: 결국 나의 편향된 가설을 입증하고자 강력팀 형사들을 대상으로 프로파일링의 효용에 대한 설문조사를 시작했고, 그 결과 응답자의 63.7%가 효용성을 인정했고, 71.4%는 향후 다시 활용할 것이라는 예상 밖의 수치를 얻었다.

프로파일링은 '강력 사건 수사 컨설팅': 내 판단오류의 근본적 원인은 프로파일링을 '용의자 유형 추정'으로 한정해서 이해했기 때문이다. 한국의 프로파일링은 이미 '과학적 방법을 통해 범죄 분석 보고서와 전문가의 조언을 제공하는 강력 사건 수사 컨설팅'으로 고도화되어 있다. 이 책에는 한국 프로파일링의 진화 과정과 실제 내용이 간결한 문체로 알기 쉽게 그려져 있다.

이 책 사용설명서: 프로파일링에 대한 정확한 이해가 필수적인 독자들은 다양할 것이다. 나는 용도에 맞게 이 책을 활용할 것을 권하고 싶다. 첫째, 프로파일러를 꿈꾸는 경찰행정학과, 사회학과, 심리학과 학부생, 대학원생 등은 이 책을 통해 직업으로서의 프로파일링 현실을 정확하게 알아차릴 수 있기를 바란다. 둘째, 수사 부서에 근무하는 경찰관들은 수사 기법의 넓은 스펙트럼을 이해하기 위해서 꼭 읽어보라고 권하고 싶다. 셋째, 교단에서 범죄 수사를 가르치시는 교수님들께서도 탐독하셔서 나의 잘못된 전철을 밟지 않으시길 기대한다.

· 이장한(중앙대학교 심리학과 교수)

직접 경험은 생생한 현장을 기억하기 때문에 풍부한 정보를 지니고 있다. 하지만 범죄 현장을 직접 경험하는 것에는 단순히 정보의 풍부함을 넘어 실체적 진실을 밝히려는 고뇌, 관련자들의 관계와 고통에 대한 이해, 그리고 문제를 해결하려는 책임이 뒤따른다. 그동안 저자들이 사건을 해결하면서 감내해온 무거운 짐과 책임감을 이 책 여러 곳에서 느낄 수 있다. 자신들의 경험과 지식을 풀어내면서 묵직한 어깨도 가벼워졌으면 하는 바람이다.

· 최정기 (중랑경찰서 형사과 형사2팀 형사)

책장을 넘기는 손길이 멈추지 않아 단숨에 읽어 내려갔다. '아! 그래서 그놈이 술술 여죄를 이야기한 것이구나.' '아! 그래서 그놈은 잔혹한 범죄 현장에서도 그렇게 태연할 수 있었구나.' 현장을 누비는 수사관들뿐만 아니라 경찰 초년생들, 사건사고와 범죄인들의 심리에 관심이 있는 일반인들도 쉽게 접하고 충분히 이해할 수 있도록 잘 다듬어졌다. 또한 전문서적처럼 무겁고 부담스럽지 않으며 흥미 위주의 스토리텔링처럼 가볍지도 않다. 수사 전문교육기관의 교재로도 충분히 활용될 수 있는 다양성과 깊이가 있다.

한국의 경찰에도 프로파일러가 활동하고 있으며 얼마나 중요한 역할을 묵묵히 해오고 있는지, 법정에서 프로파일러의 분석 자료가 중요 증거로 채택되고 있는 시점에서, 한국 프로파일러의 능력과 전문성을 충분히 피력한 책이다. 감사한 마음으로 한층 더 업그레이드된 2편의 출간을 바란다.

· 이종화, ㈜크라이시스네고 대표이사

세 저자의 프로필을 자세히 살펴본다. 대학에서 쌓은 전문지식을 치열하게 현장에 적용하고, 그 경험을 다시 이론으로 체계화할 수 있는 이들이다. 경찰청의 각종 회의나 자료를 접하면서 경찰의 전문화를 요구하는 목소리를 많이 들었다. 하지만 인사 제도나 그 문화에서 구호와 동떨어진 정책 역시 수없이 경험했다. 이제는 정보화 진입을 넘어 고도화되어가는 단계이다. 당연히 경찰의 발전 방향을 논하는 데 있어 전문화를 빼놓을 수가 없다. 경찰에서 33년을 지내는 동안 그리고 현재에서 볼 때 한국 경찰이 전문화를 위해 치열하게 전진하고 있다고 말하기는 어렵다. 이런 척박한 환경에서 이론으로 무장하고 현장에서 경험을 쌓은 세 저자의 이 책은 오아시스의 샘물이라고밖에 표현할 수 없다. 위기 협상 현장에서 같이 고민하고 논의하는 경험을 통하여 저자들의 능력을 확신하였고, 이제 그 결과물을 보게 되어 너무 기쁘다. 이런 저서가 같은 길을 걷고 있는 분들에게 영감과 자극이 될 것이다. 저술하는 동안 남모를 노력을 했을 세 분의 노력에 존경의 마음을 전하고 싶다. 경찰의 전문화를 고민하고, 같은 길을 가고자 하는 분들에게 좋은 지침서가 될 것이다.

· 박지선(숙명여자대학교 사회심리학과 교수)

국내에 소개된 프로파일링 관련 도서 대부분이 미국이나 일본 등 국외의 프로파일러에 의한 저작을 번역한 서적인 현 시점에서, 현직 범죄분석요원으로서 한국의 프로파일링 역사와 실로 함께해온 세 명의 프로파일러에 의해 본 서적이 출간된 것은 이론적으로 또 실무적으로 기념비적인 일이다. 잔혹한 범죄 사건과 그 해결을 위한 프로파일링이 연일 언론 보도와 TV, 영화 등 미디어에서 흥밋거리로 무분별하게 소비되고 있는 안타까운 현실 속에서, 현장에서 끝없이 고민하는 프로파일러들의 치열한 투쟁과 고뇌가 이 책을 접한 독자들에게 여과 없이 전해지기를 바라는 마음이다.

더불어 이 책을 집필한 세 명의 프로파일러뿐 아니라 이들과 함께 호흡한 전국의 프로파일러들의 폭넓은 실무 경험을 통해, 현장에서 다져진 범죄 분석 기법과 전략의 축적을 바탕으로, 본 서적은 비단 프로파일링의 미래뿐 아니라 향후 범죄에 대한 과학적이고 종합적인 대응 체계의 발전에 기여할 것이다.

마지막으로, 국내 각종 범죄 사건 및 프로파일링 활용 사례가 풍부히 소개된 이 책은 미래의 프로파일러를 꿈꾸는 사람들에게 구체적이고도 실질적인 가이드가 될 것이다.

참고문헌

..

국내서

· 경찰청, 『경찰관 법정증언 매뉴얼』, 경찰청 수사국 수사연구관실, 2015.
· 경찰청, 『2017년 미제사건 범죄행동분석 개괄』, 경찰청, 2017.
· 고선영 외, 『심리유형별 위기 협상 대응방안』, 서울청 과학수사계, 2010.
· 권영법, "과학적 증거의 허용성", 《법조》, 제61권, 제4호, 2012.
· 권영법, "정황 증거에 의한 유죄의 인정", 《형사법의 신동향》 통권 제46호, 2015.
· 김민지, "전문가의 법정증언에 대한 인식 및 증언의 효용성 평가", 《한국심리학회지: 사회
  및 성격》, 제24권, 제3호, 2010.
· 김상균, 『범죄심리학』, 청목출판사, 2008.
· 대법원 사법정책연구원, 「전문가 감정 및 전문심리위원제도의 개선방안에 관한 연구」, 대
  법원 사법정책연구원, 2016.
· 박영숙, 『심리평가의 실제』, 하나출판사, 1998.
· 박지선, 『범죄심리학』, 도서출판그린, 2015.
· 박충기, "아동성범죄의 지리적 프로파일링에 관한 연구", 《지리학논총》 제53호, 2009.
· 안정은, 「용의자 성격과 신문기법에 관한 연구」, 경기대학교 석사학위논문, 2011.
· 이수정, "형사법정 전문심리위원제도 활용실태 연구: 심리학분야를 중심으로", 《형사정책
  연구》, 제23권, 제2호, 2010.
· 이수정 외, 『범죄심리학』, 북카페, 2006.
· 임준태, "지리학적 프로파일링을 통한 연쇄 살인 사건 분석", 《한국공안행정학회보》, 19,
  2005.
· 장석헌 · 이창한, 『범죄심리학』, 청목출판사, 2010.
· 정세종, "범죄자 프로파일링의 효용성 평가", 《한국콘텐츠학회논문지》, 제14권, 제11호, 2014.
· 조은경 · 이윤 · 이재웅, 『수사 실무자를 위한 진술 분석 워크샵 자료집』, 한림대학교 법심
  리학연구소, 2010.
· 최성재, "경찰 위기 협상팀 도입에 관한 연구", 《경찰학연구》, 제9권, 제2호, 경찰대학, 2009.
· 홍성열, 『범죄자 프로파일링』, 학지사, 2011.
· 황세웅 · 이주락, 『위기협상론』, 웅진닷컴, 2009.

국외서

· Fuselier, G. D., 'Hostage Negotiation Consultant: Emerging Role for the Clinical Psychologist', *Professional Psychology: Research and Practice*, vol. 19, no. 2, 1988.

· Gudjonsson, G. H. & Bownes, I., 'The Reasons Why Suspects Confess during Custodial Interrogation: Data for Northern Ireland', *Medicine, Science and the Law*, vol. 32, no. 3, 1992.

· Gudjonsson, G. H, The Gudjonsson Confession Questionnaire-Revised (GCQ-R) factor structure and its relationship with personality, *Personality and Individual Differences*, vol. 27, no. 5, 1999.

· Hazelwood, R. R. & Warren, J. I., 'Linkage Analysis: Modus operandi, ritual and signature in serial sexual crime', *Aggression and Violent Behaviour*, vol. 8, 2003.

· Ochberg, F., 'Victims of Terrorism', *Journal of Clinical Psychiatry*, vol. 41, no. 3, 1980.

· Pinizzotto, A. J. & Finkel, N. J., "Criminal Personality Profiling: An Outcome and Process Study", *Law and Human Behavior*, 14(3): 215-233, 1990.

· Powitsky, R. J., 'The use and misuse of psychologists in a hostage situations', *The Police Chief*, vol. 46, no. 6, 1979.

· Regini, Charles L., "The Cold Case Concept", *Law Enforcement Bulletin*, 1997.

· Reiser, M., 'Crime specific psychological consultation', *The Police Chief*, vol. 49, no. 3, 1982.

· Rossmo, K., *Geographic Profiling*, CRCPress, Boca Raton, 2000.

· Slatkin, A. A., *Communication in Crisis and Hostage Negotiations*, Charles C Thomas · Publisher, Illinois, 2005.

· Symonds, M., 'Victimization and rehabilitative treatment', Eichelman, B., Soskis, D. & Reid, W.(ed.), in *Terrorism: Interdisciplinary Perspectives*, American Psychiatric Association, Washington, 1983.

· Woodhams, J., Hollin, C. R. & Bull, R., 'The psychology of linking crimes: A review of the evidence', *Legal and Criminological Psychology*, vol. 12, 2007.

한국의 프로파일링

찾아보기

한국의 프로파일링

한국의 프로파일링

1판 1쇄 펴냄 2018년 12월 5일
1판 5쇄 펴냄 2025년 1월 15일

지은이 최대호 · 이주현 · 이상경

주간 김현숙 | **편집** 김주희, 이나연
디자인 이현정
마케팅 백국현(제작), 문윤기 | **관리** 오유나

펴낸곳 궁리출판 | **펴낸이** 이갑수

등록 1999년 3월 29일 제300-2004-162호
주소 10881 경기도 파주시 회동길 325-12
전화 031-955-9818 | **팩스** 031-955-9848
홈페이지 www.kungree.com | **전자우편** kungree@kungree.com
페이스북 /kungreepress | **트위터** @kungreepress
인스타그램 /kungree_press

ⓒ 최대호 · 이주현 · 이상경, 2018.

ISBN 978-89-5820-559-3   03300

책값은 뒤표지에 있습니다.
파본은 구입하신 서점에서 바꾸어 드립니다.